दूसरा संशोधित संस्करण

SSC | रेलवे | पुलिस | NDA | CDS | CAPF | शिक्षक भर्ती | राज्य PCS | अन्य सभी

मैरिट बूस्टर नोट्स
स्कोर करें $\frac{100}{100}$ आसानी से

Toppers & Educators द्वारा तैयार
अब पढ़ें वही जो **Exam** में आयेगा

Time Saving एवं Revision के लिए आसान
अब **Exam** हॉल में कुछ नहीं भूलोगे

Multiple Material की अब जरुरत नहीं
एक ही **Book** में मिलेंगे एग्जाम फैक्टस

अरिहन्त पब्लिकेशन्स (इण्डिया) लिमिटेड

卐 © प्रकाशक

पुस्तक में प्रकाशित किसी भी सूचना की सत्यता के प्रति तथा इससे होने वाली किसी भी क्षति के लिए प्रकाशक, सम्पादक, लेखक अथवा मुद्रक जिम्मेदार नहीं हैं। *सभी प्रतिवादों का न्यायिक क्षेत्र 'मेरठ' होगा।*

卐 **वाणिज्यिक कार्यालय**
'रामछाया' 4577/15, दरिया गंज, नई दिल्ली– 110002
फोन: 011-47630600, 43518550

卐 **मुख्य कार्यालय**
कालिन्दी, टी०पी० नगर, मेरठ (यूपी)–250002
फोन: 0121-2401479, 2512970, 4004199

卐 **शाखा कार्यालय**
आगरा, अहमदाबाद, बरेली, बंगलुरु, चेन्नई, दिल्ली, गुवाहाटी, हैदराबाद, जयपुर, जालन्धर, झाँसी, कोलकाता, लखनऊ, नागपुर, मेरठ तथा पुणे

卐 **मूल्य : ₹ 135.00**

PO No. : TXT-59-T071208-5-26

'अरिहन्त' की पुस्तकों के बारे में अधिक जानकारी के लिए हमारी वेबसाइट www.arihantbooks.com पर लॉग इन करें या info@arihantbooks.com पर सम्पर्क करें।

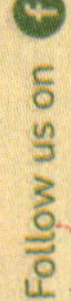

भूगोल
Capsule
Handwritten Notes

चित्र एवं इन्फोग्राफिक्स

• भूगोल की विचारधाराएँ :-

1. निश्चयवाद
- मनुष्य प्रकृति के अधीन
- समर्थक – रैटजेल, हटिंग्टन, एलन सैम्पल, रिटर (नवीन निश्चयवाद के संस्थापक)

2. सम्भववाद
- प्रकृति की अपेक्षा मानव शक्तियों की प्रधानता।
- समर्थक – पॉल विडाल डी ला ब्लाश, लुसियन फैब्रे।

3. नवनिश्चयवाद
- मानव एवं प्रकृति दोनो का महत्व
- समर्थक / प्रतिपादक – ग्रिफिथ टेलर।

सटीक फैक्ट्स

महत्वपूर्ण
- सौरमंडल का निकटतम तारा – प्रोक्सिमा सेन्चुरी
- सूर्य प्रकाश की गति – 3×10^8 m/s (3 लाख किमी / सेकंड)
  → पृथ्वी पर पहुँचने का समय – 8 मिनट 16 सेकेण्ड
- आदित्य-L1 मिशन – सूर्य का अध्ययन (लैग्रेंज बिंदु पर स्थित)
  → भारत का पहला सूर्य मिशन
- मध्यरात्रि का सूर्य (आर्कटिक क्षेत्र), मध्य रात्रि का देश – नार्वे।
- सूर्य से ऊर्जा का स्रोत – नाभिकीय संलयन

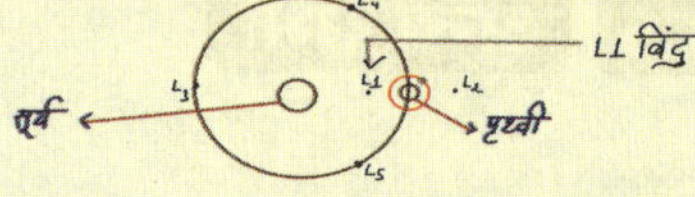

एग्जाम हॉल Demand

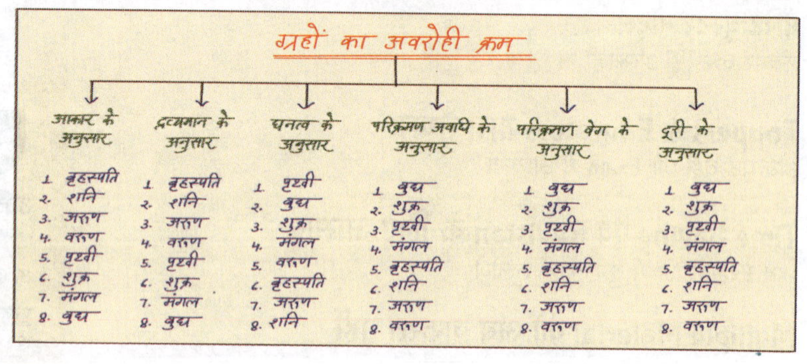

ग्रहों का अवरोही क्रम

आकार के अनुसार	द्रव्यमान के अनुसार	घनत्व के अनुसार	परिक्रमण अवधि के अनुसार	परिक्रमण वेग के अनुसार	दूरी के अनुसार
1. बृहस्पति	1. बृहस्पति	1. पृथ्वी	1. बुध	1. बुध	1. बुध
2. शनि	2. शनि	2. बुध	2. शुक्र	2. शुक्र	2. शुक्र
3. अरुण	3. अरुण	3. शुक्र	3. पृथ्वी	3. पृथ्वी	3. पृथ्वी
4. वरुण	4. वरुण	4. मंगल	4. मंगल	4. मंगल	4. मंगल
5. पृथ्वी	5. पृथ्वी	5. वरुण	5. बृहस्पति	5. बृहस्पति	5. बृहस्पति
6. शुक्र	6. शुक्र	6. बृहस्पति	6. शनि	6. शनि	6. शनि
7. मंगल	7. मंगल	7. अरुण	7. अरुण	7. अरुण	7. अरुण
8. बुध	8. बुध	8. शनि	8. वरुण	8. वरुण	8. वरुण

मैमोरी बूस्टर्स

प्रधान याम्योत्तर या ग्रीनविच मीन समय
- ग्रीनविच वेधशाला (लंदन) से गुजरना।
- स्थित प्रमुख देश – 8 देश

- T → टोगो (Togo)
- U → यूनाइटेड किंगडम (United Kingdom)
- M → माली (Mali)
- S → स्पेन (Spain)
- A → अल्जीरिया (Algeria)
- B → बुर्किना फासो (Burkina Faso)
- F → फ्रांस (France)
- G → घाना (Ghana)

→ TRICK – TUM SAB FRANCE GAYE

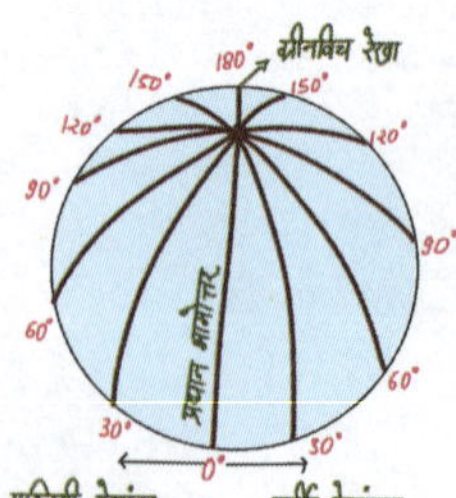

चैप्टर List

विश्व का भूगोल

भारत का भूगोल

पर्यावरण एवं पारिस्थितिकी

01 भूगोल : विषय, क्षेत्र एवं संकल्पनाएँ

- भूगोल (Geography) : Geo (पृथ्वी) + Graphos (वर्णन) → पृथ्वी का वर्णन
- सर्वप्रथम भूगोल शब्द का प्रयोग : इरेटॉस्थेनीज द्वारा (ग्रीक विद्वान) (276-194 ई.पूर्व)

भूगोल के अध्ययन के उपागम

- विषय वस्तुगत → (अलेक्जेंडर वॉन हम्बोल्ट (1769-1859) द्वारा प्रतिपादित
- प्रादेशिक → कार्ल रिटर (1779-1859) द्वारा प्रतिपादित

भूगोल की शाखाएँ :

1. भौतिक भूगोल
   - भू-आकृति, मृदा, जलवायु आदि का अध्ययन
   - (जनक – पोसीडोनियस)
   - उपशाखाएँ – जलवायु-विज्ञान, भू-आकृति विज्ञान, मृदा विज्ञान, जल विज्ञान, जैव भूगोल
2. मानव भूगोल
   - सांस्कृतिक, नगर, जनसंख्या आदि का अध्ययन
   - जनक – फ्रेडरिक रेटजेल (एन्थ्रोपोज्योग्राफी – पुस्तक)
   - उपशाखाएँ – आर्थिक भूगोल, जनसंख्या भूगोल, ऐतिहासिक भूगोल, राजनीतिक भूगोल, व्यावहारिक भूगोल, सांस्कृतिक भूगोल

भूगोल की विचारधाराएँ :-

1. निश्चयवाद
   - मनुष्य प्रकृति के अधीन
   - समर्थक – रेटजेल, हटिंग्टन, एलन सैम्पल, रिटर
   - (नवीन निश्चयवाद के संस्थापक)

2. सम्भववाद
   - प्रकृति की अपेक्षा मानव शक्तियों की प्रधानता।
   - समर्थक – पॉल विडाल डी ला ब्लाश, लुसियन फैब्रे।

3. नवनिश्चयवाद
   - मानव एवं प्रकृति दोनों का महत्व
   - समर्थक / प्रतिपादक – ग्रिफिथ टेलर।

प्रमुख पुस्तकें एवं लेखक

पुस्तकें	लेखक
ए ब्रीफ हिस्ट्री ऑफ टाइम	स्टीफन हॉकिंग
द थ्योरी ऑफ एवरीथिंग	स्टीफन हॉकिंग
द वर्ल्ड एज आइ सी इट	अल्बर्ट आइंस्टीन
द मैथेमैटिकल थ्योरी ऑफ ब्लैक होल्स	सुब्रमण्यम चंद्रशेखर

प्रमुख भूगोलवेत्ता / प्रतिपादक / जनक

- भूगोल का जनक / पिता – हिकेटियस
- व्यवस्थित भूगोल / भू भौतिकी का जनक – इरेटॉस्थनीज
- वर्तमान भूगोल / क्रमबद्ध भूगोल का जनक – अलेक्जेण्डर वॉन हम्बोल्ट
- सांस्कृतिक भूगोल का जनक – कार्ल-ओ-सावर
- गणितीय भूगोल के संस्थापक – थेल्स व एनेक्सीमेण्डर (विश्व मानचित्र निर्माता)

महत्वपूर्ण रेखाएँ

- समोच्च रेखा (Contour) – समान ऊँचाई वाले स्थानों को मिलाने वाली काल्पनिक रेखाएँ।
- समदाब रेखा (Isobar) – समान वायु दाब वाले स्थान को मिलाने वाली काल्पनिक रेखाएँ।
- समवर्षा रेखा (Isohyte) – समान वर्षा वाले स्थान को मिलाने वाली काल्पनिक रेखाएँ।
- समताप रेखा (Isotherm) – समान ताप वाले स्थान को मिलाने वाली काल्पनिक रेखाएँ।
- सम मेघ रेखा (Isoneph) – समान बादल वाले स्थान को मिलाने वाली काल्पनिक रेखाएँ।
- सम भूकम्पी रेखा (Isoseismal) – समान भूकम्पीय तीव्रता वाले स्थान को मिलाने वाली काल्पनिक रेखाएँ।
- सम लवण रेखा (Isoheline) – समान लवणता वाले स्थान को मिलाने वाली काल्पनिक रेखाएँ।
- हैचर नक्शा (Hachure map) – नक्शे में ढाल को दिखाने वाली असंबद्ध रेखाएँ
- समकालिक रेखा – एक समान केन्द्र से समान यात्रा समय वाले स्थानों को जोड़ने वाली रेखा।
- भौगोलिक निर्देशांक – वे संख्याएँ जिनका उपयोग पृथ्वी पर किसी स्थान की स्थिति का निर्धारण के लिए किया जाता है। (उदाहरण :– दिल्ली का इंडिया गेट लगभग 28.6129°N, 77.2295°E पर स्थित।

नोट : मानचित्र में रेलवे लाइनों, टेलीफोन लाइनों का प्रदर्शन – काले रंग द्वारा

भूगोल में मानचित्रण

- किसी क्षेत्र का प्रतीकात्मक चित्रण या रेखांकन

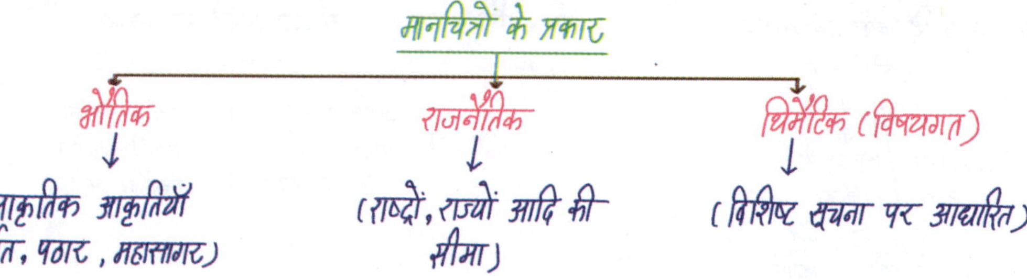

- मानचित्र के मुख्यत: तीन घटक होते हैं – दूरी, दिशा तथा प्रतीक चिन्ह
- दूरी मापक :- 1 सेंटीमीटर = 500 मीटर
- दिशा मापक :

- प्रतीक चिन्ह :

रेलवे लाइन – बड़ी लाइन, छोटी लाइन, रेलवे स्टेशन	RS
सड़कें – पक्की, कच्ची	
सीमा– अंतराष्ट्रीय, राज्य, जिला	
नदी, कुआँ, तालाब, नहर, सेतु	
मंदिर, गिरजाघर, मस्जिद, छत्री	
डाकघर, डाक एवं टेलीग्राफ कार्यालय, पुलिस स्टेशन	PO PTS PS
बस्तियाँ, कब्रिस्तान	
वृक्ष, घास	

02 ब्रह्मांड

- सूक्ष्म अणुओं से लेकर असंख्य आकाशगंगाओं का सम्मिलित स्वरूप ।
  - आकाशगंगा → असंख्य तारों का समूह
- अध्ययन : कॉस्मोलॉजी (Cosmology)
- व्यास : 10^8 प्रकाश वर्ष → दूरी का मात्रक (3.26 प्रकाश वर्ष = 1 पारसेक)

पारसेक

वह दूरी जिस पर पृथ्वी की कक्षा की औसत त्रिज्या 1 आर्क सेकण्ड का कोण अंतरित करती है पारसेक कहलाती है।

ब्रह्माण्ड की उत्पत्ति – 13.7 अरब वर्ष पूर्व

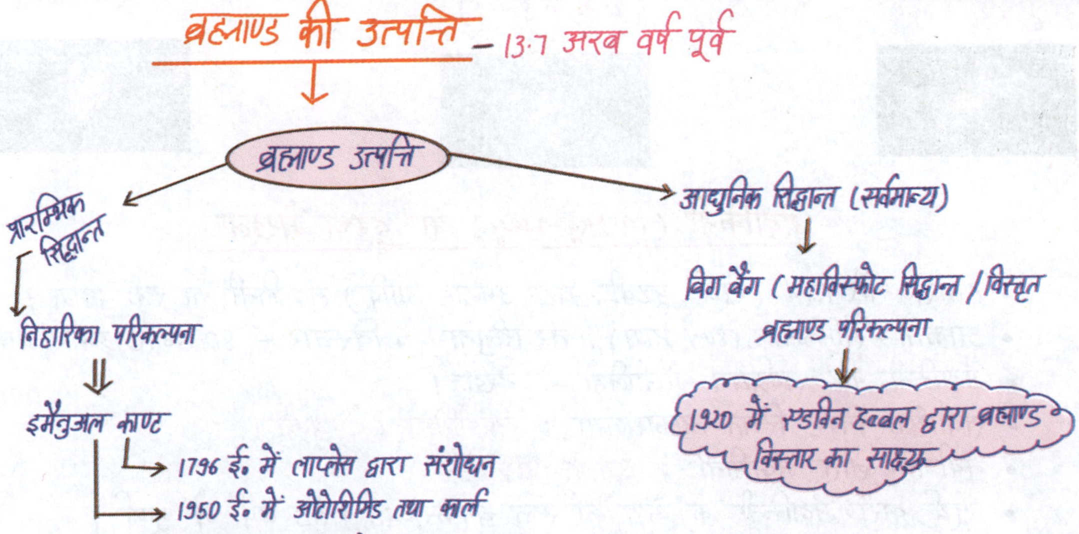

सम्बद्ध भूगोलविद्

जार्ज लेमैत्रे (बिग बैंग सिद्धान्त के प्रतिपादक) (1927 ई)

रॉबर्ट वेगनर (सिद्धांत की विस्तृत व्याख्या)

- अंतरिक्ष में रेड शिफ्ट की परिघटना
- सुपरनोवा का अंतरिक्ष में विस्फोट
- खगोलीय पिंडो की दूरी में वृद्धि

फ्रेड हॉयल (बिग-बैंग की संज्ञा)

अन्य प्रमुख सिद्धांत व प्रतिपादक

- स्फीति सिद्धांत (Inflationary Theory) : एलन गुथ
- साम्यावस्था या सतत सृष्टि सिद्धांत या स्थिर अवस्था संकल्पना (Steady State Theory) : थॉमस गोल्ड एवं हर्मन बॉंडी
- दोलन सिद्धांत (Pulsating Universe Theory) : डॉ एलन सैंडेज
- भू-केन्द्रित सिद्धांत (पृथ्वी ब्रह्माण्ड का केंद्र) : टॉलमी
- सूर्य केन्द्रित मॉडल : निकोलस कॉपरनिकस

नोट :-
- क्लॉडियस टॉलमी द्वारा ब्रह्मांड का नियमित अध्ययन आरंभ ।
- महाविस्फोट के पश्चात सौरमंडल की उत्पत्ति – 4.6 अरब वर्ष पूर्व ।
- यूरोपियन सेंटर फॉर न्यूक्लियर रिसर्च (CERN) द्वारा लार्ज हैड्रॉन कोलाइडर (LHC) महाप्रयोग सफल (वर्ष 2010)
- भारतीय वैज्ञानिक सत्येन्द्र नाथ बोस की "बोस थ्योरी" तथा हिग्स द्वारा गॉड पार्टिकल (1964) को ब्रह्माण्ड के निर्माण का मूल आधार माना ।

आकाशगंगा (Galaxy)

- तारों का समूह
- प्रत्येक आकाशगंगा में लगभग 100 अरब तारे
- हाइड्रोजन गैस के विशाल बादलों के संगम (निहारिका) से निर्माण।
- सबसे बड़ी सर्पिल आकाशगंगा : (NGC 6872)

आकाशगंगा के प्रकार

सर्पिलाकार आकाशगंगा
- मिल्की-वे (मंदाकिनी)
- NGC 6872

दीर्घ वृत्ताकार आकाश गंगा
(मार्फेई-1)

अनियमित आकाशगंगा
(Sextans-A)

मंदाकिनी (Milky-way) या दुग्ध मेखला

- हमारा सौरमंडल (सूर्य, पृथ्वी, ग्रह, उपग्रह आदि) मंदाकिनी का एक भाग।
- आकृति– सर्पिलाकार (80% भाग), तश्तरीनुमा
- विस्तार– 80 हजार प्रकाश वर्ष
- मंदाकिनी को सर्वप्रथम गैलीलियो ने देखा।
- सर्वाधिक निकट स्थित आकाशगंगा : एण्ड्रोमिडा (देवयानी)
- नवीनतम ज्ञात मंदाकिनी : ड्वार्फ मंदाकिनी
- सूर्य द्वारा मंदाकिनी के केंद्र का एक चक्कर 25 करोड़ वर्ष में पूर्ण।

तारामंडल — कुल संख्या - 88

- तारों का सुंदर व्यवस्थित रूप।
- सबसे बड़ा तारामंडल — हाइड्रा
- कैसिओपिया : W आकार का तारामंडल (Shear – सबसे चमकीला)
- सिग्नस : Cross आकार का तारामंडल
- ओरियन : Hour Glass के आकार का तारामंडल (हंटर या कालपुरुष) (सबसे चमकीला – रिगल)

सप्तर्षि तारामंडल – उर्सा मेजर (Great Bear)

- सात चमकीले तारों का समूह।
- ग्रीष्म काल में रात के प्रथम प्रहर में दिखाई देना।
- आकाश में तीसरा सबसे बड़ा तारामण्डल

ध्रुव तारा → लिटिल बियर तारा समूह का सदस्य।
- उत्तर दिशा में स्थित व रात्रि में दिशा निर्धारण में सहायक।

बिग बियर भी उर्सा मेजर द्वारा निर्मित।

तारे

- रंग – तापमान पर आधारित
- पृथ्वी के निकट का तारा – सूर्य
- सबसे चमकीला तारा – साइरस / डॉगस्टार
- सुपरनोवा – तारों के विस्फोट की घटना
- चन्द्रशेखर सीमा – 1.44 सौर द्रव्यमान की सीमा, श्वेत वामन तारे के द्रव्यमान की उपरी सीमा।

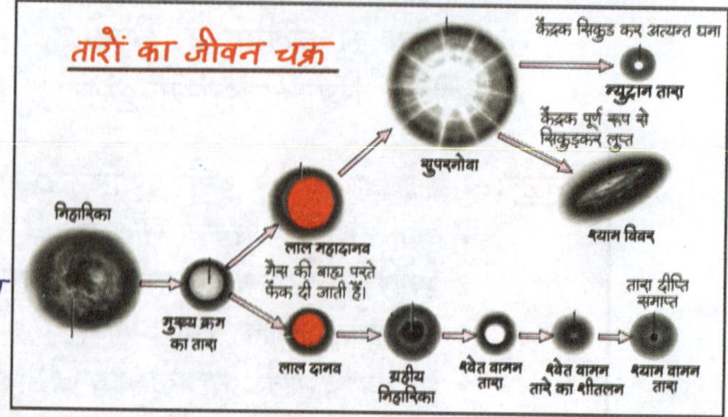

महत्त्वपूर्ण आकाशीय पिण्डों के लिए QR कोड स्कैन करें

03 सौरमंडल

परिचय

सूर्य, आठ ग्रह, उपग्रह, क्षुद्रग्रह, धूमकेतु आदि आकाशीय पिंडो का समूह।

- खोजकर्ता : निकोलस कॉपरनिकस
- उत्पत्ति : 4.6 बिलियन वर्ष पूर्व

→ नेबुलर सिद्धांत : इमैनुअल कॉण्ट, 1755 ई. → संशोधन → 1796 ई → लाप्लास

- $H_2 + He$ → परमाणु संलयन (Nuclear Fusion)
- H + H → He → सूर्य → H_2 → 70%

सूर्य

एक तारा (पृथ्वी के निकट)

- सौरमंडल का प्रधान
- आयु – 4.6 अरब वर्ष
- व्यास – 13,92000 किमी. (पृथ्वी का लगभग 110 गुना)
- आयतन – पृथ्वी से 13 लाख गुना
- द्रव्यमान – पृथ्वी से 3,32,000 गुना।
- पृथ्वी से दूरी – 14.96 करोड़ किमी.
- रासायनिक संघटन – हाइड्रोजन (71%), हीलियम (26.5%), अन्य तत्व (2.5%)
- क्रोड/कोर (केन्द्रीय भाग) का तापमान – 15 मिलियन डिग्री सेंटीग्रेड (1.5×10^7°C)

सूर्य की संरचना

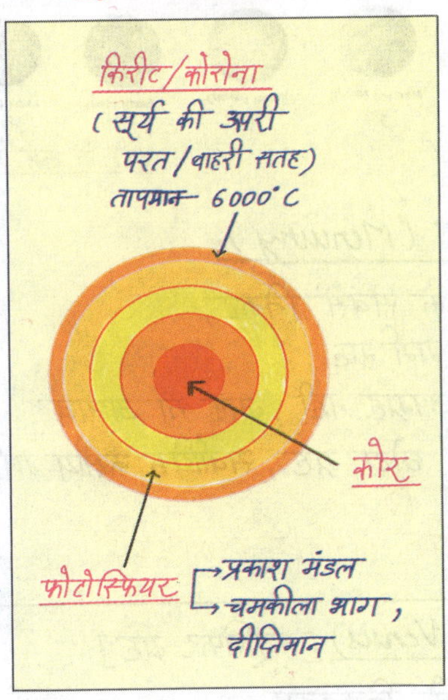

महत्त्वपूर्ण तथ्य

- सौरमंडल का निकटतम तारा – प्रोक्सिमा सेन्चुरी
- सूर्य प्रकाश की गति – 3×10^8 m/s (3 लाख किमी/सेकंड)
  → पृथ्वी पर पहुँचने का समय – 8 मिनट 20 सेकेण्ड
- आदित्य-L1 मिशन – सूर्य का अध्ययन (लैंग्रेंज बिंदु (L1) पर स्थित)
  → भारत का पहला सूर्य मिशन
- मध्यरात्रि का सूर्य (आर्कटिक क्षेत्र), मध्य रात्रि का देश – नार्वे।
- सूर्य से ऊर्जा का स्रोत — नाभिकीय संलयन

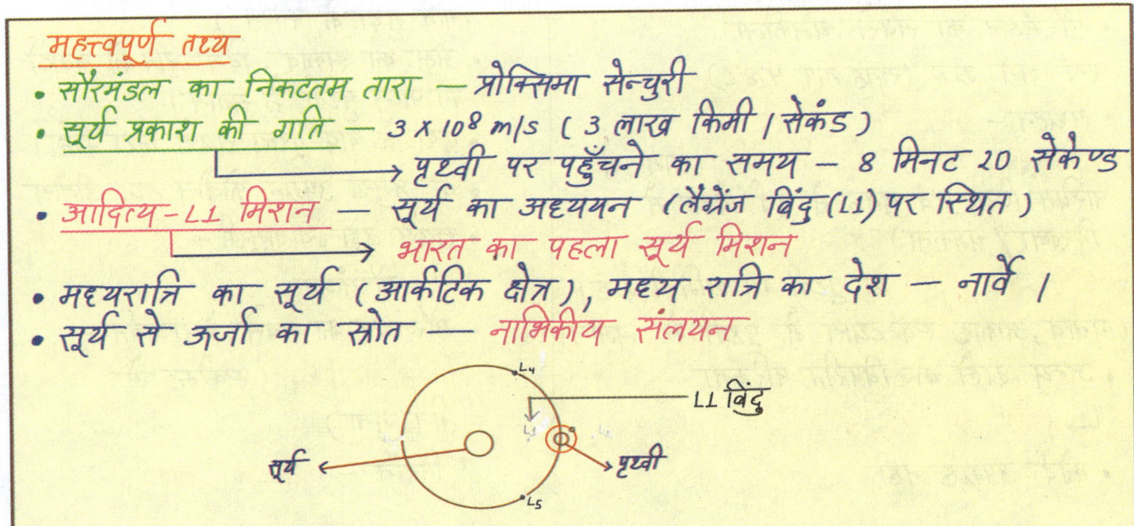

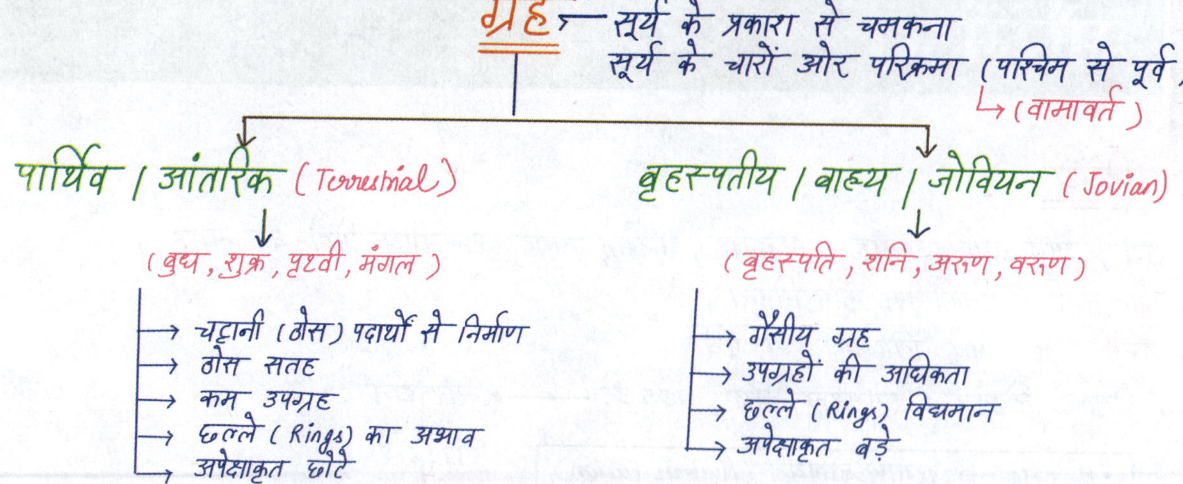

सौरमंडल के ग्रह

- कुल संख्या — 8 [बुध, शुक्र, पृथ्वी, मंगल, बृहस्पति, शनि, अरुण, वरुण]

दूरी के क्रम में

1. बुध (Mercury)

- सूर्य के सबसे निकट, बहुत गर्म ग्रह
- कोई उपग्रह नहीं, जल का अभाव
- सबसे छोटा ग्रह, सर्वाधिक कक्षीय गति (सबसे तेज ग्रह)
- सर्वाधिक तापान्तर (600°C)

2. शुक्र (Venus) [ल्यूसिफर ग्रह]

- पृथ्वी के निकटतम
- सौरमंडल का सबसे चमकीला एवं गर्म ग्रह (सतह ताप 478°C)
- संघटन – सल्फ्यूरिक अम्ल एवं गैस
- सांझ का तारा या भोर का तारा (शाम में पश्चिम दिशा एवं सुबह में पूर्व दिशा में दिखना / चमकना)
- पृथ्वी का जुड़वाँ या पृथ्वी का भगिनी ग्रह।
  ↳ (घनत्व, आकार एवं व्यास में पृथ्वी के समान)
- अन्य ग्रहों के विपरीत परिक्रमा
  ↳ दक्षिणावर्त (पूर्व से पश्चिम)
- कोई उपग्रह नहीं

3. पृथ्वी (Earth) → भू-आभ (Geoid) आकार

- सौरमंडल का पाँचवाँ सबसे बड़ा ग्रह।
- सौरमंडल का सर्वाधिक घनत्व वाला ग्रह।
- नीला ग्रह (जल की उपस्थिति के कारण)
  → एक मात्र ग्रह, जहाँ जीवन संभव
- एक मात्र प्राकृतिक उपग्रह – चन्द्रमा
- दूसरा निकटतम तारा – प्रोक्सिमा सेन्चुरी

4. मंगल (Mars)

- लाल ग्रह (आयरन ऑक्साइड, लाल मृदा के कारण)
- अक्ष का झुकाव, दिन-रात की अवधि का मान पृथ्वी के समान।
- बुध के बाद दूसरा सबसे छोटा ग्रह।
- दो प्रमुख उपग्रह फोबोस तथा डीमोस
- सबसे बड़ा ज्वालामुखी – ओलिंपस मेसी
  └ सौरमंडल
- सौरमंडल का सबसे ऊँचा पर्वत – निक्स ओलम्पिया (एवरेस्ट से तीन गुना)
- मिशन – मंगलयान, 2013

5. बृहस्पति (Jupiter)

- सौरमंडल का सबसे बड़ा ग्रह (उपग्रहों की संख्या) ⇓ 95
- पीला रंग – SO_2 के कारण
- सबसे कम परिभ्रमण काल (अक्ष पर)
- चारों ओर सिलिकेट से निर्मित वलय विद्यमान
- चंद्रमा, शुक्र के बाद तीसरी सबसे चमकीली वस्तु
- एक विशाल तूफान, ग्रेट रेड स्पॉट विद्यमान
- हाइड्रोजन, हीलियम तथा अन्य गैसों से भरा वायुमंडल
- गैलीलियो द्वारा खोजे गए उपग्रह – (4 उपग्रह) गैनीमीड (सबसे बड़ा), आयो, यूरोपा, कैलिस्टो

6. शनि (Saturn)

- सौरमंडल का दूसरा सबसे बड़ा ग्रह, एक गैस दानव और विशाल पिंड (हाइड्रोजन + हीलियम)
- चारों ओर चट्टानों एवं बर्फ के टुकड़ों से बने छल्ले/वलय (Ring) → गैलिलियो गैलिली
- सबसे ज्यादा उपग्रह (274) – मार्च, 2025 के अनुसार
- घनत्व – पानी से कम (पानी पर तैरना संभव)
- काला रंग (N_2 के कारण)
- उपग्रह – टाइटन (सबसे बड़ा), मीमास, टेथिस, रीया, फोबे, इंकलेड्स आदि। ↳ बुध के आकार के समान

7. अरुण (Uranus)

- खोजकर्ता – विलियम हर्शेल (1781 ई.)
- तीसरा सबसे बड़ा ग्रह (त्रिज्या)
- चौथा सबसे बड़ा ग्रह (द्रव्यमान)
- रंग – हरा भरा (मिथेन के कारण)
- लेटा हुआ ग्रह, आइस जायंट के रूप में।
- सबसे ठंडा ग्रह
- हाइड्रोजन, हीलियम से बना वायुमंडल
- शुक्र की तरह दक्षिणावर्त परिक्रमा (पूर्व से पश्चिम)
- उपग्रह – टाइटेनिया (सबसे बड़ा), एरियल, मिराण्डा आदि।

नोट: शुक्र + यूरेनस की परिक्रमा की दिशा → दक्षिणावर्त

8. वरुण (Neptune) (वायुवीय ग्रह)

- सूर्य से सबसे दूर, बर्फ का विशाल ग्रह, सबसे कम परिक्रमण गति
- रंग – नीला/हरा (मिथेन के कारण)
- सौरमंडल का चौथा सबसे बड़ा तथा तीसरा सबसे भारी ग्रह।
- हाइड्रोजन एवं हीलियम से बना वायुमंडल
- खोजकर्ता : जोहान गैले (गाले) एवं अर्बेन ले वेरियर (1846 ई.)
- उपग्रह : ट्राइटन (Triton), नेरिड (Nereid)

प्लूटो (Pluto) – बौना ग्रह

प्राकृतिक उपग्रह 'चारीन'

(यम ग्रह की संज्ञा)

- अंतर्राष्ट्रीय खगोलीय संघ (IAU) द्वारा ग्रहों की सूची से बाहर (वर्ष 2006)
- कुइपर बेल्ट का सदस्य
- कुइपर सीमा बेल्ट नेप्च्यून के बाहर (क्षुद्रग्रह चट्टानें एवं धूमकेतु की गोलीय कक्षा)

↳ प्लूटो, एरिस, सेरेस एवं हैनिया – बौना ग्रह।

मेकमेक (MakeMake)
↓
तीसरा सबसे बड़ा और दूसरा सबसे चमकीला बौना ग्रह (कुइपर बेल्ट में स्थित)

नोट :- उपग्रहों की संख्या में परिवर्तन होते रहते हैं। इसलिए अपडेट रहने के लिए दी गई Website को Visit करें – Theplanetstoday.com

सौर परिवार: एक दृष्टि में देखने के लिए QR कोड स्कैन करें

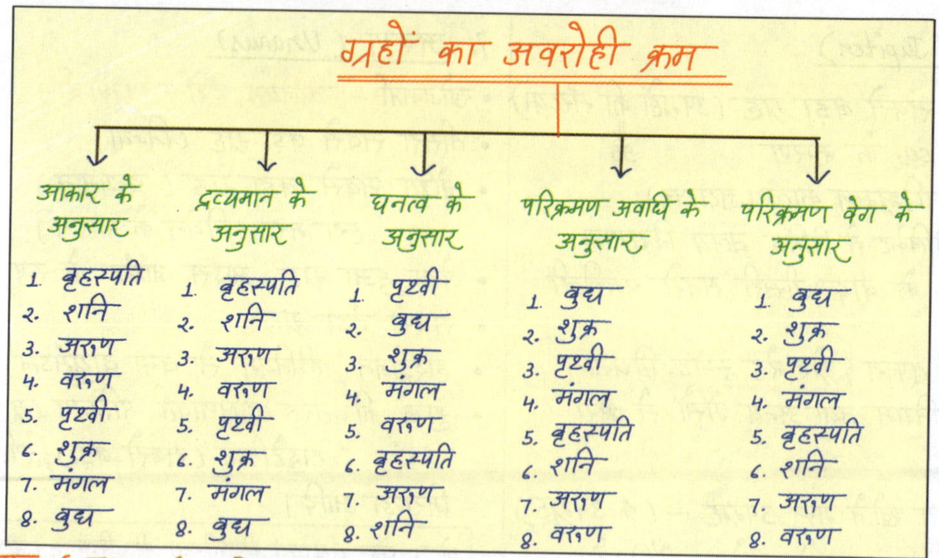

ग्रहों का अवरोही क्रम

आकार के अनुसार	द्रव्यमान के अनुसार	घनत्व के अनुसार	परिक्रमण अवधि के अनुसार	परिक्रमण वेग के अनुसार
1. बृहस्पति	1. बृहस्पति	1. पृथ्वी	1. बुध	1. बुध
2. शनि	2. शनि	2. बुध	2. शुक्र	2. शुक्र
3. अरुण	3. अरुण	3. शुक्र	3. पृथ्वी	3. पृथ्वी
4. वरुण	4. वरुण	4. मंगल	4. मंगल	4. मंगल
5. पृथ्वी	5. पृथ्वी	5. वरुण	5. बृहस्पति	5. बृहस्पति
6. शुक्र	6. शुक्र	6. बृहस्पति	6. शनि	6. शनि
7. मंगल	7. मंगल	7. अरुण	7. अरुण	7. अरुण
8. बुध	8. बुध	8. शनि	8. वरुण	8. वरुण

चंद्रमा (The Moon)

- प्राकृतिक उपग्रह, अदीप्त उपग्रह
- जीवाश्म ग्रह (Fossil Planet)
- सी ऑफ ट्रैन्क्विलिटी → नील आर्मस्ट्रॉंग का पहला कदम
- पृथ्वी से चंद्रमा की दूरी → 384400 किमी.
- त्रिज्या → 1737.5 कि.मी. • व्यास → 3475 किमी.
- घूर्णन → परिक्रमण → 27.3 दिन (चंद्रमा का 57% भाग दिखाई देना)
- चंद्रमा का गुरुत्वाकर्षण → पृथ्वी का 1/6
- उच्चतम पर्वत → लीबनिट्ज (10,668 मीटर)
- चंद्रमा के प्रकाश को पृथ्वी पर पहुँचने में लगा समय – 1.3 मिनट
- लगातार दो अमावस्याओं के बीच दिनों की अनुमानित अवधि – 29.5 दिन
- सेलेनोलॉजी – चंद्रमा की आंतरिक एवं बाह्य सतह का अध्ययन।

करेंट पिल

- लूनर पोलर एक्सप्लोरेशन मिशन (ल्यूपेक्स):– इसरो और जाक्सा (जापान) के बीच एक सहयोगात्मक प्रयास, चंद्रमा के ध्रुवीय क्षेत्रों का अन्वेषण करने के लिए।
- लूनर ट्रेलब्लेज़र मिशन:– (26 फरवरी, 2025 - लॉंच) उद्देश्य – चंद्रमा की सतह पर पानी का पता लगाना।

धूमकेतु / पुच्छलतारा (Comet)

- पत्थर, धूल, बर्फ एवं गैस से निर्मित पिंड। सूर्य के निकट आने पर धूल एवं बर्फ आदि के जलने पर चमकीली पूँछ का निर्माण।
- पूँछ सूर्य से दूर।
- हेली धूमकेतु (Hailey Comet) 1986 → 76 वर्ष बाद 2062 में दिखेगा।

क्षुद्रग्रह (Asteroid)

↳ बड़े-बड़े पत्थर

- मंगल एवं बृहस्पति की कक्षा में सूर्य की परिक्रमा करने वाले छोटे-छोटे पिंड।
- सर्वप्रथम खोजा गया क्षुद्रग्रह – सेरेस (Ceres)
- खुली आँखो से दिखाई देने वाला – फोर वेस्टा
- पं. जसराज (2019) के नाम पर क्षुद्रग्रह

उल्कापिण्ड (Meteorites)

- धूमकेतु एवं क्षुद्रग्रह के अवशेष
- सूर्य के चारों ओर घूमना
- वायुमंडल के मध्यमंडल में जलना
- Meteor → टूटता हुआ तारा
- Meteorite (बिना जले पृथ्वी पर गिरने वाले उल्कापिंड)
- उल्कापात/उल्कावृष्टि माह – दिसंबर / जनवरी
- लाइरिड्स उल्कापात – अप्रैल माह

चंद्रयान मिशन

★ चंद्रयान-1, भारत का पहला मिशन (22 अक्टूबर, 2008 – श्रीहरिकोटा)
★ चंद्रयान-2, भारत का दूसरा मिशन (20 अगस्त 2019 – श्रीहरिकोटा)
★ चंद्रयान-3 का प्रक्षेपण श्रीहरिकोटा से 14 जुलाई 2023 को सफलतापूर्वक लॉंच।
(भारत चंद्रमा के दक्षिणी ध्रुव पर उतरने वाला पहला और चंद्रमा पर उतरने वाला चौथा देश बना)

04 घूर्णन एवं परिक्रमण

घूर्णन (Rotation)

→ पृथ्वी का अपने अक्ष पर घूमना
→ दैनिक गति

- **घूर्णन अवधि** – 23 घण्टा 56 मिनट 6 सेकेण्ड (नक्षत्र दिवस)
- **दिशा** – पश्चिम से पूर्व
- **घूर्णन गति** – भूमध्य रेखा पर अधिकतम एवं ध्रुवों पर न्यूनतम
  → पृथ्वी का अक्ष पर झुकाव – $23\frac{1}{2}°$
  → पृथ्वी के अक्ष का कक्ष तल के सापेक्ष झुकाव – $66\frac{1}{2}°$
- **प्रभाव** → दिन-रात का होना
  → पवन एवं समुद्री धाराओं की दिशा में परिवर्तन
  → समुद्र में ज्वार-भाटा का आना

0 किमी/घण्टा
1275 किमी/घण्टा
1670 किमी/घण्टा
1275 किमी/घण्टा

पृथ्वी की घूर्णन गति

• विश्व का प्रथम ग्लोब "मार्टिन बेहैम" (1492) ने बनाया था।

परिक्रमण (Revolution)

→ अक्ष पर घूमने के साथ सूर्य के चारों ओर घूमना
→ वार्षिक गति

- **परिक्रमण की अवधि** – 365 दिन 6 घण्टे 9 मिनट 9 सेकेण्ड
- **परिक्रमण का मार्ग** – वामावर्त, दीर्घवृत्ताकार पथ
- **प्रभाव** → ऋतु परिवर्तन
  → ध्रुवों पर 6-6 माह का रात-दिन होना
  → वर्ष की अवधि का निर्धारण

लीप वर्ष (Leap year)

- चार वर्ष के अंतराल पर
- वर्ष के दिनों की अवधि – 366 दिन
- फरवरी माह – 29 दिन

नोट : पृथ्वी के अक्ष पर झुके होने के कारण दिन-रात छोटा बड़ा

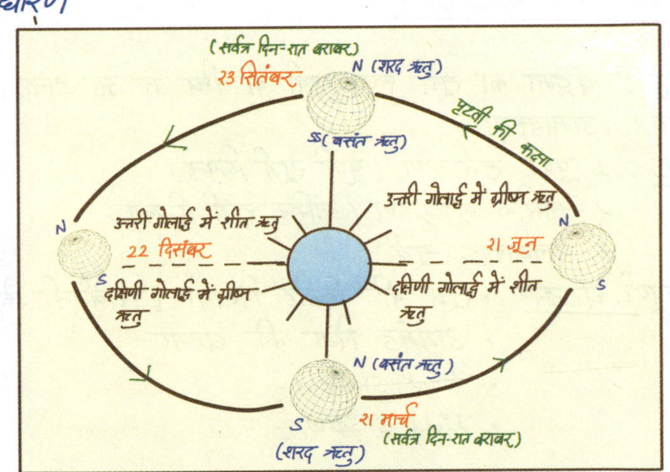

पृथ्वी का परिक्रमण एवं ऋतुएँ

सूर्य से पृथ्वी के बीच की दूरी

- **न्यूनतम** – उपसौर (Perihelion) – 3 जनवरी → 14.70 करोड़ किमी.
- **अधिकतम** – अपसौर (Aphelion) – 4 जुलाई → 15.21 करोड़ किमी.

नोट : एपसाइड रेखा : उपसौरिक एवं अपसौरिक को मिलाने वाली रेखा।

संक्रान्ति या अयनांत (Solstice)

सूर्य के उत्तरायण एवं दक्षिणायन की सीमा ⟷ दिन-रात की अवधि में सर्वाधिक अंतर

ग्रीष्म कालीन अयनांत

- ग्रीष्म अयनांत या कर्क संक्रान्ति
- कर्क रेखा पर सूर्य की किरणें लम्बवत (२१ जून)
- उत्तरी गोलार्द्ध में सबसे बड़ा दिन (२१ जून)
- उत्तरी ध्रुव पर अधिक तापमान
- उत्तरी ध्रुव पर 6 माह का दिन

शीतकालीन अयनांत

- शीत अयनांत या मकर संक्रान्ति
- मकर रेखा पर सूर्य की किरणें लम्बवत (२२ दिसंबर)
- दक्षिणी गोलार्द्ध में सबसे बड़ा दिन
- दक्षिणी ध्रुव पर 6 माह का दिन
- दक्षिणी ध्रुव पर अधिकतम तापमान

विषुव (Equinox)

- विषुवत रेखा पर सूर्य की लम्बवत किरणें पड़ना।
- सर्वत्र दिन-रात बराबर
- कोई भी ध्रुव सूर्य की ओर नहीं

महत्वपूर्ण तथ्य

- नार्वे में अर्ध रात्रि के समय सूर्य – २१ जून
- उत्तरी गोलार्द्ध में सबसे छोटा दिन } २२ दिसंबर
- दक्षिणी गोलार्द्ध में ग्रीष्म अयनांत } २२ दिसंबर
- २१ मार्च और २३ सितंबर को संपूर्ण पृथ्वी पर दिन-रात बराबर

बसंत विषुव (Vernal Equinox) – २१ मार्च

- उत्तरी गोलार्द्ध – बसंत
- दक्षिणी गोलार्द्ध – पतझड़ (Autumn)

शरद विषुव (Autumnal Equinox) – 23 दिसंबर

- उत्तरी गोलार्द्ध – पतझड़
- दक्षिणी गोलार्द्ध – बसंत

सूर्यग्रहण (Solar Eclipse)

- **स्थिति :** चंद्रमा का सूर्य एवं पृथ्वी के बीच में आ जाना (युति स्थिति)
- **समय :** अमावस्या
- **प्रकार :**
  1. पूर्ण सूर्यग्रहण (पूर्ण सूर्य छिपना)
  2. आंशिक सूर्यग्रहण (आंशिक सूर्य छिपना)
  3. वलयाकार सूर्य
- **महत्वपूर्ण घटनाएँ :**
  - सूर्य की किरीट दिखना (पराबैंगनी किरणें)
  - डायमंड रिंग की घटना
  - Dark Shadow – अम्ब्रा (Umbra)
  - Light Shadow – पेनुम्ब्रा (Penumbra)

चन्द्रग्रहण (Lunar Eclipse)

- **स्थिति :** सूर्य और चन्द्रमा के बीच पृथ्वी का आ जाना (वियुति स्थिति)
- **समय :** पूर्णिमा (प्रत्येक पूर्णिमा को नहीं)
  - ↳ चन्द्रमा एवं पृथ्वी के अक्ष में अंतर – 5°
- **प्रकार :**
  1) आंशिक
  2) पूर्ण

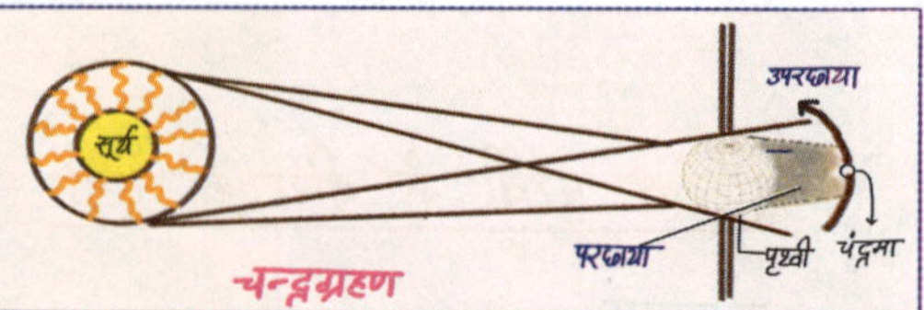

• प्रमुख चंद्र दशाएँ :

→ सुपर मून – चंद्रमा पृथ्वी के सबसे निकट
→ ब्लू मून – २ पूर्ण चंद्रग्रहण (एक माह में)
→ ब्लड मून – टेट्राड

ज्वार – भाटा (Tides)

↳ सागरीय जल का उपर उठना (ज्वार- tide) एवं नीचे गिरना (भाटा- ebb)

• उत्पत्ति का कारण : 1) सूर्य का गुरुत्वीय बल
2) चन्द्रमा का अपकेंद्रीय बल
3) पृथ्वी का अपकेंद्रीय बल

↓ सिद्धांत
↓ (प्रगामी तरंग सिद्धांत)
↓ (विलियम वेवेल)

> **महत्त्वपूर्ण तथ्य**
>
> • सूर्य, चन्द्रमा एवं पृथ्वी का एक रेखा में होना – सिजगी (Syzygy)
> • चन्द्रमा, पृथ्वी की न्यूनतम दूरी – पेरीजी (Perigee)
> • चंद्रमा, पृथ्वी की अधिकतम दूरी – अपोजी (Apogee)
> ★ वर्ष में अधिकतम 7 चन्द्रग्रहण एवं 7 सूर्यग्रहण संभव

ज्वार के प्रकार

दीर्घ या वृहत ज्वार (Spring tide)

• सूर्य, पृथ्वी एवं चंद्रमा का एक सीध में होना।
• समय- पूर्णिमा एवं अमावस्या

लघु या निम्न ज्वार (Neap tide)

• सूर्य, पृथ्वी एवं चंद्रमा की लम्बवत स्थिति
• समय – कृष्ण एवं शुक्ल पक्ष की सप्तमी एवं अष्टमी।

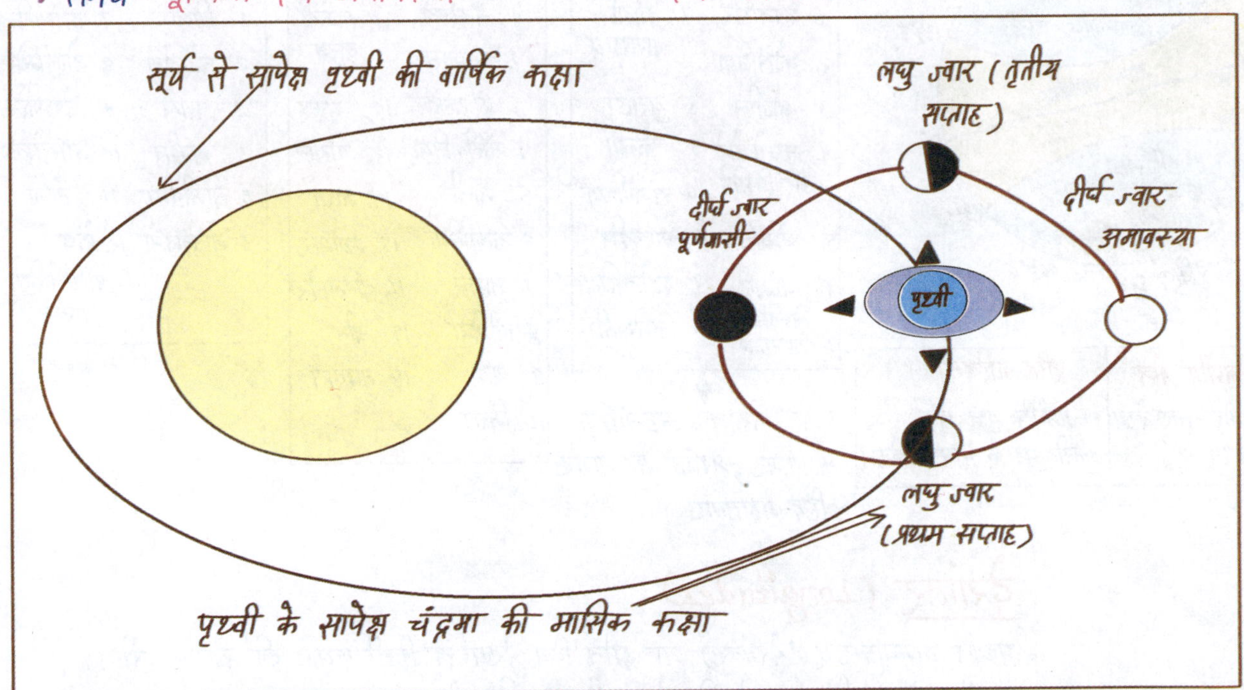

ज्वार- भाटा (Tides-ebb)

> **महत्त्वपूर्ण तथ्य**
>
> • दो ज्वार के बीच समय अंतराल – 12 घंटे 26 मिनट
> • विश्व की सबसे ऊँची ज्वार – फण्डी की खाड़ी → कनाडा के नोवा स्कोटिया (Nova Scotia)
> • सामान्यतः वृहत एवं लघु ज्वार में सात दिन का अंतर।
> • ज्वारीय ऊर्जा (तटीय क्षेत्र), मत्स्यन में सहायक।

05 अक्षांश, देशांतर एवं मानक समय

अक्षांश (Latitude)

- ग्लोब पर खींची गई काल्पनिक क्षैतिज रेखा (पूर्व से पश्चिम)
- भूमध्य रेखा के उत्तर या दक्षिण के स्थान की कोणीय दूरी।
- अक्षांशों के बीच की दूरी समान / समांतर
- दो अक्षांश रेखाओं के मध्य की दूरी – 111 कि.मी.

- कुल अक्षांश – 181
- 1° के अंतराल पर कुल अक्षांश रेखाएँ / वृत – 179

[अक्षांश का उपयोग :- किसी स्थान की स्थिति का पता लगाने और जलवायु क्षेत्रों को निर्धारित करने में उपयोगी]

महत्वपूर्ण अक्षांश

ताप कटिबंध

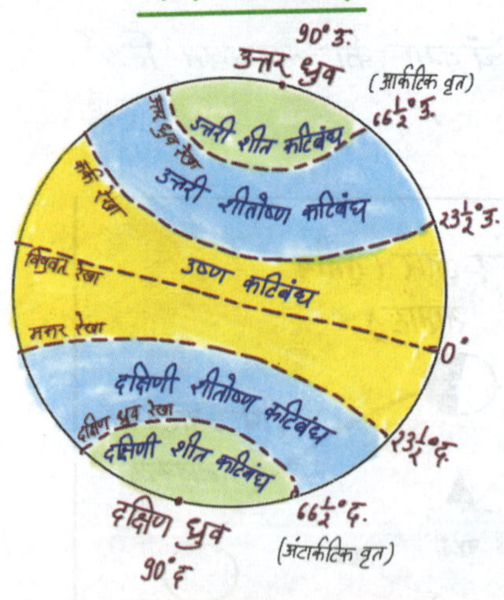

उष्णकटिबंधीय क्षेत्र	शीत कटिबन्ध
↳ कर्क और मकर रेखा के बीच।	↳ आर्कटिक वृत्त और उत्तरी ध्रुव के बीच का क्षेत्र।

प्रमुख अक्षांश रेखाओं पर स्थित देश

(विषुवत रेखा) 13 देश

1. इक्वाडोर
2. कोलंबिया
3. ब्राजील
4. साओ टोमे और प्रिंसिपे
5. गैबॉन
6. कांगो लोकतांत्रिक गणराज्य
7. कांगो गणराज्य
8. युगांडा
9. केन्या
10. सोमालिया
11. मालदीव
12. इंडोनेशिया
13. किरिबाती

↓ 3 जल निकाय – अटलांटिक महासागर, प्रशांत महासागर, हिंद महासागर

(कर्क रेखा) 18 देश

1. मैक्सिको
2. बहामास
3. प. सहारा
4. मॉरीतानिया
5. माली
6. अल्जीरिया
7. नाइजर
8. लीबिया
9. चाड
10. मिस्र
11. साऊदी अरब
12. यूएई
13. ओमान
14. भारत
15. म्यांमार
16. बांग्लादेश
17. चीन
18. ताइवान

(मकर रेखा) (12 देश)

1. चिली
2. अर्जेंटीना
3. पराग्वे
4. ब्राजील
5. नामीबीया
6. बोत्सावना
7. द. अफ्रीका
8. मोजांम्बिक
9. मेडागास्कर
10. ऑस्ट्रेलिया
11. टोंगा
12. फ्रेंच पोलीनेशिया (फ्रांस)

देशांतर (Longitudes)

- प्रधान याम्योत्तर (0° देशांतर) या ग्रीन विच रेखा से किसी स्थान की कोणीय दूरी।
- उत्तरी एवं दक्षिणी ध्रुव को मिलाने वाली काल्पनिक रेखा –
- रेखाएँ समांतर नहीं
- ध्रुवों से विषुवत रेखा की ओर देशांतरों के बीच की दूरी में वृद्धि।
  ↳ पर न्यूनतम दूरी ↳ पर अधिकतम दूरी 111.32 किमी.
- कुल देशांतर – 360

नोट :- अक्षांश एवं देशांतर रेखाओं का डिग्री, मिनट एवं सेकेण्ड में मापन।
दो देशांतर रेखाओं के बीच की दूरी – गोरे (Gore)

प्रधान याम्योत्तर या ग्रीनविच मीन समय

- ग्रीनविच वेधशाला (लंदन) से गुजरना।
- स्थित प्रमुख देश — 8 देश

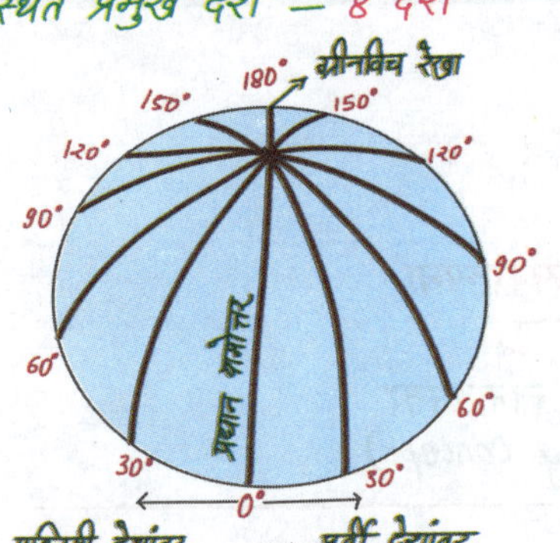

T → टोगा (Toga)
U → यूनाइटेड किंगडम (United Kingdom)
M → माली (Mali)
S → स्पेन (Spain)
A → अल्जीरिया (Algeria)
B → बुर्किना फासो (Burkina Faso)
F → फ्रांस (France)
G → घाना (Ghana)

→ TRICK — TUM SAB FRANCE GAYE

नोट : 0° अक्षांश तथा 0° देशांतर अटलांटिक महासागर में एक-दूसरे को काटती हैं।

समय का निर्धारण / मानक समय

- पृथ्वी का २४ घंटे में 360° घूमना
  - → 1 घंटे में — 15° = $\left(\frac{360°}{24} = 15°\right)$
  - → 1° घूमने में लगने वाला समय - 4 मिनट
- 0° देशांतर के पूर्व में जाने में समय में वृद्धि
- 0° देशांतर के पश्चिम में जाने में समय में कमी
- 1° देशांतर में समय का अंतर — 4 मिनट
- भारत का मानक समय / मानक देशांतर रेखा — $82\frac{1}{2}°$ पूर्वी देशांतर
  - ↳ ग्रीनविच समय से 5 घंटा 30 मिनट आगे।

नोट : ग्रीनविच मीन टाइम (मानक समय) से विश्व के देशों का मानक समय का निर्धारण।

अंतर्राष्ट्रीय तिथि रेखा (International Date Line)

- 180° देशांतर → Zig-Zag रेखा
- पूर्व एवं पश्चिम में एक दिन का अंतर

Day loss & Date gain ← W | E → Day gain & Date loss

अंतर्राष्ट्रीय तिथि रेखा

बेरिंग सागर
एल्यूशियन आइलैंड
52° 30'
48°
समय आगे बुधवार
11 घंटा आगे
समय पीछे मंगलवार
11 घंटा पीछे
अंतर्राष्ट्रीय तिथि रेखा
आरसल आइलैंण्ड
15° 30'
फिजी आइलैण्ड
न्यूजीलैण्ड
51° 30'
70°, 60°, 45°, 30°, 15°, 0°, 15°, 30°, 45°
150°E 165°E 180° 165°W 150°W

महत्वपूर्ण तथ्य

- अंतर्राष्ट्रीय तिथि रेखा बेरिंग जलसंधि के समानांतर।
- विश्व 24 समय जोन में विभाजित।
- फ्रांस में सर्वाधिक 12 समय जोन।
- ग्रीनविच देशांतर पर दोपहर 12 बजे, तो 90° पश्चिमी देशांतर पर सूर्योदय।

गोलार्द्ध (Hemisphere)

भूमध्य रेखा द्वारा ग्लोब का क्षैतिज विभाजन
↓
1) उत्तरी गोलार्द्ध (0° से 90° उत्तरी ध्रुव)
2) दक्षिणी गोलार्द्ध (0° से 90° दक्षिणी ध्रुव)

प्रधान मध्याह्न एवं अंतर्राष्ट्रीय तिथि रेखा द्वारा ग्लोब का लम्बवत विभाजन
↓
1) पूर्वी गोलार्द्ध
2) पश्चिमी गोलार्द्ध

06 पृथ्वी की उत्पत्ति एवं विकास

• **पृथ्वी की उत्पत्ति** → सर्वप्रथम परिकल्पना → कॉम्टे-द-बफन (फ्रांसीसी वैज्ञानिक) (1749 ई.)

पृथ्वी व अन्य ग्रहों की उत्पत्ति विषयक संकल्पना

अद्वैतवादी संकल्पना या पैतृक संकल्पना (Monistic Concept)

- → पुच्छल तारा परिकल्पना – कॉम्टे द बफन (1749)
- → वायव्य राशि परिकल्पना – इमैनुअल काण्ट (1755)
- → निहारिका परिकल्पना – लॉप्लास (1796) (बाद में रॉस द्वारा संशोधित)
- → उल्कापिण्ड परिकल्पना – लॉकियर (1919)

द्वैतवादी संकल्पना (Binary Concept)

- → विखण्डन का सिद्धान्त – जार्ज डार्विन (1879)
- → ग्रहाणु परिकल्पना – टी सी चैम्बरलिन (1905)
- → ज्वारीय परिकल्पना – जेम्स जीन्स (1919) (जेफरीज महोदय द्वारा 1929 में संशोधित)
- → द्वैतारक परिकल्पना – एन एन रसेल
- → नवतारा परिकल्पना – प्रो. फ्रेड हॉयल एवं लिटिलटन (1939)
- → अन्तरतारक धूल परिकल्पना – ऑटो श्मिड (1943)

पृथ्वी की आयु → 4.6 अरब वर्ष

→ निर्धारण विधि — रेडियोधर्मी डेटिंग (1905 ई.)

→ अर्नेस्ट रदरफोर्ड द्वारा प्रतिपादन / आविष्कार

डेटिंग के प्रकार

- → यूरेनियम डेटिंग / लेड डेटिंग / रेडियोमेट्रिक डेटिंग (सबसे पुरानी चट्टान)
  - → (पृथ्वी की आयु निर्धारण में महत्त्वपूर्ण)
- → पोटैशियम – आर्गन विधि
- → रुबिडियम – स्ट्रोनटियम विधि
- → यूरेनियम – थोरियम विधि
- → रेडियो कार्बन डेटिंग विधि
- → क्लोरीन – 36 डेटिंग विधि
- → कार्बन – डेटिंग (C-14) [नवीनतम चट्टान]
  - → जीवों / कार्बनिक पदार्थों का आयु निर्धारण

पृथ्वी का आकार / आकृति

• जियॉड (Geoid) या चपटा अंडाकार → ऊपरी तथा निचली सतह पर हल्की चपटी

→ कारण → अधिक अभिकेन्द्रीय बल (भूमध्य रेखा) → केन्द्र में उभार
→ ध्रुवों पर गुरुत्वाकर्षण बल → सतह को केन्द्र की ओर खींचना

• पृथ्वी का द्रव्यमान – 5.97×10^{24} किग्रा

• जलीय भाग – 71%

• स्थलीय भाग – 29%

पृथ्वी पर जीवन की उत्पत्ति

- मानव का उत्पत्ति काल → प्लियोसीन काल (सर्वप्रथम → अफ्रीका महाद्वीप)
- रीढ़ वाले जीवों का काल → सिल्यूरियन काल
- सरीसृपों का युग → मीसोजोइक महाकल्प
- डायनासोर का काल → जुरैसिक शक / काल (आज से 18 करोड़ वर्ष पूर्व)

07 पृथ्वी की आंतरिक संरचना

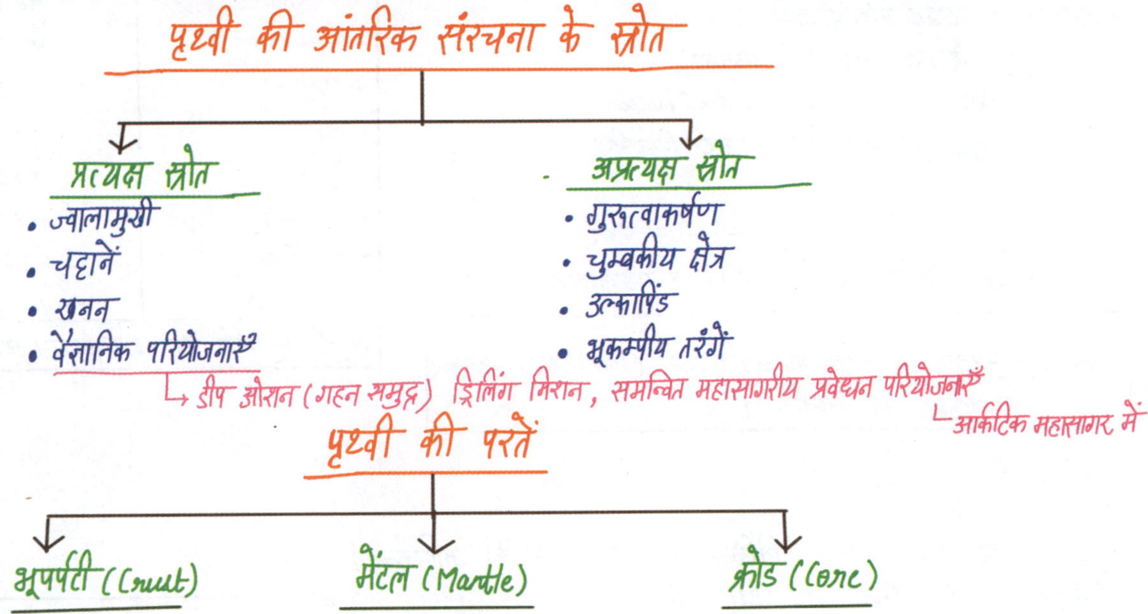

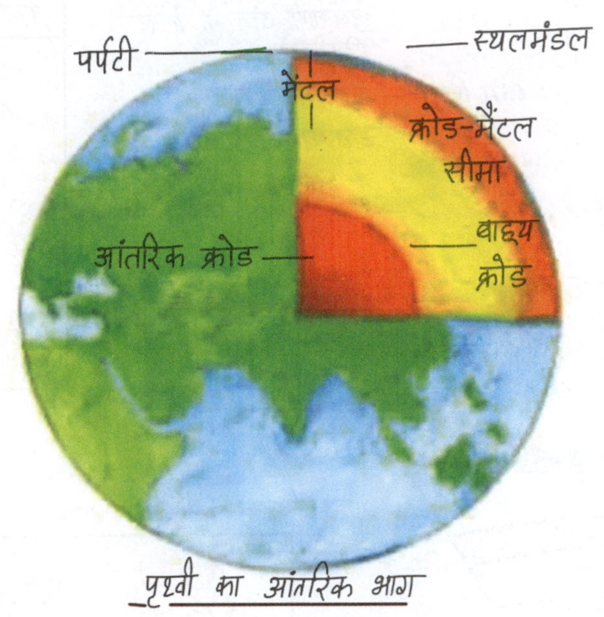

पृथ्वी का आंतरिक भाग

भू-पर्पटी या भू-पटल (5-30 किमी मोटी)

- पृथ्वी की बाहरी सतह (महाद्वीपीय एवं महासागरीय क्रस्ट)
- महाद्वीपीय क्रस्ट : 30 किमी (मोटाई) – मोटी / हल्की – ग्रेनिटिक
- महासागरीय क्रस्ट : 5 किमी (मोटाई) – पतली / सघन – बेसाल्टिक
- दो प्रमुख भाग : सियाल (SIAL) – सिलिका एवं एल्युमीनियम की अधिकता
  सीमा (SIMA) – सिलिका एवं मैग्नीशियम की अधिकता
- उप विभाग : ऊपरी एवं निचली क्रस्ट

मेंटल (Mantle)

- **मोटाई** : 30-2900 किमी
- **उपनाम** : व्हाइट ऑफ द अर्थ
- **निर्माण** : बेसाल्ट चट्टानों से निर्माण
- **एस्थेनोस्फीयर** – दुर्बल मंडल – Semi molten (अर्द्ध पिघली) → (प्लास्टिक रूप)
  - (400 किमी. तक)
  - ज्वालामुखी के मैग्मा का स्त्रोत → (मैग्मा चैंबर)
- मेंटल की आंतरिक ऊर्जा का स्रोत "रेडियोजनित ऊष्मा" है।

> **नोट :** भू-पटल एवं मेंटल का ऊपरी भाग (100 किमी) मिलकर स्थलमंडल का निर्माण।

पृथ्वी के क्रस्ट की संरचना / तत्व

तत्व	भाग (%)
• ऑक्सीजन	46.60
• सिलिकॉन	27.72
• एल्युमीनियम	8.13
• लोहा	5.0
• कैल्शियम	3.63
• सोडियम	2.83
• पोटैशियम	2.59
• मैग्नीशियम	2.09
संपूर्ण भू-पर्पटी का 98% भाग (लगभग)	

क्रोड (Core)

- **केंद्रीय भाग** :→ निफे [निकिल (Ni) + लोहा (Fe) की अधिकता]
- **विस्तार** : 2900 किमी. से 6371 किमी
- **उपविभाग**
  - → वाह्य क्रोड – 2900-5150 किमी – तरल अवस्था (पृथ्वी के चुंबकीय क्षेत्र के लिए जिम्मेदार)
  - → आंतरिक क्रोड – 5150-6371 किमी – ठोस या प्लास्टिक अवस्था

समस्त पृथ्वी

तत्व	प्रतिशत
1. लोहा	35.5
2. ऑक्सीजन	30.0
3. सिलिकॉन	15.0
4. मैग्नीशियम	13.0
5. निकेल	2.4
6. गन्धक	1.9
7. कैल्शियम	1.1
8. एल्युमीनियम	1.1

असम्बद्धता (Discontinuity)

- दो परतों के बीच का संक्रमण क्षेत्र
- पृथ्वी की परतों के बीच में 5 असम्बद्धताएँ :-

ऊपरी भू-पर्पटी
कोनार्ड असम्बद्धता
निचली भू-पर्पटी
मोहोरोविकिक असम्बद्धता
ऊपरी मेण्टल
रेपटी असम्बद्धता
निचला मेण्टल
गुटेनबर्ग असम्बद्धता
बाह्य क्रोड
लेहमैन असम्बद्धता
आन्तरिक क्रोड

पृथ्वी का आंतरिक भाग

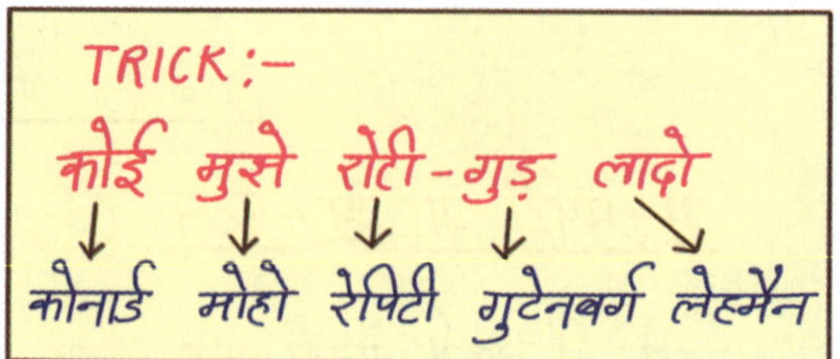

08 चट्टानें

1. आग्नेय चट्टानें (Igneous Rocks)

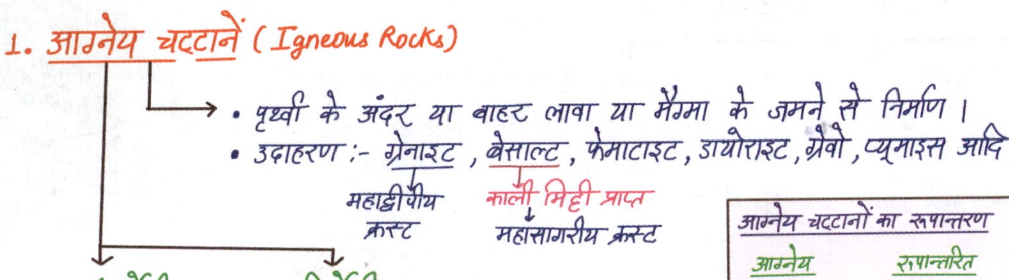

- पृथ्वी के अंदर या बाहर लावा या मैग्मा के जमने से निर्माण।
- उदाहरण :- ग्रेनाइट, बेसाल्ट, फेमाटाइट, डायोराइट, ग्रैबो, प्यूमाइस्स आदि।
  - ग्रेनाइट → महाद्वीपीय क्रस्ट
  - बेसाल्ट → काली मिट्टी प्राप्त → महासागरीय क्रस्ट

आग्नेय चट्टानें →
- अंतर्भेदी (Intrusive)
- बहिर्भेदी (Extrusive)

आग्नेय चट्टानों का रूपान्तरण

आग्नेय		रूपान्तरित
• ग्रेनाइट	–	नीस
• बेसाल्ट	–	शिष्ट / स्म्फीबोलाइट
• ग्रैबो	–	सरपेंटाइन

> नोट : कोडरमा (झारखंड) का अभ्रक पेग्माटाइट शैल से प्राप्त।

2. अवसादी चट्टानें (Sedimentary Rocks) → परतदार चट्टान

- चट्टानों के अपक्षय एवं अपरदन से निर्मित। शिलीभवन प्रक्रिया (लिथिफिकेशन)
- उदाहरण :- बलुआ पत्थर, चूना पत्थर, स्लेट, कांग्लोमरेट, नमक की चट्टान, शेलवरी आदि।
  - बलुआ पत्थर → आगरा का लाल किला, दिल्ली का लाल किला निर्माण।

अवसादी चट्टानों का वर्गीकरण

यांत्रिक / अकार्बनिक रूप से निर्मित अवसादी चट्टानें
- बलुआ प्रधान चट्टानें (बलुआ पत्थर)
- क्ले प्रधान चट्टानें (चूना पत्थर)
- शैल

जैविक / कार्बनिक रूप से निर्मित अवसादी चट्टानें
- चूना प्रधान चट्टानें (खड़िया, जिप्सम, डोलोमाइट, गाइजराइट)
- कार्बन प्रधान चट्टानें (कोयला)

रासायनिक क्रिया से निर्मित अवसादी चट्टानें
- जिप्सम, चर्ट
- लोहा, निक्षेप, स्टैलेग्माइट, हैलाइट
- कैल्शियम, सोडियम, मैग्नीशियम के संयोजन से बनी लवणीय चट्टान (सैंधा नमक)

अवसादी चट्टानों का रूपान्तरण

अवसादी	रूपान्तरित
• बलुआ पत्थर	क्वार्ट्जाइट
• चूना पत्थर	संगमरमर
• शैल	स्लेट
• डोलोमाइट	संगमरमर
• कोयला	ग्रेफाइट / हीरा
• सपिण्ड	सपिण्ड शिष्ट
• लिग्नाइट कोयला	एंथ्रेसाइट कोयला

> नोट : • वायु निर्मित अवसादी शैल – लोयस
> • हिमानीकृत अवसादी शैल – मोरेन

3. रूपान्तरित चट्टानें (Metamorphic rocks) → कायान्तरित चट्टानें

- ताप, दाब एवं रासायनिक क्रियाओं के कारण अवसादी एवं आग्नेय चट्टानों का रूपान्तरण।
- उदाहरण :- नीस, स्मेम्फीबोलाइट, ग्रीन स्टोन, सर्पेनटाइट, फाइलाइट आदि।

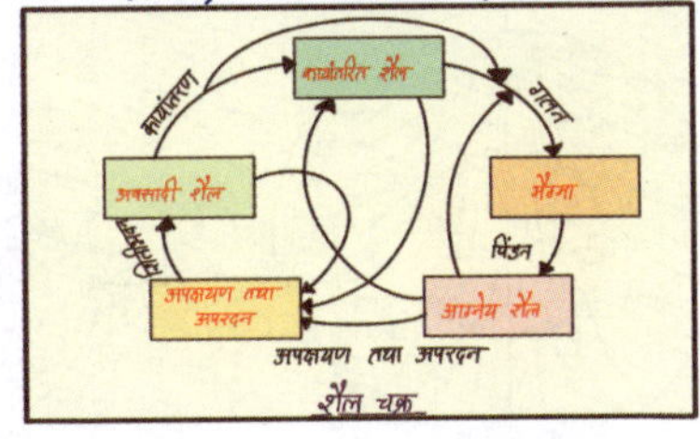

शैल चक्र

रूपान्तरित चट्टानों का रूपान्तरण

रूपान्तरित चट्टान		रूपान्तरण
• स्लेट	–	फाइलाइट
• फाइलाइट	–	शिष्ट

> नोट : शैल विज्ञान (Petrology) :- चट्टानों के संघटन, बनावट आदि का वैज्ञानिक अध्ययन।

09 भूकम्प, सुनामी एवं ज्वालामुखी

भूकम्प (Earthquake)

- भूकम्पीय तरंगों का अध्ययन
  - भूकम्पविज्ञान (Seismology)
- भू-पटल में कम्पन होना
- भूकम्पीय या प्रत्यास्थ तरंगें उत्पन्न

- भूकम्प मूल (Focus) : भूकम्प का उत्पत्ति केन्द्र
- अधिकेन्द्र (Epicentre) : सर्वप्रथम भूकम्प का अनुभव स्थान
- सम भूकम्प रेखा (Isoseismal line) ; समान भूकम्पीय तीव्रता वाले स्थान

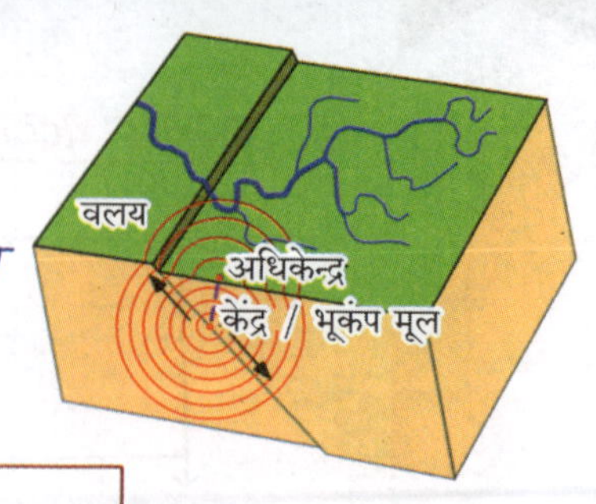

भूकम्प आने के संकेत

- वायुमंडल में रेडॉन गैस की मात्रा में वृद्धि
- जीवों (कुत्तों) के व्यवहार में बदलाव

भूकम्पीय तरंगों के प्रकार

प्राथमिक तरंगें (P-waves)

- अनुदैर्घ्य / ध्वनि / संपीडनात्मक तरंगें
- सबसे पहले सतह पर पहुँचना
- सर्वाधिक वेग (8-14 Km/s)
- औसत वेग (7-8 Km/s)
- ठोस, द्रव्य एवं गैस तीनों पदार्थों से होकर गमन।
- पृथ्वी के केन्द्रीय भाग से गुजरने में सक्षम।
- खिंचाव एवं निचोड़

द्वितीयक तरंगें (S-waves)

- आड़ी / अनुप्रस्थ / जलतरंग प्रकाश / गौण तरंगें
- औसत गति (4-6 Km/s)
- केवल ठोस भाग में गमन
- प्राथमिक तरंगों की अपेक्षा कम वेग
- कम विनाशकारी
- भूकम्पमापी पर पहुँचने वाली द्वितीयक तरंगें।

धरातलीय तरंगें (L-waves)

- लम्बी / लव / R-तरंगें
- धरातल तक सीमित
- सबसे कम वेग (1-3 Km/s)
- सर्वाधिक विनाशकारी
- सिस्मोग्राफ एवं सतह पर पहुँचने वाली अंतिम तरंगें
- जल एवं स्थल पर प्रभाव।

भूकंपीय तरंगों की तीव्रता का मापन

सीस्मोग्राफ (भूकम्प सूचक यंत्र)

रिक्टर पैमाना / स्केल

- तीव्रता / परिमाण – 0-10
- एक-दूसरे बिंदु की तीव्रता – 10 गुणा
- गणितीय मापक (logarithmic)

मरकैली पैमाना / स्केल

- तीव्रता / परिमाण – 1-12
- 12 मापक

रॉसी-फेरल स्केल

मापक – 1-10

भूकम्पीय छाया क्षेत्र (Shadow Zone)

यहाँ भूकंपीय तरंगों का अभिलेखन नहीं।

- P-तरंगों का छाया क्षेत्र - 105° से 145° के मध्य
- S-तरंगों का छाया क्षेत्र - 105° से आगे का क्षेत्र

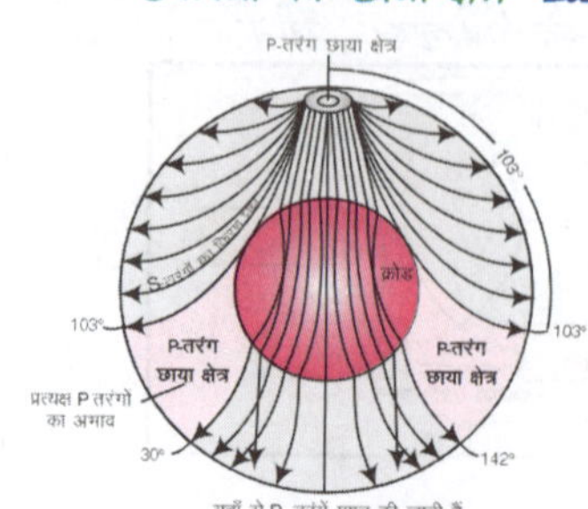

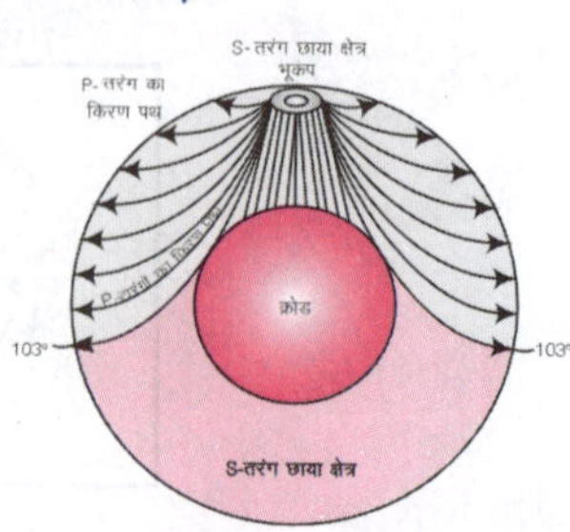

भूकम्प के प्रकार

1. टेक्टोनिक भूकम्प (प्लेटों का टकराना एवं खिसकना)
2. पतन भूकम्प (खदान या गुफा के भूमिगत पतन)
3. ज्वालामुखी भूकम्प (ज्वालामुखी के कारण)
4. जलाशय प्रेरित भूकम्प (बाँध बनाने के कारण)
5. विस्फोट भूकम्प (परमाणु परीक्षण एवं बम विस्फोट)

भूकम्प के प्रभाव

- सुनामी का आना
- भू-स्खलन / हिमस्खलन
- बाढ़ / जंगलों में आग लगना
- मृदा द्रवीकरण
- भूकंप अंतराल– जिस क्षेत्र में पूर्व में भूकंप हुआ हो और पुनः होने की संभावना हो।

> **सुनामी (Tsunami)** जापानी शब्द
> - सु – तीव्र तरंग
> - नामी – समुद्री तरंग जो बंदरगाह को प्रभावित करे।
> - समुद्र के नीचे भूकम्प या ज्वालामुखी विस्फोट के कारण उत्पन्न तरंगें।
> - हिंद महासागर का विनाशकारी सुनामी (26 दिसम्बर, 2004)

भूकम्प का विश्व वितरण

- प्रशांत महासागरीय तटीय पेटी (63% भूकम्प)
- मध्य महाद्वीपीय पेटी (21% भूकम्प)
- मध्य अटलांटिक पेटी (सर्वाधिक भूकम्प भूमध्य रेखा के पास)
- भूकम्प अंतराल – जिस क्षेत्र में पूर्व में भूकम्प हुआ हो और पुनः होने की संभावना हो।

भारत के भूकम्पीय क्षेत्र / जोन

जोन-2	जोन-3
• कम तीव्रता (6) • क्षेत्र- प्रायद्वीपीय पठार	• मध्यम तीव्रता (7) • क्षेत्र – बिहार, झारखंड यूपी, ओडिशा आदि
जोन-4	**जोन-5**
• अति तीव्रता (8) • क्षेत्र- दिल्ली, पंजाब जम्मू-कश्मीर आदि	• अत्यधिक तीव्रता / सर्वाधिक सक्रिय • क्षेत्र – हिमालयी क्षेत्र, उत्तर-पूर्वी भारत, गुजरात (2001)

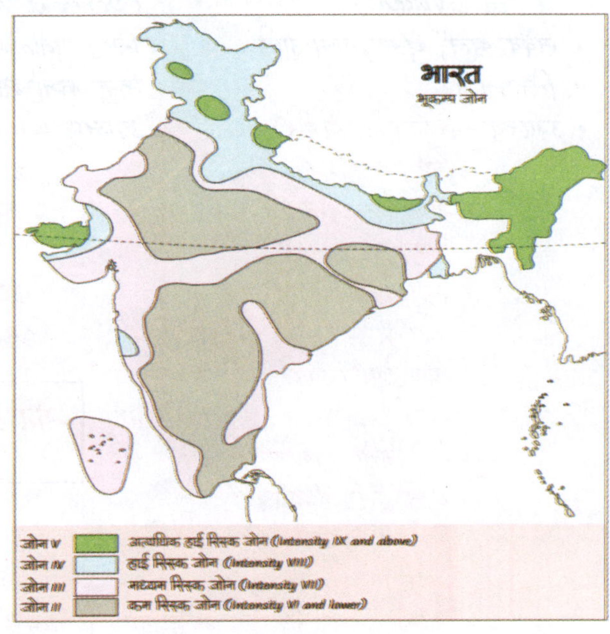

ज्वालामुखी (Volcano) ⟶ प्रकृति का सुरक्षा वाल्व

- प्राकृतिक छिद्र या दरार जिससे पृथ्वी का पिघला पदार्थ लावा, राख, भाप आदि का बाहर निकलना।
- **ज्वालामुखी उद्गार में निकलने वाले पदार्थ** : गैस एवं जलवाष्प (सबसे अधिक)(60-90%), टफ (चट्टानी टुकड़े), लैपिली (मटर के दाने के बराबर पदार्थ), ब्रेसिया, लावा (मैग्मा), पायरोक्लास्ट (ठोस चट्टानी टुकड़े) आदि।
  - धरातल पर (मैग्मा) ; मैग्मा → भू-गर्भ में स्थित तरल पदार्थ

- **ज्वालामुखी क्रिया / अंग**

→ ज्वालामुखी छिद्र : कीपाकार आकृति, लावा का निकलना
→ ज्वालामुखी नली : भू-गर्भ से सम्बद्ध एक पतली नली
→ क्रेटर (Crater) : ज्वालामुखी छिद्र का विस्तृत रूप (ज्वालामुखी का मुख)
→ काल्डेरा (Caldera) : ज्वालामुखी का अत्यधिक विस्तार / क्रेटर का धँसाव। उदा.-आसो (जापान), क्रेटरलेक (USA)
  └→ ज्वालामुखी विस्फोट
→ गीजर (Geyser) : दरारों या छिद्रों से जल एवं वाष्प का कुछ ऊँचाइयों तक निकलना।
  उदा. – ओल्ड फेथफुल गेसर (यूएसए का येलोस्टोन पार्क)

> **नोट :** पेले-अश्रु (Pele's Tears) की उत्पत्ति ज्वालामुखी उद्गार के समय लावा का ठोस जमाव – सिंडर

→ **धुँआरे (Fumaroles):** गैस व जलवाष्प का निकलना

↳ सोलफतारा (गंधक युक्त धुँआरा)

उदा- अलास्का (USA) का कटमई पर्वत (हजारों धुँआरों की घाटी)
- कोह सुल्तान धुँआरा (ईरान)
- व्हाइट द्वीप का धुँआरा (न्यूज़ीलैंड)

ज्वालामुखी उत्पत्ति

- प्लेटों का अपसारी या अभिसारी संचलन
- भू- पर्पटी एवं मेंटल के नीचे तापमान एवं दाब में अंतर आदि।

ज्वालामुखी के प्रकार

सक्रिय ज्वालामुखी (Active Volcano)

- सदैव धूल, धुँआ, वाष्प आदि निकलना।
- उदाहरण – किलायु (हवाई द्वीप) – सर्वाधिक सक्रिय
  - माउंट एटना (सिसली द्वीप)
  - स्ट्राम्बोली (लेपारी द्वीप)
  - मोनालोवा (हवाई द्वीप)
  - कोटोपैक्सी (इक्वाडोर)
  - बैरन द्वीप (अंडमान-निकोबार) (भारत) आदि।
  - ओजोस डेल सेलाडो (अर्जेन्टीना और चिली) (विश्व का सबसे ऊँचा)

प्रसुप्त ज्वालामुखी (Dormant Volcano)

- निकट अतीत में उद्गार नहीं; किन्तु कभी भी उद्गार संभव
- उदाहरण – विसुवियस (इटली) भूमध्य सागर का प्रकाश स्तम्भ
  - फ्यूजीयामा (जापान)
  - क्राकाटाओ (इंडोनेशिया)
  - नारकोंडम द्वीप (अंडमान-निकोबार)

मृत या शांत ज्वालामुखी (Extinct Volcano)

- पुनः उद्गार की संभावना नहीं।
- उदाहरण :-
  - चिम्बराजो (इक्वाडोर)
  - किलिमंजारो (तंजानिया) (अफ्रीका का सबसे ऊँचा पर्वत)
  - माउंट पोपा (म्यांमार)
  - देमवंद एवं कोह-सुल्तान (ईरान)

> **नोट :-** फ्लड बेसाल्ट : धरातल के बड़े क्षेत्र पर बेसाल्ट लावा का फैलाव।

ज्वालामुखी निर्मित स्थलाकृतियाँ

आंतरिक स्थलरूप

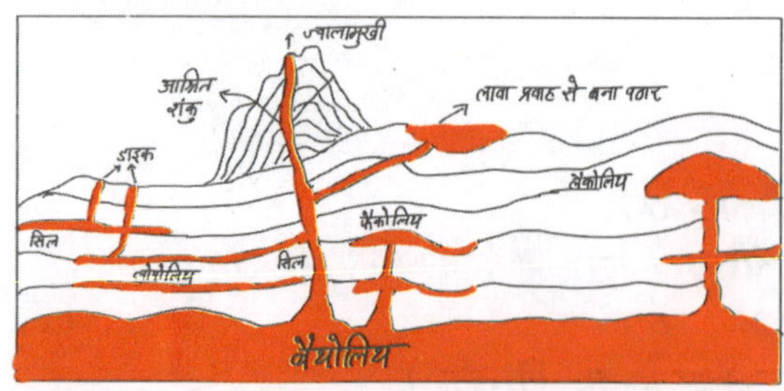

वाह्य स्थलरूप

- सिंडर या राख शंकु
- लावा शंकु / शील्ड (कम गाढ़ा)
- मिश्रित / कंपोजिट (गाढ़ा लावा) ज्वालामुखी शंकु
- परपोषित या आश्रित शंकु

प्रशांत महासागर / अग्नि वलय / रिंग ऑफ फायर

- प्रशांत महासागर का क्षेत्र (सर्वाधिक भूकम्प एवं ज्वालामुखी की उत्पत्ति)
- परि-प्रशांत – पैसिफिक बेल्ट
  ↳ (75% ज्वालामुखी क्षेत्र एवं 63% भूकम्प क्षेत्र)

ज्वालामुखी का विश्व वितरण

परिप्रशान्त महासागरीय मेखला
- विश्व के 2/3 भाग ज्वालामुखी
- विनाशात्मक प्लेट किनारा

मध्य महाद्वीपीय पेटी
- अल्पाइन पर्वत शृंखला
- विनाशात्मक प्लेट किनारा

मध्य अटलांटिक मेखला/ मध्य महासागरीय कटक
- महासागरीय कटक
- रचनात्मक प्लेट किनारा

अंतरा-प्लेटीय ज्वालामुखी
- सूक्ष्म प्लेट गतिविधियाँ

प्लेट विवर्तनिकी सिद्धांत (Plate tectonic theory)

प्लेटों के स्वभाव एवं प्रवाह से सम्बद्ध अध्ययन

प्रवाह → पृथ्वी के गर्भ से रेडियोधर्मी पदार्थ से प्राप्त ऊष्मा।

- स्थलीय दृढ़ भूखण्ड – प्लेट
- सिद्धान्त का प्रतिपादन – हैरी हैस (1962 ई.) (सागर नितल प्रसरण)
  - ↳ वैज्ञानिक व्याख्या – W.J मॉर्गन
  - ↳ विचारक – मैकेन्जी, पार्कर, होम्स (संवहन धारा सिद्धांत)

नोट : प्लेट विवर्तनिकी के कारण स्थलमंडल का दुर्बलता मंडल के ऊपर संचलन।

प्लेट किनारा
- विनाशात्मक प्लेट किनारा : रॉकी, एंडीज, हिमालय का निर्माण
- रचनात्मक प्लेट किनारा : नए भू-पर्पटी का निर्माण
- संरक्षी प्लेट किनारा : रूपांतर भ्रंश का निर्माण (सान एंड्रियास फॉल्ट) — कैलीफोर्निया

अन्य महत्वपूर्ण सिद्धांत
- महाद्वीपीय विस्थापन सिद्धांत – एफ.बी. टेलर की परिकल्पना
- महाद्वीपीय प्रवाह सिद्धांत – अल्फ्रेड वेगनर (जर्मन वैज्ञानिक) (1912 ई.) → Gig-Saw-fit समाकृति का सिद्धांत
  - ↳ गुरुत्व बल, प्लवनशीलता, ज्वारीय बल
- पैंजिया – सुपर महाद्वीप
- पैंथालासा – सुपर ओशन (पैंजिया को घेरे हुए)
- अंगारा लैंड – उत्तर अमेरिका, यूरोप, एशिया
- गोंडवाना लैंड – द. अमेरिका, अफ्रीका, भारत, मेडागास्कर, ऑस्ट्रेलिया।

विश्व की 7 महत्वपूर्ण प्लेटें

मुख्य प्लेटें	सम्मिलित भाग
प्रशांत महासागरीय प्लेट	प्रशांत महासागरीय नितल
इण्डो-ऑस्ट्रेलियन प्लेट	भारत + ऑस्ट्रेलिया + हिन्द महासागर
अफ्रीकन प्लेट	अफ्रीका महाद्वीप + पूर्वी अटलांटिक महासागर + पश्चिमी हिन्द महासागर
यूरेशियन प्लेट	यूरोप + एशिया + पूर्वी अटलाण्टिक महासागर + अण्टार्कटिक महाद्वीप
अण्टार्कटिक प्लेट	अण्टार्कटिक को चारों ओर से घेरती हुई महासागरीय प्लेट।
उत्तरी अमेरिकी प्लेट	उत्तरी-पश्चिमी अटलांटिक महासागर + उत्तरी अमेरिका का महाद्वीप
दक्षिणी अमेरिकी प्लेट	दक्षिण अमेरिका महाद्वीप + दक्षिणी-पश्चिमी अटलांटिक महासागर।

10 भू-आकृतिक प्रक्रियाएँ

- भूतल के विन्यास में परिवर्तन
- अंतर्जात एवं बहिर्जात बलों का प्रभाव

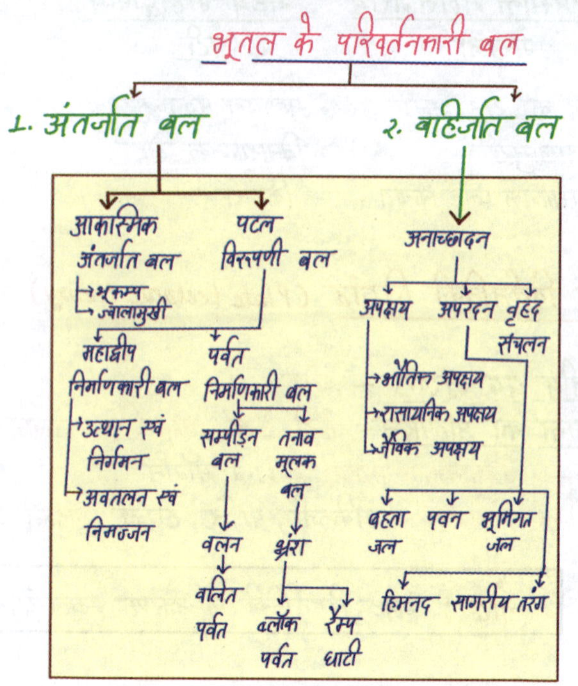

1. अंतर्जात बल (Endogenetic Force)

- पृथ्वी के आंतरिक भाग से उत्पन्न
- धरातल पर विषमताओं का निर्माण
- भूमि निर्माण करने वाले बल
- ऊर्जा :→ रेडियोधर्मी क्षय (Radioactive decay)
  → ऊष्मीय ऊर्जा

- **आकस्मिक बल**
  → विनाशकारी परिणाम
  → भूकंप, ज्वालामुखी, भू-स्खलन

- **पटल विरूपणी बल** (Diastrophic Force)
  → क्षैतिज एवं लम्बवत क्रियाशील (धीमी गति)
  → उत्थान, निर्गमन क्रियाएँ (स्थलरूपों का निर्माण)

- **पर्वतीय संचलन** (Orogenetic movement)
  → पर्वतों के निर्माण में सहायक।

2. बहिर्जात बल (Exogenetic Force)

प्रक्रिया → अनाच्छादन (Denudation)

- पृथ्वी की सतह पर बाह्य रूप से क्रियाशील एवं परिवर्तनकारी बल।
- भूमि विघर्षण बल
- पृथ्वी की सतह में घिसाव, तोड़ना, समतलीकरण आदि।
- बहिर्जात कारक :- बहता हुआ जल, पवन, समुद्री लहरें, भूमिगत जल आदि।
  ↳ ऊर्जा का मुख्य स्रोत ⇒ सूर्य

अपक्षय (Weathering) → एक यथास्थिति (In-Situ) प्रक्रिया

- चट्टानों का अपने स्थानों पर टूटना-फूटना / चट्टानों का क्षरण होना।

अपरदन (Erosion)

- चट्टानों के विखंडित पदार्थों का बाह्य कारकों द्वारा दूसरे स्थान पर स्थानांतरण।
- कारक :- पवन, हिम, प्रवाहित जल आदि।
  (नदियों के युवा अवस्था के कार्य)
- अपरदन चक्र / भौगोलिक चक्र — विलियम मोरिस डेविस
  ↳ वाल्टर पेंक

नोट :- हिमालय (ऊँचाई में वृद्धि)
↳ अंतर्जात बल > बहिर्जात
अरावली (लगातार कमी)
↳ बहिर्जात > अंतर्जात

अपस्फीति (Exfoliation): यांत्रिक अपक्षय प्रक्रिया / चट्टानों की धुमावदार प्लेटों के नीचे की चट्टानों से अलग होना।

वृहद संचलन (Mass Movement)

- चट्टानों के मलबे का ढाल के अनुरूप स्थानांतरण होना।
- अवसर्पण :- तीव्र वृहत संचलन का उदाहरण
- प्रभाव :- गुरुत्वाकर्षण बल
- प्रकार :- 1. मंद संचलन 2. तीव्र संचलन
- क्रिया / प्रभाव :- भू-स्खलन, हिमस्खलन, मृदा प्रवाह (अर्थ फ्लो), सोलिफ्लक्शन आदि।

नोट : निक्षेपण :- अपरदन के परिणामस्वरूप, अवसादों का जमा होना / एकत्रण
अपघर्षण (Abrasion) :- ऐसी प्रक्रिया जिससे कठोर कण किसी सतह को घिसते हैं, जिससे उसका आकार बदलता है।
सन्निघर्षण (Attrition) :- किसी वस्तु का समय के साथ धीरे-धीरे क्षरण होना।

11 भू-आकृतियाँ/स्थलाकृतियाँ

भू-आकृतियाँ / स्थलाकृतियाँ (Landforms)

- अपरदनात्मक स्थलाकृतियाँ
  - स्थलरूपों में कटाव
- निक्षेपणात्मक स्थलाकृतियाँ
  - अवसादों / मलबों का जमाव

बाह्य कारकों द्वारा निर्मित स्थलाकृतियाँ

कारक	क्रियाएँ	अपरदनात्मक स्थलरूप	निक्षेपात्मक स्थलरूप
नदी (River) / प्रवाहित जल	• अपघर्षण • घोलन • सन्निघर्षण • जलगति क्रिया	→ V आकार की घाटी, I आकार की घाटी, गड्ढे एवं प्लंज, गार्ज एवं कैनियन, जलप्रपात एवं क्षिप्रिका, जलगर्तिका (अवनमन कुंड) } युवा अवस्था → नदी विसर्प या मियांडर, संरचनात्मक सोपान, नदी वेदिका, समप्राय मैदान (पेनी प्लेन) छाड़न झील (ox-bow lake), गोखुर झील। } प्रौढ़ अवस्था नोट :- उत्कीर्णित विसर्प (घुमावदार नदी घाटी)	→ जलोढ़ पंख, जलोढ़ शंकु } प्रौढ़ अवस्था → प्राकृतिक तटबंध, बाढ़ का मैदान, डेल्टा } वृद्ध अवस्था नोट : विश्व का सबसे बड़ा डेल्टा – सुन्दरवन डेल्टा
हिमनद / हिमानी (Glacier)	• अपघर्षण • उत्पाटन	U आकार की घाटी, लटकती या निलंबित घाटी, सर्क या हिमगह्वर, सर्क झील या टार्न, एरेट या तीक्ष्ण कटक, हार्न या गिरिशृंग, नुनाटक, श्रृंग व पुच्छ, भेड़पीठ शैल या शेरामुटोने, हिम सोपान, फियोर्ड।	ड्रमलिन (अण्डे की टोकरी), हिमोढ़, एस्कर, कैम, कैम वेदिका, केटिल, हम्मक, हिमजल अवक्षेप मैदान।
सागरीय जल / समुद्री लहरें	• जलगति क्रिया • अपघर्षण • सन्निघर्षण • घुलन • जलदाब	तटीय क्लिफ (cliff), तटीय कंदरा, गुफाएँ, स्टैक, वात छिद्र, निवेशिका, प्राकृतिक मेहराब, लघुनिवेशिका, चिमनी शैल। • निर्मित प्रमुख तट : फियोर्ड तट, रिया तट (भारत का पश्चिमी तट), हैफा तट; डॉल्मेशियन तट, निर्गत समुद्र तट।	पुलिन (Beaches), रोधिका, स्पिट, हुक, लुप, टोम्बोलो, संयोजक रोधिका, रोधिका द्वीप, अपतट रोधिका।
भूमिगत जल / भू-जल ↓ कार्स्ट प्रदेश (चूना पत्थर युक्त क्षेत्र)	• घुलन • जलगति • अपघर्षण • सन्नि घर्षण	लैपीज, घोलरन्ध्र, सिंकहोल, डोलाइन, युवाला, कंदरा, प्राकृतिक पुल, पोल्जे, अंधी घाटी, कार्स्ट खिड़की। नोट :- कार्स्ट स्थलाकृतियाँ (दक्षिण भारत में विद्यमान) भू-मध्य सागर के कार्स्ट क्षेत्र। चूना पत्थर एवं डोलोमाइट क्षेत्र में निर्मित। सर्वाधिक उत्स्रुत कुआँ – ऑस्ट्रेलिया	स्टैलेक्टाइट, स्टैलेग्माइट, कंदरा स्तम्भ (पिलर्स)
पवन (Wind)	• अपघर्षण • सन्निघर्षण • अपवाहन	इंसेलबर्ग, वातगर्त (Blowouts), मशरूम रॉक (छत्रक शिला), भू-स्तम्भ, ज्युगेन, यारडांग, ड्राइकांटर, जालीदार शिला।	बालुका स्तूप, बरखान, लोयस मिट्टी, बालसन, (मरुटिब्बा - Sand dunes) प्लेया या प्लाया, बजादा, पेडीमेण्ट, कोरिडोर। नोट : – • चीन का लोयस मैदान (मरुस्थलीय / पवन) • उत्तरी यूरोप का लोयस मैदान (हिमनदीय)
परिहिमानी	• पिंगो, अन्तर्वलन (Involution), गिरिका (Hummock), पल्सा, टार, टालिम्स।		

12 पर्वत एवं पठार

पर्वत (Mountains)

- पर्वतों का अध्ययन – ओरोलॉजी (Orology), व्यवस्थित पहाड़ - पर्वत शृंखला
- उत्पत्ति सिद्धान्त - भू-सन्नति (कोबर), तापीय संकुचन (जैफरीज), प्लेट विवर्तनिकी → (हैरी हेस)
  - → हिमालय की उत्पत्ति (टेथिस भूसन्नति से)
  - → पर्वतों का पातना

पर्वत के प्रकार

- **वलित या मोड़दार पर्वत** → हिमालय (भारत), आल्पस (यूरोप), रॉकी (उ. अमेरिका), एंडीज (द. अमेरिका) → (विश्व की सबसे लंबी पर्वत शृंखला)
- **ब्लॉक पर्वत** → वासजेस (फ्रांस), ब्लैक फॉरेस्ट (जर्मनी), सतपुड़ा (भारत)
- **ज्वालामुखी पर्वत** → मोनालोआ (हवाई द्वीप), पोपा (म्यांमार), माउंट फ्यूजी (फ्यूजीयामा), माउंट किलिमंजारो
- **अवशिष्ट पर्वत** → अप्लेशियन (उत्तरी अमेरिका), अरावली (भारत) → [विश्व की सबसे पुरानी]

विश्व की प्रमुख पर्वत श्रेणियाँ

पर्वत श्रेणी	स्थिति
ग्रेट डिवाइडिंग रेंज	पूर्वी ऑस्ट्रेलिया
यूराल पर्वत / कॉकेसस └→ एशिया-यूरोप का विभाजन	रूस
एटलस / ड्रेकेन्सबर्ग	अफ्रीका
एपेनाइन	इटली
पिरेनीज	फ्रांस-स्पेन सीमा
स्कैंडिनेवियन रेंज	नार्वे

विश्व के प्रमुख पर्वत शिखर

पर्वत शिखर / ऊँचाई	अवस्थिति
माउंट एवरेस्ट (8848 मी.) └(सबसे ऊँचा), सागरमाथा (नेपाल)	नेपाल – तिब्बत (चोमोलुंगमा)
के-2 (गॉडविन ऑस्टिन) (8611 मी.)	भारत (PoK)
कंचनजंगा (8586 मी.)	भारत – नेपाल
ल्होत्से (8516 मी.)	भारत – तिब्बत
मकालू (8464 मी.)	नेपाल – तिब्बत
धौलागिरी (8167 मी.)	नेपाल

विश्व के प्रमुख पठार

└→ पठार खनिजों के समृद्ध भंडार होते हैं।

- **अन्तः पर्वतीय पठार** :- तिब्बत या पामीर (→ विश्व की छत) का पठार, पेरू, बोलीविया, (└→ विश्व का सबसे ऊँचा -5000 मी.) एशिया माइनर (तुर्की), कोलम्बिया
- **महाद्वीपीय पठार** : ब्राजील का पठार, अरब का पठार, दक्षिणी भारत, द. अफ्रीका
- **पर्वतपदीय पठार** : पेटागोनिया का पठार (अर्जेंटीना), मालवा एवं शिलांग का पठार
- **गुम्बदाकार पठार** : छोटानागपुर का पठार (भारत), ओजार्क का पठार (यू.एस.ए.)
- **पुनर्युवित पठार** : मिसौरी का पठार (अमेरिका), राँची का पठार (भारत)
- **शुष्क पठार / विच्छेदित पठार** : पोटवार का पठार (पाकिस्तान), असोम का पठार
- **जलकृत पठार** : शान का पठार (बर्मा, म्यांमार), चेरापूँजी / मेघालय का पठार
- **वायव्य पठार** : लायस का पठार (चीन), पोटवार का पठार (पाकिस्तान)
- **हिमानी पठार** : अण्टार्कटिका एवं ग्रीनलैंड का पठार (विश्व का दूसरा सबसे बड़ा)

नोट :
- भारत - तुर्कमेनिस्तान का जल विभाजक – काराकोरम
- अफ्रीका का सर्वोच्च शिखर – माउंट किलिमंजारो (5895 मी.) (तंजानिया)
- बाइबल रॉक (श्रीलंका), पटालंगला का उपनाम (यूरोप द्वारा)
- पिदुरुतलागला (श्रीलंका की सबसे ऊँची चोटी)

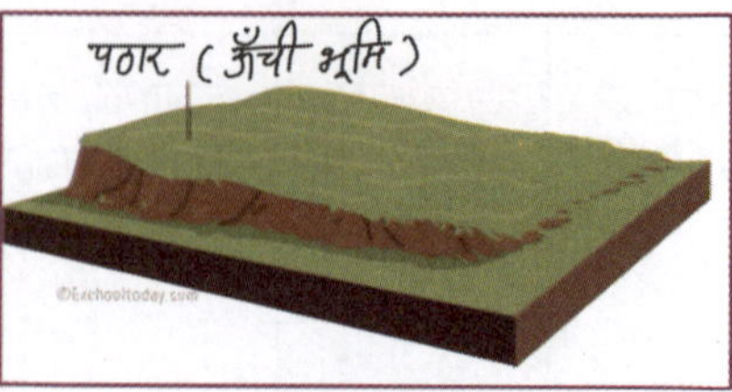

पठार

13 मैदान, द्वीप एवं मरुस्थल

मैदान → समतल क्षेत्र (पृथ्वी के 41% भाग पर विस्तार)

- कार्स्ट मैदान (चूना पत्थर क्षेत्र) : सर्बिया, मोण्टेनेग्रो एवं नुलारबोर का मैदान।
- जलोढ़ मैदान : सिंधु-गंगा का मैदान, मिसिसिपी का मैदान, नील का मैदान, डेन्यूब का मैदान, यांगत्सिक्यांग का मैदान आदि।
- हिमानी कृत मैदान : कनाडा, फिनलैंड एवं स्वीडन का मैदान
- लोयस का मैदान : उत्तरी चीन का मैदान (पवन निक्षेपित मैदान)
- तटीय मैदान : फ्लोरिडा का मैदान, कोरोमंडल तट का मैदान
- समप्राय मैदान : पेरिस बेसिन, मध्य रूस का मैदान

नोट : नीदरलैंड का मैदान (झीलों का मैदान)

विश्व के प्रमुख द्वीप

द्वीप	क्षेत्रफल	स्थिति
ग्रीनलैण्ड (दुनिया का सबसे बड़ा द्वीप)	2,166,086	आर्कटिक (उत्तरी ध्रुव) महासागर
न्यू गिनी	785,753	पश्चिमी प्रशांत महासागर
बोर्नियो (एशिया का सबसे बड़ा)	748,168	हिन्द महासागर
मेडागास्कर	587,713	हिन्द महासागर
बैफिन द्वीप	507,451	उत्तरी आर्कटिक महासागर
सुमात्रा	443,066	हिन्द महासागर
होन्शू (टोक्यो, हिरोशिमा स्थित)	225,800	उत्तर पश्चिमी प्रशांत महासागर
क्यूबा द्वीप	35640	प्रशान्त महासागर
ग्रेट ब्रिटेन	209,331	उत्तरी अटलाण्टिक महासागर
विक्टोरिया द्वीप	217,290	उत्तरी ध्रुव महासागर
एलेसमेरे द्वीप	196,236	उत्तरी ध्रुव महासागर
सेलेबीज (सुलावेसी)	180,681	हिन्द महासागर
जावा द्वीप (जकार्ता स्थित)	128,297	हिन्द महासागर
क्यूबा	109,884	कैरीबियन सागर
न्यू फाउण्डलैण्ड	108,860	उत्तर-पश्चिमी अटलाण्टिक महासागर
लुजोन द्वीप	109,965	पश्चिमी प्रशांत महासागर
आइसलैण्ड (अग्नि द्वीप)	103,000	उत्तरी अटलाण्टिक महासागर
माजुली द्वीप	880	ब्रह्मपुत्र नदी, असम विश्व का सबसे बड़ा आबाद नदी द्वीप

विश्व के प्रमुख मरुस्थल

नाम	अवस्थिति
सहारा (लिबियन तथा नूबियन) (विश्व का सबसे बड़ा)	उत्तरी अफ्रीका
कालाहारी	बोत्सवाना
तकलामाकन	सीक्यांग प्रान्त (चीन)
बारबर्टन, सिम्पसन, स्टुअर्ट, गिब्सन, विक्टोरिया, ग्रेट सैंडी	ऑस्ट्रेलिया
नामिब	नामीबिया
सोमाली मरुभूमि	सोमालिया
थार मरुभूमि (सर्वाधिक जन घनत्व)	उ. प. भारत व पाकिस्तान
अटाकामा (सर्वाधिक शुष्क)	उ. चिली
अन-नाफ़ूद, हमद, रब-अल-खाली	सऊदी अरब
गोबी (एशिया का सबसे बड़ा)	मंगोलिया व चीन
सोनोरन	संयुक्त राज्य अमेरिका, मैक्सिको
काराकुम	तुर्कमेनिस्तान
दस्त-ए-लुत	पूर्वी ईरान
दस्त-ए-कबीर	द. ईरान
पेंटागोनिया	अर्जेन्टीना
मोजेब या मोहावे सेंचुरो सिएरा नेवादा	सं. रा. अमेरिका

14 नदी, झील एवं जलप्रपात

नदियाँ (Rivers)

- सिंधु (पाकिस्तान की सबसे लम्बी नदी), ब्रह्मपुत्र (सहायक नदी – वाँग छु नदी) पूर्ववर्ती नदी
  ↳ भूटान
- जाली (फैंफरी), जल निकास प्रतिमान में सहायक नदियाँ लम्बवत।
- वोल्गा नदी (रूस) :- यूरोप की सबसे लम्बी नदी।
- डेन्यूब नदी :- 10 यूरोपीय देश (जर्मनी, ऑस्ट्रिया, स्लोवाकिया, क्रोएशिया, सर्बिया, हंगरी, बुल्गारिया, रोमानिया, मोल्डोवा, यूक्रेन) से बहने वाली नदी।
  - → लम्बाई – 2852 किमी.
  - → उद्गम – ब्लैक फॉरेस्ट (जर्मनी)
  - → मुहाना – काला सागर

नोट : यांग्त्सी → एशिया की सबसे लम्बी नदी
↳ शंघाई शहर अवस्थित

विश्व की प्रमुख नदियाँ (शीर्ष 10 नदियाँ)

नदी	उद्गम स्थल	गिरने का स्थान (मुहाना)	लम्बाई (किमी)
नील (सबसे लंबी)	विक्टोरिया झील	भूमध्य सागर	6690
अमेजन (सबसे बड़ी (आयतन)	लैगो विलफ्रेंतो (पेरू)	अटलाण्टिक महासागर	6296
यांगत्सिक्यांग	तिब्बत का पठार	चीन सागर	5797
मिसीसिपी मिसौरी (विश्व में का सबसे बड़ा नदी तंत्र)	रेड रॉक (मोंटाना)	मैक्सिको की खाड़ी	6240
यनिसी (येनेसी)	तानुओल पर्वत	आर्कटिक सागर	4506
ह्वांगहो (पीली नदी) (चीन का शोक)	क्यूनलुन पर्वत	बोहाई सागर	4667
ओबे	अल्ताई पर्वत	ओब की खाड़ी	5567
कांगो (जायरे)	लुआलबा और लुआपुला नदी का संगम	अटलाण्टिक महासागर	4371
आमुर	उत्तर-पूर्वी चीन	ओखोटस्क सागर	4352
लीना (रूस)	बैकाल झील	आर्कटिक सागर	4268

नोट : कांगो या जायरे नदी- विषुवत् रेखा को दो बार काटने वाली नदी।
लिम्पोपो नदी (द. अफ्रीका)- मकर रेखा को दो बार काटने वाली नदी।
आस्वान बाँध नील नदी पर तथा करीबा बाँध जाम्बेजी नदी पर निर्मित।

विश्व की प्रमुख झीलें

झील	सम्बान्धित क्षेत्र	क्षेत्रफल (वर्ग किमी)
कैस्पियन सागर (खारे जल की सबसे बड़ी)	कज़ाकिस्तान, तुर्कमेनिस्तान, रूस तथा ईरान	3,71,000
सुपीरियर झील (मीठे पानी की सबसे बड़ी)	कनाडा तथा संयुक्त राज्य अमेरिका	82,100
विक्टोरिया झील	युगाण्डा, तंजानिया तथा केन्या	69,485
ह्यूरन झील	कनाडा तथा संयुक्त राज्य अमेरिका	59,600
मिशिगन झील	संयुक्त राज्य अमेरिका	57,800
टंगानिका झील (सबसे लम्बी)	कांगो लोकतांत्रिक गणराज्य, तंजानिया, जाम्बिया तथा बुरुंडी	32,900
बैकाल झील (सबसे गहरी)	रूस	31,722
ग्रेट बीयर झील	कनाडा	31,200
ग्रेट स्लेव झील	कनाडा	28,538
ईरी झील	कनाडा तथा संयुक्त राज्य अमेरिका	25,745
विनीपेग झील	कनाडा	24,387
ओण्टेरियो झील	कनाडा तथा संयुक्त राज्य अमेरिका	19,529
लैडोगा झील	रूस	18,130
टिटिकाका झील (हनीमून लेक)	पेरू, बोलीविया	8,372

नोट :– झीलों का अध्ययन → लिम्नोलॉजी

विश्व के प्रमुख जलप्रपात

जलप्रपात	अवस्थिति	ऊँचाई (मी.)
एंजिल (कैरो नदी)	वेनेजुएला	979 (सबसे ऊँची)
योसेमाइट	कैलिफोर्निया	739
द. मार्डोलाफॉस	नार्वे	655
टुगेला	दक्षिण अफ्रीका	614
क्यूकेनामा / कुकवेनन	वेनेजुएला	610
रिबन (रिब्बोन)	कैलिफोर्निया	491
जोग जलप्रपात (शरावती नदी)	भारत	255
नियाग्रा	यूएसए / कनाडा	53.6

नोट :– जोग (गरसोप्पा) जलप्रपात महात्मा गाँधी जलप्रपात नाम से प्रसिद्ध।

15 वायुमंडल

पृथ्वी के चारों ओर फैली विभिन्न गैसों की परतें / वायु का आवरण

वायुमंडल का संघटन

गैसें

गैसें	% मात्रा (आयतन)
नाइट्रोजन (Nitrogen)	78
ऑक्सीजन (Oxygen)	21
आर्गन (Argon)	0.93
कार्बन डाइऑक्साइड (Carbon Dioxide)	0.03
नियॉन (Neon)	0.0018
हीलियम (Helium)	0.0005
ओजोन (Ozone)	0.000004 → (कुछ स्रोतों में 0.000067 भी है)

जलवाष्प

0-4% तक, बादल, वर्षा, कुहरा, पृथ्वी के ताप के लिए उत्तरदायी।

धूलकण

- आर्द्रताग्राही केन्द्र
- आकाश का नीला दिखना

वायुमंडल की संरचना व विभिन्न परतें

वायुमंडल की परतें

क्षोभमंडल (Troposphere) : (8-18 किमी.)

- वायुमंडल की निचली परतें।
- मोटाई – • ध्रुवों पर – 8 किमी
  • विषुवत् रेखा पर – 18 किमी] औसत → 13 किमी
- सभी मौसमी घटनाओं का होना।
- सामान्य ताप ह्रास दर → 165 मी. → 1°C
  (Normal Lapse rate of temp.) 1 Km → 6.5°C

क्षोभसीमा (Tropopause) : क्षोभमंडल एवं समतापमंडल को अलग करने वाली सीमा

समतापमंडल (50 किमी. तक)

- ऊपर जाने व ऊँचाई बढ़ने पर तापमान में वृद्धि। → (20 किमी तक तापमान स्थिर)
- वायुयान चालकों के अनुकूल।
- मदर ऑफ पर्ल (Mother of Pearl) – बादल विद्यमान

ओजोन की परत : (15-35 किमी.)
↳ सूर्य की पराबैंगनी किरणों से सुरक्षा ।

- सर्वाधिक सांद्रण – 22 किमी. की ऊँचाई पर ।
- ओजोन परत की मोटाई का मापन – डॉबसन
- ओजन रिक्तीकरण (Depletion) सर्वाधिक — दक्षिणी ध्रुव पर (अंटार्कटिका पर)
- ओजोन दिवस → 16 सितम्बर – [16 सितम्बर, 1987]
  - क्षरण – पतला / छिद्र होना
  - संरक्षण → मांट्रियल प्रोटोकॉल (कनाडा) → CFCs को कम करना ।
    → किगाली (संशोधन) → HFCs को कम करना ।

मध्यमंडल (Mesosphere) : 80 किमी. तक

- ऊँचाई के साथ तापमान में कमी
- सबसे ठंडी परत
- उल्का पिंड का जलकर नष्ट होना ।

आयनमंडल / तापमंडल : (80-640 किमी.)

- ऊँचाई के साथ तापमान में वृद्धि, सबसे गर्म परत
- रेडियो तरंगों को परावर्तित करना ।
- ध्रुवों पर लाल रंग की अरोरा (Aurora) की चमक ।
  ↳ (उत्तरी ध्रुव :- आरोरा बोरियालिस
  दक्षिणी ध्रुव :- आरोरा ऑस्ट्रेलिस)

अरोरा (Aurora)

- उत्तरी ध्रुव प्रकाश एवं दक्षिणी ध्रुव प्रकाश

बाह्य / बहिर्मंडल (Exosphere) : (640 किमी. से ऊपर)

- थर्मोस्फीयर से 10,000 किमी. तक
- हाइड्रोजन (H_2), हीलियम (He) गैस की प्रधानता ।

नोट: वायुमंडल को बाहरी अंतरिक्ष से अलग करने वाली रेखा — कार्मन रेखा (Karman lines) (100 किमी.)

सूर्यातप (Insolation)

- सूर्य से प्राप्त सौर विकिरण ऊर्जा
- अपसौर (4 जुलाई) – अपेक्षाकृत कम प्राप्त
- उपसौर (3 जनवरी) – अपेक्षाकृत अधिक प्राप्त
- भूमध्य / विषुवत रेखा – कम
- मरुस्थल / रेगिस्तान – अधिकतम

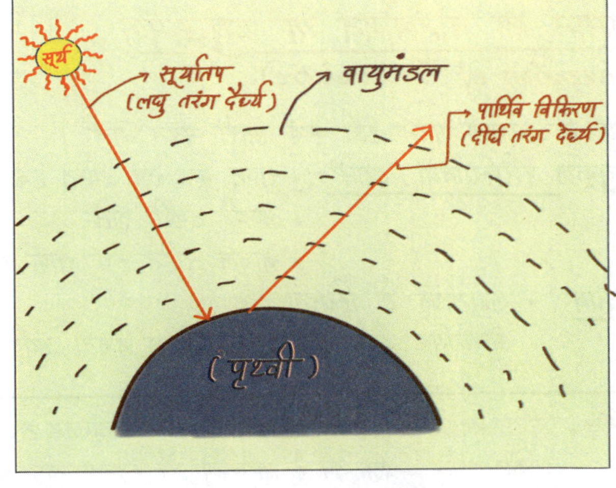

सूर्यातप को प्रभावित करने वाले कारक

- अक्षांश
- वायुमंडल की दशाएँ
- दिन की अवधि
- स्थल विन्यास
- पृथ्वी का अपने अक्ष पर घूमना
- सूर्य की किरणों का नति कोण

- वायुमंडल की पारदर्शिता
- सौर कलंक
- सूर्य और पृथ्वी के बीच की दूरी

वायुमंडल का गर्म एवं ठण्डा होना

- **चालन (Conduction)** : • अधिक ताप से कम ताप की ओर ऊष्मा का संचारण / स्थानांतरण
  • वायुमंडल की निचली परतों का गर्म होना।
- **संवहन (Convection)** : • ऊष्मा का लम्बवत / ऊर्ध्वाधर संचारण / स्थानांतरण
  • वायुमंडल का लम्बवत तापन / गर्म होना।
- **विकिरण (Radiation)** : • ऊष्मा तरंगों के संचारण द्वारा गर्म होना।
  • सूर्यातप से पृथ्वी का गर्म होना।
- **अभिवहन (Advection)** : • ऊष्मा का क्षैतिज संचारण
  • 'लू' अभिवहन का परिणाम।

ऊष्मा द्वीप
औद्योगिक नगरों व महानगरों का तापमान आस-पास के क्षेत्रों की तुलना में अधिक होना।

ऊष्मा बजट (Heat Budget)
- तापमान का संतुलन (पृथ्वी का ना अधिक गर्म होना एवं ना अधिक ठंडा होना)
- पृथ्वी का औसत तापमान – 15°C
- पृथ्वी द्वारा प्राप्त सौर विकिरण / ऊर्जा की मात्रा – 51 %

एल्बिडो (Albedo)
- किसी सतह / वस्तु से परावर्तित सौर विकिरण / प्रकाश की मात्रा / प्रतिशतता
- पृथ्वी की सतह का औसत एल्बिडो मान – 29 से 34 %
- सर्वाधिक एल्बिडो – बर्फ / ग्लेशियर (40-70 %)
- शुष्क बालू का एल्बिडो – 35-45 %

तापमान विषमता

- **कारण** :
  - अक्षांश रेखा
  - समुद्र से दूरी
  - महासागरीय धाराएँ
  - प्रचलित पवनें
  - ऊँचाई
  - वायु का परिसंचरण
  - स्थानीय कारक
- **समताप रेखाएँ** : समान तापमान वाले स्थानों को मिलाने वाली रेखा।
- **तापान्तर** : अधिकतम एवं न्यूनतम तापमान में अंतर।

तापमान विसंगति
- किसी अक्षांश के औसत तापमान एवं उसी अक्षांश पर अवस्थित किसी स्थान के औसत तापमान के बीच का अंतर
- **सकारात्मक विसंगति** :- तापमान औसत से अधिक गर्म
- **नकारात्मक विसंगति** :- तापमान औसत से अधिक ठंडा

तापमान का प्रतिलोमन या व्युत्क्रमण
(Inversion of Temperature)

- वायु की निचली परत ठंडी एवं ऊपरी परत गर्म।
- **अनुकूल परिस्थितियाँ / दशाएँ** : • शुष्क हवा एवं शान्त हवा
  • लम्बी ठण्डी रातें
  • बादल रहित एवं साफ आसमान
- **प्रभाव** : • वायुमंडल में स्थिरता
  • औद्योगिक क्षेत्रों में जहरीला कोहरा बनना आदि।

नोट :- दैनिक तापांतर – दिन के उच्चतम एवं रात्रि के न्यूनतम तापमान के बीच का अंतर।
वार्षिक तापांतर – एक वर्ष के अधिकतम और न्यूनतम ताप के बीच का अंतर।

16 वायुदाब एवं पवनें

वायुदाब

- इकाई क्षेत्रफल पर लगने वाले वायु स्तम्भ का भार।
- पारे के 76 सेमी. या 760 मिमी. ऊँचे स्तम्भ द्वारा पड़ने वाला दाब।
- **इकाई** – मिलीबार या पास्कल
- **वायुदाबमापी** – बैरोमीटर → मौसम का संकेत (पठन के आधार पर)
  - → तूफानी – पठन का तेजी से गिरना।
  - → वर्षा – पठन का पहले गिरना फिर धीरे-धीरे बढ़ना।
  - → प्रतिचक्रवात / साफ मौसम – पठन का लगातार बढ़ना।
- **सर्वाधिक वायुदाब** – 1013.2 मिलीबार (समुद्र तल पर)
- **आइसोबार (Isobar)** – समान दाब वाले क्षेत्रों स्थानों को मिलाने वाली रेखा।

→ ध्रुवीय उच्च दाब 90° उ.
65° उ.
उपध्रुवीय निम्न दाब की पेटी
60° उ.
35° उ.
उपोष्ण उच्च दाब की पेटी (अश्व अक्षांश)
30° उ.
5° उ.
0°
डोलड्रम या भूमध्यरेखीय निम्न दाब की पेटी
5° द.
30° द.
उपोष्ण उच्च दाब की पेटी (अश्व अक्षांश)
35° द.
60° द.
उपध्रुवीय निम्न दाब की पेटी
65° द.
90° द.
→ ध्रुवीय उच्च दाब

वायुदाब पेटियाँ

पवनें (Winds)

- **वायु का क्षैतिज प्रवाह** → उच्च दाब → निम्न दाब (दाबान्तर)
- **गर्म हवा** (निम्न दाब) (LP) → वायु का ऊपर उठना
- **ठण्डी हवा** (उच्च दाब) (HP) → वायु का नीचे दाब

- कोरिऑलिस बल
- घूर्णन

→ पवन उत्तर में दाईं व दक्षिण में बाईं ओर विक्षेपित

- विषुवत् रेखा – शून्य (0), ध्रुव – अधिकतम
- तुंगता कोण के समानुपाती

पवनों की दिशा में परिवर्तन ↓

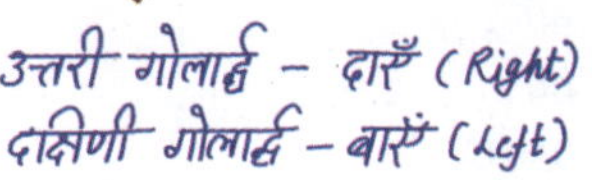

- अंत: उष्ण कटिबंधीय अभिसरण क्षेत्र (Inter Tropical Convergence Zone)
  - ↳ ITCZ → • NE + SE संचरण → 20° N – 25° N अक्षांश – जुलाई माह में
  - • शांत पवनें (डोलड्रम)
    - → भूमध्यरेखीय अक्षांशों में निम्न दाब वाला गर्त
    - → उत्तरपूर्वी तथा दक्षिणपूर्वी पवनें

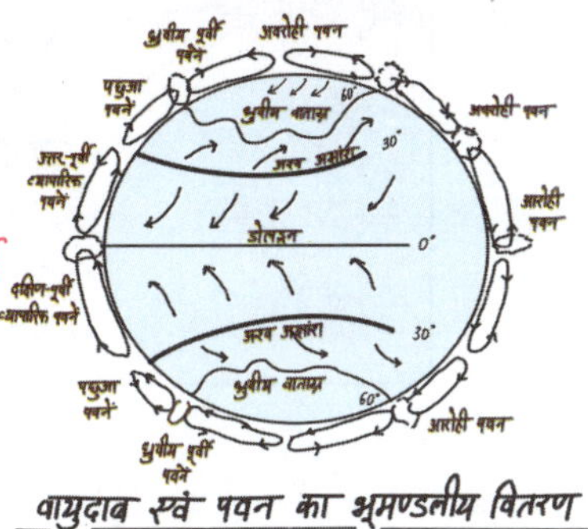

वायुदाब एवं पवन का भूमण्डलीय वितरण

पवनों के प्रकार

1. **भूमण्डलीय या स्थायी पवनें** → (प्रचलित, सनातनी, ग्रहीय)

- **व्यापारिक पवनें (Trade Winds) : सम्मार्गी पवनें**
  उपोष्ण उच्च वायुदाब से भूमध्य रेखीय निम्न वायुदाब की ओर प्रवाह।
  ↳ 30°–35° उत्तरी व दक्षिणी अक्षांशों के मध्य (अश्व अक्षांश) → व्यापारिक एवं पछुआ पवनों का विभाजक

- **पछुआ पवनें (Westerlies Winds)**
  → उपोष्ण उच्च वायुदाब से उपध्रुवीय निम्न वायुदाब की ओर प्रवाह।

  दक्षिणी गोलार्द्ध
  - 40° अक्षांश – गरजता चालीसा
  - 50° अक्षांश – प्रचण्ड पचासा
  - 60° अक्षांश – चीखता साठा

- **ध्रुवीय पवनें (Polar Winds)**
  → ध्रुवीय उच्च वायुदाब से उप ध्रुवीय निम्न वायुदाब

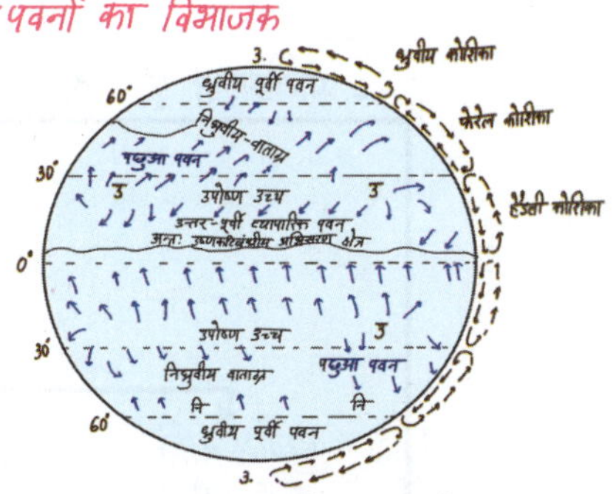

भूमण्डलीय पवनें एवं त्रिकोणीय देशान्तरीय परिसंचरण

> **नोट :** भू-स्थैतिक पवनें (Geostrophic Winds) – आइसोबार के समानान्तर संचरण।

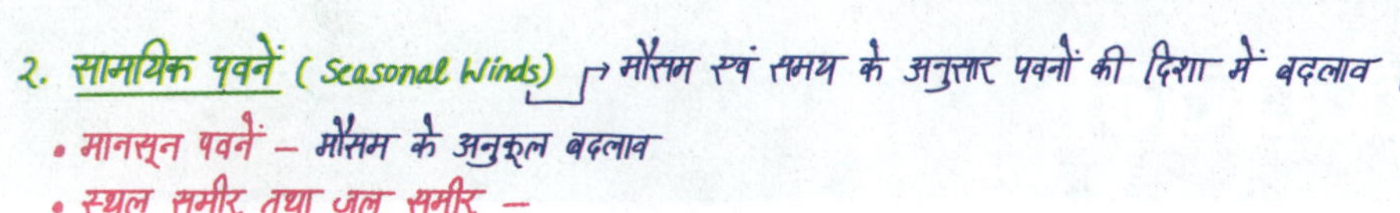

- मानसून पवनें – मौसम के अनुकूल बदलाव
- स्थल समीर तथा जल समीर –
  - → दिन (समुद्री हवाएँ) – समुद्र - उच्च दाब, स्थल - निम्न दाब (समुद्र से स्थल की ओर)
  - → रात (स्थलीय हवाएँ) - स्थल - उच्च दाब, समुद्र - निम्न दाब (स्थल से समुद्र की ओर)
- पर्वत समीर व घाटी समीर
  - पर्वत समीर:
    - → प्रवाह रात के समय
    - → पर्वत शिखर से घाटी की ओर
    - → निम्न दाब का क्षेत्र बनता है।
  - घाटी समीर:
    - → प्रवाह दिन के समय
    - → पवन घाटी तल से ढलान के ऊपर की ओर
    - → उच्च दाब का क्षेत्र बनता है।

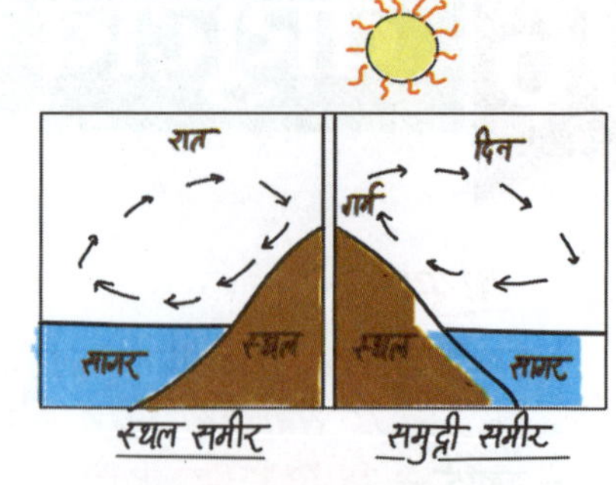

नोट: सतह/स्थल – जल्दी गर्म एवं जल्दी ठंडी।
जल – धीरे-धीरे गर्म एवं धीरे-धीरे ठंडा।

स्थानीय पवनें (Local Winds)

- स्थान विशेष में प्रवाहित पवनें

प्रमुख स्थानीय पवनें

गर्म पवनें	प्रवाहित क्षेत्र	ठण्डी पवनें	प्रवाहित क्षेत्र
चिनूक	रॉकी पर्वत (यूएसए)	मिस्ट्रल	फ्रांस एवं राइन नदी घाटी
फॉन	आल्पस, फ्रांस, इटली	बोरा	एड्रियाटिक सागर
सिमूम	सहारा, जार्डन, इराक, सीरिया	नॉर्दर/नॉर्दर्न	यूएसए
खामसिन	मिस्र	ब्लिजार्ड	ध्रुवीय क्षेत्र
हरमट्टन	सहारा क्षेत्र	लेवेण्टर	स्पेन
डॉक्टर विंड	गिनी तट	पापागायो	मैक्सिको तट
सिरॉको	उत्तरी अफ्रीका	पैम्परो	अर्जेंटीना, उरुग्वे एवं चिली
यामो	जापान	पुर्गा	रूसी टुण्ड्रा प्रदेश
हबूब	उत्तरी सूडान	जूरन	स्विट्जरलैंड (जूरा पर्वत)
जोण्डा	अर्जेंटीना	बुरान	रूस एवं मध्य एशिया
ब्लैक रोलर	उत्तरी अमेरिका	विलि-विलि	ऑस्ट्रेलिया
नार्वेस्टर	न्यूजीलैंड, भारत	फाइगेम	ब्राजील
ब्रिक फील्डर	ऑस्ट्रेलिया (मरुक्षेत्र)	नेवाडॉस	इक्वाडोर
		टेरल	पेरू, चिली

जेट प्रवाह

- उच्च क्षोभमंडल / क्षोभसीमा – 9-13 किमी.
- शीत काल में भारत में जेट स्ट्रीम का प्रवाह → भारत के पश्चिमी क्षेत्र में (पश्चिमी विक्षोभ) (पंजाब, हरियाणा, पश्चिमी उत्तर प्रदेश)
- पश्चिम से पूर्व दिशा में तीव्र गतिमान पवन।

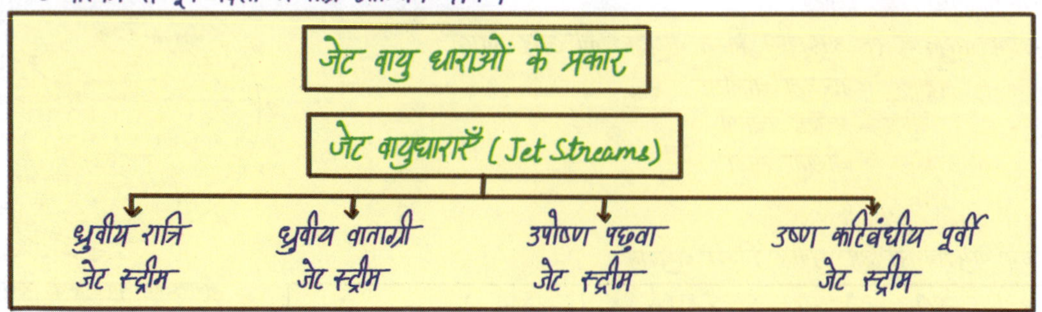

17 आर्द्रता, वर्षण एवं बादल

आर्द्रता →
- हवा में नमी की मात्रा
- वायुमंडल में उपस्थित जलवाष्प → (0-4 %)
- आर्द्रतामापी – हाइग्रोमीटर

आर्द्रता के प्रकार

- **निरपेक्ष आर्द्रता (Absolute Humidity)**
  - → वायु की प्रति इकाई आयतन में विद्यमान जलवाष्प
  - → ग्राम प्रति घन मीटर में मापन।
- **सापेक्ष आर्द्रता (Relative Humidity)**
  - → किसी तापमान पर वायु में उपस्थित जलवाष्प
  - → जलवाष्प एवं जलवाष्प धारण करने की क्षमता का अनुपात।
  - → संतृप्त वायु की सापेक्ष आर्द्रता 100%
- **विशिष्ट आर्द्रता (Specific Humidity)**
  - → वायु के प्रति इकाई भार में जलवाष्प का भार।
  - → ग्राम प्रति किलोग्राम की इकाई में मापन

संघनन (Condensation) : जलवाष्प का जल (तरल) या गैस अवस्था में परिवर्तित होने की क्रिया।

रूप (Form)
- → ओस
- → पाला या तुषार
- → कोहरा
- → धुंध
- → धुआँसा या स्मॉग (Smoke + Fog) → धुआँ एवं कोहरा → दृश्यता प्रभावित
- → बादल

ओसांक विंदु (Dew Point) : न्यूनतम तापमान पर वायु का संतृप्त होना।
(संतृप्त ↓ आर्द्रता (100%))

बादल (Clouds)

बादलों का वर्गीकरण (Classification of Clouds)

- उच्च मेघ (ऊँचाई : 6000-12000 मी.)
  - पक्षाभ मेघ
  - पक्षाभ स्तरी मेघ
  - पक्षाभ कपासी मेघ
- मध्य मेघ (ऊँचाई : 2000-6000 मी.)
  - उच्च स्तरी मेघ
  - उच्च कपासी मेघ
- निचले मेघ (ऊँचाई : 2000 मी. तक)
  - स्तरी मेघ
  - स्तरी कपासी मेघ
  - कपासी मेघ
  - कपासी स्तरी मेघ
  - वर्षा स्तरी मेघ

- वायु के रुद्धोष्म प्रक्रिया से ठंडा होने एवं तापमान के ओसांक से नीचे गिरने से निर्माण।
- बादलों की दिशा एवं गति का मापन → नेफोमीटर (Nephometre)

बादलों के प्रकार

1. निम्न स्तरीय बादल

- **वर्षा स्तरीय बादल (Nimbus Cloud)**
  - → वर्षा वाले बादल / काला घना भूरा रंग
  - → सूर्य-प्रकाश के अवरोधक

- **स्तरीय मेघ (Stratus cloud)**
  - → लगातार वर्षा / छायादार / परतदार
  - → नीले रंग के बादल

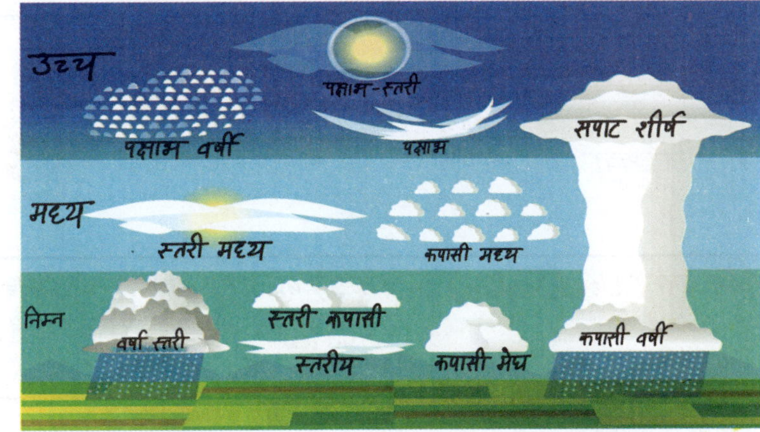

2. उच्चस्तरीय बादल

- **कपासी मेघ (Cumulus Cloud)**
  → गुम्बदाकार /फूलगोभी के समान
  → स्वच्छ मौसम के सूचक
  → फूले हुए कपास जैसे बादल

- **पक्षाभ मेघ (Cirrus cloud)**
  → हिमकणों से पूर्ण / चक्रवात के सूचक
  → पंख जैसी संरचना / वर्षा- अभाव

- **कपासी वर्षा बादल (Cumulonimbus cloud)**
  → गर्म और वर्षा वाले बादल

3. मध्य बादल

- **मध्य स्तरी (Altostratus Cloud)**
  → पतली / चादर के समान
  → वर्षा या बर्फबारी से पहले दिखाई देना।

- **मध्य कपासी (Altocumulus Cloud)**
  → छोटे / गोल / लहरदार
  → गरज के साथ बारिश या बर्फबारी

वर्षा (Rainfall) → जल का बूँदों के रूप में धरातल पर गिरना।

- **वर्षण (Precipitation)** – द्रव या ठोस अवस्था में गिरना
  └→ रूप (form) → फुहार
  हिमपात
  ओलावृष्टि (बड़े- बड़े टुकड़े) - Hail
  ओले (छोटी- छोटी बूँदे / टुकड़े) - Sleet

बादल फटना (Cloud Burst)
└ अतिवृष्टि की एक चरम स्थिति।
• भारतीय मौसम विभाग (IMD) के अनुसार —
किसी स्थान पर एक घंटे में 10 सेंटीमीटर से अधिक बारिश होना बादल फटना माना जाता है।

- **वर्षा के प्रकार**

1. संवहनीय वर्षा (Convectional Rainfall)
→ विषुवतीय क्षेत्र एवं समशीतोष्ण क्षेत्र में वर्षा।
→ बिजली की गरज के साथ मूसलाधार वर्षा।
→ सामान्यतः दोपहर बाद वर्षा।
→ काले कपासी वर्षा मेघ।

संवहनीय वर्षा

2. पर्वतीय वर्षा (Mountain Rainfall) / मानसून वर्षा
→ पवनाभिमुख (ढ़ाल के सम्मुख) ढ़ाल पर सर्वाधिक वर्षा।
→ पवनाविमुख ढ़ाल (ढ़ाल के विपरीत) पर कम वर्षा / वृष्टिछाया क्षेत्र।

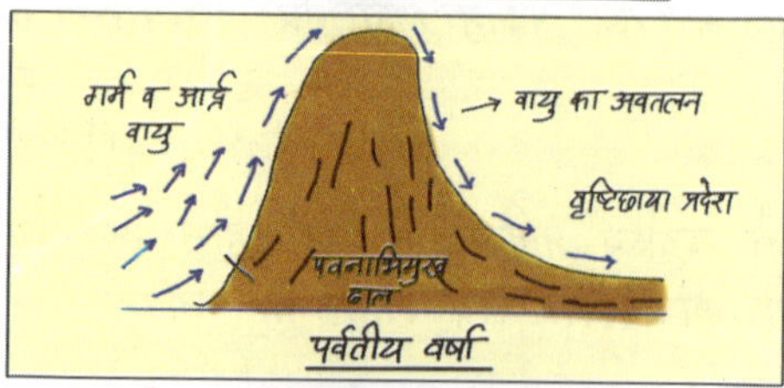

पर्वतीय वर्षा

3. चक्रवातीय वर्षा (Cyclonic Rainfall)
→ चक्रवातों से होने वाली वर्षा।
→ शीत ऋतु में अधिक

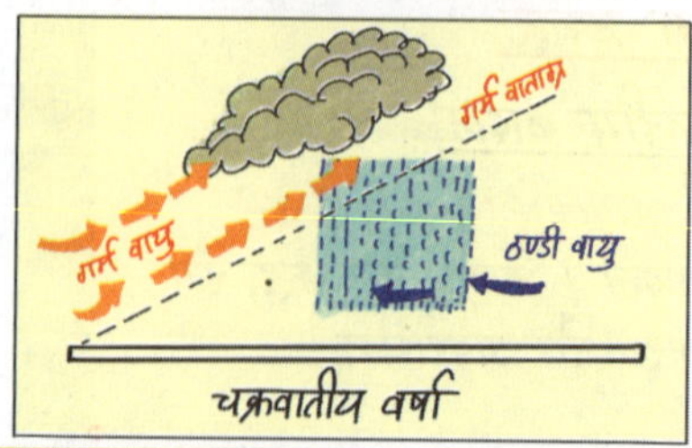

चक्रवातीय वर्षा

कृत्रिम वर्षा (Cloud Seeding) :- इस प्रक्रिया द्वारा हवा में रासायनिक कणों (सिल्वर आयोडाइड, पोटैशियम क्लोराइड और सोडियम क्लोराइड) का छिड़काव करके बादलों से बारिश कराई जाती है।

18 वायुराशि, चक्रवात एवं प्रतिचक्रवात

वायुराशि (Air Mass) : तापमान एवं आर्द्रता संबंधी समानता

वाताग्र (Fronts) : शीत एवं उष्ण वायु राशियों के बीच का क्षेत्र।

प्रकार : 1. उष्ण वाताग्र 2. शीत वाताग्र
3. स्थायी/अचर वाताग्र 4. अधिविष्ट/अधिधारित वाताग्र

वाताग्र उत्पत्ति (Frontogenesis) : उच्च अक्षांश → फ्रण्टोजेनेसिस (Frontogenesis) → अलग-अलग वायु द्रव्यमान

→ अति उष्णकटिबंधीय / समशीतोष्ण चक्रवात

चक्रवात (Cyclone)

→ एक निम्न दाब क्षेत्र

- **केन्द्र** – निम्न वायुदाब } – परिधि से केन्द्र की
- **परिधि** – उच्च वायुदाब } ओर वायु प्रवाह
- **दिशा** – उत्तरी गोलार्द्ध → वामावर्त (Anticlockwise)
  दक्षिणी गोलार्द्ध → दक्षिणावर्त (Clockwise)

↑ कोरिऑलिस बल

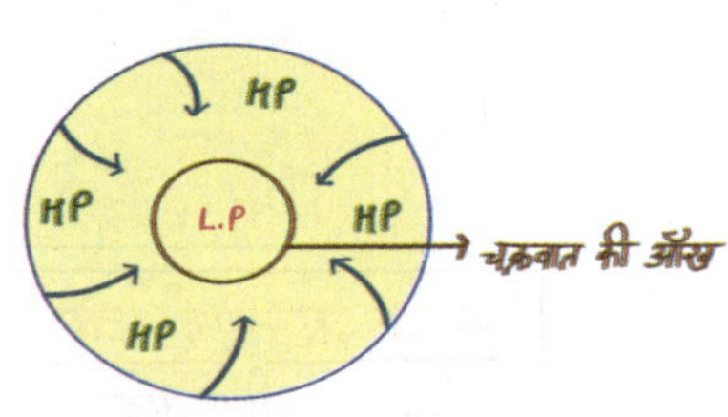

चक्रवात के प्रकार

उष्णकटिबंधीय चक्रवात (Tropical)	शीतोष्ण/बहिरुष्ण कटिबंधीय चक्रवात (Temperate)
→ कर्क एवं मकर रेखा के मध्य	→ 35°-65° अक्षांशों के मध्य (दोनों गोलार्द्ध)
→ केवल समुद्री सतह पर	→ समुद्र एवं सतह दोनों पर
→ अधिक विनाशकारी	→ कम विनाशकारी / सामान्यतः उत्पन्न
→ पूर्व से पश्चिम दिशा में प्रवाह	→ पश्चिम से पूर्व दिशा में प्रवाह

चक्रवात

आवश्यक दशाएँ (विशेष-उष्णकटिबंधीय)
- विस्तृत समुद्र सतह का उच्च तापमान
- कोरिऑलिस बल → विषुवत पर अभाव,
- उर्ध्वाधर वायुगति में कम बदलाव
- निम्न दाब क्षेत्र

नोट :
→ चक्रवात का केन्द्र एक शांत क्षेत्र : तूफान / चक्रवात की आँख
→ विषुवत रेखा पर चक्रवात का अभाव : कोरिऑलिस बल का मान → शून्य

उष्णकटिबंधीय चक्रवातों के विभिन्न नाम

- दक्षिणी चीन सागर / पश्चिमी प्रशांत – टाइफून (Typhoon)
- हिंद महासागर – चक्रवात (Cyclone)
- ऑस्ट्रेलिया / मेडागास्कर – विली-विली (Willy-Willy)
- संयुक्त राज्य अमेरिका – हरिकेन (Hurricane), टॉरनैडो
- कैरीबियन द्वीप समूह / अटलांटिक महासागर – हरिकेन (Hurricane)
- उष्णकटिबंधीय चक्रवात – दक्षिण पश्चिम प्रशांत और हिंद महासागर

भारत में आए चक्रवात	
वर्ष	**चक्रवात**
2025	शक्ति (नामकरण-श्रीलंका
2024	रेमल, आसना, दाना, फेंगल
2023	मिचौंग, तेज, बिपरजॉय

भारत में आये चक्रवात की Detail List के लिए QR कोड स्कैन करें

नोट : यूएसए में कीप के आकार में उत्पन्न भयंकर चक्रवात – टॉरनैडो

प्रति चक्रवात (Anticyclone) : मौसम रहित परिघटना

→ एक उच्च दाब क्षेत्र

- चक्रवात का विपरीत रूप
- **केन्द्र** – उच्च वायुदाब } केन्द्र से परिधि की
- **परिधि** – निम्न वायुदाब } ओर वायु प्रवाह
- **दिशा** – उत्तरी गोलार्द्ध – दक्षिणावर्त (Clockwise)
  दक्षिणी गोलार्द्ध – वामावर्त (Anticlockwise)

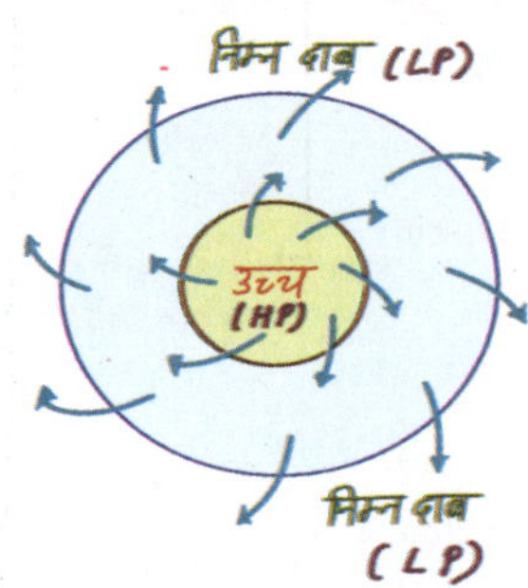

19 विश्व के प्रमुख जलवायु प्रदेश

जलवायु : दीर्घकालीन (30 वर्ष) मौसमी (अल्पकालीन) दशाओं का औसत।

जलवायु वर्गीकरण

कोपेन :- अनुभवजन्य जलवायु वर्गीकरण (1918 ई.)

संशोधन (1936 ई.) → तापमान, वर्षा एवं मौसम के आधार पर।

जलवायु समूह

A. उष्णकटिबंधीय	औसत वार्षिक तापमान - 18°C
B. शुष्क जलवायु (वर्षा आधारित)	वर्षण की अपेक्षा वाष्पीकरण अधिक
C. समशीतोष्ण आर्द्र	मध्य अक्षांशीय जलवायु
D. शीतार्द्र जलवायु	सर्वाधिक ठंडे माह का औसत ताप 3°C से नीचे
E. ध्रुवीय जलवायु	वर्ष का औसत तापमान 10°C से कम
H. उच्च भूमि / पर्वतीय	शीत जलवायु / ऊँचाई के कारण शीत

अन्य महत्त्वपूर्ण तथ्य

- विश्व का शीत ध्रुव – वर्खोयांस्क (रूस)
- पृथ्वी पर सबसे शुष्क स्थान – चिली (अटाकामा मरुस्थल)
- एल नीनो (El-Nino) की उत्पत्ति – पेरू तट (प्रशांत महासागर)
- उत्तरी ध्रुव से आने वाली ठंडी हवा – पुर्गा

विश्व के प्रमुख जलवायु प्रदेश

Group

(A) उष्णकटिबंधीय जलवायु
- कर्क एवं मकर रेखा के मध्य
- उष्णकटिबंधीय आर्द्र जलवायु (Af)①
- उष्णकटिबंधीय मानसून जलवायु (Am)②
- उष्ण कटिबंधीय आर्द्र एवं शुष्क जलवायु (Aw)③ या सवाना तुल्य जलवायु (Aj)
- औसत तापमान 18°C +

(B) शुष्क जलवायु
- विषुवत वृत्त से 15°-60° उत्तर व दक्षिण अक्षांश
- स्टेपी (अर्द्धशुष्क) (Bs)
- मरुस्थलीय (Bw) कटीली, झाड़ियाँ, बबूल, कैक्टस
  - अफ्रीका - सहारा, कालाहारी
  - दक्षिण अमेरिका - अटाकामा
  - एशिया - थार
- वर्षा की तुलना में वाष्पीकरण अधिक

(C) कोष्ण शीतोष्ण (मध्य अक्षांशीय) जलवायु
- आर्द्र उपोष्ण कटिबंधीय जलवायु (Cfa)
  - चीन तुल्य जलवायु (USA, दक्षिणी / पूर्वी चीन, दक्षिणी जापान, ऑस्ट्रेलिया पूर्वी तट)
- भूमध्य सागरीय जलवायु (Cs)
  - (नीबू, संतरा, जैतून, अंजीर) आदि रसीले फलों की खेती।
  - मध्य कैलिफोर्निया चिली, न्यूजीलैण्ड
- समुद्री पश्चिम तटीय जलवायु (Cfb)
- औसत तापमान 0°C और 18°C के मध्य

(D) शीत हिम वन जलवायु
- आर्द्र सर्दी से युक्त ठंडी जलवायु (Df)
- शुष्क सर्दी से युक्त ठण्डी जलवायु (Dw)

(E) ध्रुवीय जलवायु
- टुण्ड्रा (ET) (न्यूनतम वनस्पति- नार्वे, फिनलैण्ड, रूस, साइबेरिया)
- हिमटोप (EF) (ग्रीन लैण्ड, अण्टार्कटिका)
- सबसे गर्म महीने का औसत तापमान 10°C

(H) उच्च भूमि जलवायु
- उच्च भूमि जलवायु [आल्पस, हिमालय, तिब्बत का पठार, रॉकी (एण्डीज़ पर्वत)]

① Af = महोगनी, चंदन, रबर, सिनकोना आदि प्रमुख वृक्ष।
② Am = कपास, खाद्यान्न, गन्ना, चाय, कहवा की खेती
③ सवाना = बड़े-बड़े घास के मैदान

20 जलमंडल

पृथ्वी के 70.8 % भाग पर जल उपस्थित

जल का वितरण

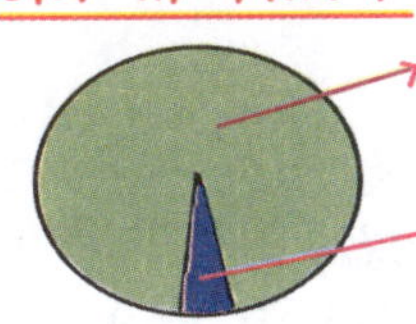

- खारा या लवणीय जल (97.5 %)
  - महासागर – 97.3 %
  - स्थलीय समुद्र एवं नमकीन झीलें – 0.009 %
- ताजा जल (2.5 %)
  - हिम / ग्लेशियर / बर्फ छत्रक – 2.05 % (68 %)
  - भूजल / भूमिगत जल – 0.68 % (30 %)
  - झीलों का अलवण जल – 0.009 % (21 %)
  - वायुमंडल – 0.0019 %
  - नदियाँ – 0.0001 %

जल चक्र

- जल का वाष्प एवं वाष्प का पुनः जल में परिवर्तित होना।
- प्रक्रियाएँ : वाष्पीकरण, वाष्पोत्सर्जन, संघनन
  - वाष्पीकरण: (जल → जल वाष्प; द्रव → गैस)
  - संघनन: (जलवाष्प → जल)

विश्व के महासागर

घटता क्रम : प्रशांत > अटलांटिक > हिन्द > अंटार्कटिक > आर्कटिक

- प्रशान्त महासागर (अर्द्ध वृत्ताकार) :- सबसे बड़ा एवं गहरा, चैलेंजर गर्त
- अटलांटिक महासागर ('S' आकार) :- सरगैसो सागर (तट रहित) → भूमध्य सागर तक फैला हुआ।
- हिन्द महासागर (त्रिभुजाकार) :- सबसे गहरी खाई (जावा खाई) → उत्तरी हिन्द महासागर में स्थित सबसे बड़ा सागर → अरब सागर
- अंटार्कटिक महासागर :- अंटार्कटिक महाद्वीप के चारों ओर
- आर्कटिक महासागर :- सर्वाधिक चौड़ा महाद्वीपीय शेल्फ

विश्व की प्रमुख जलसंधियाँ

जलसन्धि	किन-किन को जोड़ती है	भौगोलिक अवस्थिति
मलक्का	अण्डमान सागर एवं दक्षिण चीन सागर	इण्डोनेशिया - मलेशिया
पाक	मन्नार एवं बंगाल की खाड़ी	भारत - श्रीलंका
बेरिंग	बेरिंग सागर (प्रशान्त) एवं चुक्ची सागर (आर्कटिक)	अलास्का - रूस
डेविस	बेफिन खाड़ी एवं अटलाण्टिक महासागर	ग्रीनलैण्ड - कनाडा
डोवर	इंगलिश चैनल एवं उत्तरी सागर	इंग्लैण्ड - फ्रांस
जिब्राल्टर	भूमध्य सागर एवं अटलाण्टिक महासागर	स्पेन - मोरक्को
फ्लोरिडा	मैक्सिको की खाड़ी एवं अटलाण्टिक महासागर	उत्तरी अमेरिका
बास	तस्मान सागर एवं हिन्द महासागर	ऑस्ट्रेलिया
सुण्डा	जावा सागर एवं हिन्द महासागर	इण्डोनेशिया
हारमुज	फारस की खाड़ी एवं ओमान की खाड़ी	ओमान - ईरान
टॉरस	अराफुरा सागर एवं पापुआ की खाड़ी	न्यूगिनी - ऑस्ट्रेलिया
बासफोरस	काला सागर एवं मारमरा सागर	तुर्की
मकास्सार	जावा सागर एवं सेलीबीज सागर	इण्डोनेशिया
बाब-अल मण्डेब (एशिया को अफ्रीका से अलग)	लाल सागर एवं अरब सागर	यमन - जिबूती
युकाटन	मैक्सिको की खाड़ी और कैरेबियन सागर	मैक्सिको और क्यूबा

नोट :- ग्रैंड चैनल (10° चैनल)
→ ग्रेट निकोबार द्वीप एवं सुमात्रा द्वीप (इण्डोनेशिया) के मध्य स्थित जलसंधि।

महासागरीय नितल एवं उनके उच्चावच

- महासागरों की गहराई / स्थलों की ऊँचाई उच्चतामितीय वक्र (Hypsographic / metric curve) द्वारा प्रदर्शित।
- महासागरीय गहराई का मापन – फैदोमीटर

(1) महाद्वीपीय मग्न तट (Continental shelf) :– खनिज तेल एवं प्राकृतिक गैस का क्षेत्र।
→ डॉगर बैंक (पश्चिमी यूरोप), ग्रांड बैंक एवं जार्जेस बैंक (उत्तर अमेरिका) वैश्विक मत्स्यन क्षेत्र।

(2) महाद्वीपीय मग्न ढाल (Continental slope) :–
→ सागरीय निक्षेप का अभाव

(3) गहरे सागरीय मैदान (Deep Sea plains) :–
→ महासागरीय क्षेत्रफल का 75.9 %
→ महासागरीय द्रोणियों के निम्नतम ढलान वाले क्षेत्र (गंभीर सागरीय मैदान)

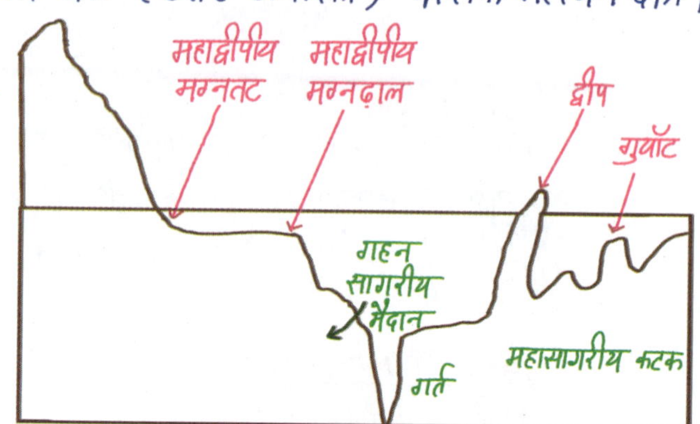

महासागरीय नितल के उच्चावच

अन्य स्थलाकृतियाँ :

खाड़ी (Bay & Gulf), कटक, सागरीय कैनियन, पर्वत, गुयॉट आदि
Gulf → (समुद्र का स्थलीय भाग में प्रवेश)
Bay → (दोनों किनारे स्थल से घिरे)

नोट :
- महासागर में बेन्थस (Benthos) जीव समुदाय – सागरीय तली पर।
- कनाडा विश्व की सबसे बड़ी तटीय सीमा वाला देश।
- जीवाश्मों का अध्ययन – पैलियोन्टोलॉजी (Paleontology)

विश्व के कुछ महत्वपूर्ण गर्त

गर्त का नाम	स्थिति	गहराई (मीटर)
मेरियाना	उत्तर प्रशान्त महासागर	11,022
टोंगा	मध्य दक्षिण प्रशान्त महासागर	10,882
प्यूर्टोरिको	अटलाण्टिक महासागर (पश्चिमी द्वीप समूह)	8,385
डायमेण्टिना	हिन्द महासागर के दक्षिण-पूर्व	7,299
सुण्डा	पूर्वी हिन्द महासागर	7,450
रोमशे	दक्षिणी अटलांटिक महासागर	7,254

महासागरीय जल का तापमान

- औसत तापमान (भूमध्य रेखा के पास) – लगभग 27°C (ध्रुवों की ओर कमी)
- सर्वाधिक तापमान – कर्क एवं मकर रेखाओं के मध्य।
  - → पिक्नोक्लाइन – जल निकाय में घनत्व प्रवणता
  - → हैलोक्लाइन – जल निकाय में लवण प्रवणता
  - → थर्मोक्लाइन – गहराई के साथ ताप परिवर्तन

  } – का प्रदर्शन

महासागरीय जल की लवणता (औसत - 35 ‰)

- प्रति हज़ार ग्राम जल में स्थित लवण की मात्रा (‰)
- महासागरों की औसत लवणता (मात्रा) :- 35 ग्राम प्रति हजार ग्राम (35 ‰)
- लवणता :
  - → गहराई के साथ वृद्धि
  - → सर्वाधिक - 20°-40° उत्तरी एवं 10°-30° दक्षिणी अक्षांशों के मध्य।
- विश्व में सर्वाधिक लवणता (बंद सागरों में)
  - → वान झील (330 ‰) - तुर्की (तुर्किए)
  - → मृत सागर (238 ‰) — Dead Sea (डेड सी) - इजराइल व जार्डन के बीच।
  - → ग्रेट साल्ट लेक (220 ‰)

> नोट :- महासागरीय अम्लीकरण :- महासागरों द्वारा वायुमंडल में उत्सर्जित अतिरिक्त कार्बन डाइऑक्साइड का अवशोषण करना।

स्कोरर फैक्ट्स

- हिन्द महासागर की लवणता - 35 ‰
- समुद्री लवणता का मापक - सेलाइन मेन्टर यंत्र
- आर्कटिक महासागर में विश्व का सबसे बड़ा महाद्वीपीय शेल्फ → साइबेरियाई शेल्फ
- भूमध्य रेखा पर सामान्य लवणता उच्च वाष्पीकरण के कारण।
- एशिया की सबसे बड़ी खारे पानी की झील - चिल्का (ओडिशा), भारत
- अंटार्कटिक महाद्वीप को घेरे हुए।
  - → दक्षिणी महासागर
- विश्व का सबसे बड़ा जल निकासी बेसिन
  - → अमेजन बेसिन

प्रवाल भित्तियाँ (Coral Reefs)

- मूंगा या कोरल पॉलिप (Coral Polyps)
  - → समुद्री जीवों से निर्माण
  - → जुजेन्थले शैवाल से सहजीवी
  - → चूना प्रधान चट्टानें - कैल्शियम कार्बोनेट ($CaCO_3$) से निर्माण
  - → कॉलोनी (Colony) में निवास

प्रकार
1. तटीय प्रवाल भित्ति
   - → द. फ्लोरिडा, मलेशिया के द्वीप एवं मन्नार की खाड़ी के द्वीप आदि।
2. अवरोधक प्रवाल भित्ति (Barrier Reef)
   - → विश्व की सबसे बड़ी ग्रेट बैरियर रीफ (कोरल रीफ) प्रशांत महासागर (ऑस्ट्रेलिया)
3. प्रवाल वलय या एटॉल
   - → विश्व प्रसिद्ध फुराफुटी एटॉल, लक्षद्वीप समूह के एटॉल आदि।

- प्रवाल के विकास के लिए आवश्यक दशाएँ
  - तापमान - 20-30°C
  - सूर्य किरणों के प्रवेश तक की सामुद्रिक गहराई।
  - अवसाद मुक्त जल
  - सामान्य सामुद्रिक लवणता
  - सागरीय चबूतरों की उपस्थिति आदि।

प्रवाल विरंजन (Coral Bleaching) ⟶ वैश्विक तापन का प्रभाव
- → प्रवाल का विकास बाधित / मृत्यु
- शैवाल का रंग श्वेत होना

महत्त्वपूर्ण तथ्य

- भौगोलिक सीमा : 30°N से 30°S अक्षांश के बीच
- लवणता सीमा : 27 ‰ से 30 ‰
- अधिकतम गहराई - 30 फैदम (180 फीट)
- मुख्य क्षेत्र - प्रशांत और हिंद महासागर
- उपनाम - सामुद्रिक वर्षावन

सागरीय लवणों के प्रकार देखने के लिए QR कोड स्कैन करें

21 महासागरीय धाराएँ एवं तरंगें

महासागरीय धाराएँ

- एक निश्चित दिशा में दूर तक जलराशी का प्रवाह
- धाराएँ :- गर्म (उष्ण) एवं ठंडी (शीत)
- ठंडी + गर्म जलधारा का मिलन क्षेत्र → मत्स्यन क्षेत्र (प्लैंक्टन का विकास)
- ठंडी जलधारा क्षेत्र → रेगिस्तान

[गर्म वायु : जल धारण क्षमता अधिक
ठंडी वायु : जल धारण क्षमता कम]

गाइर / गाइरे (Gyre)

- महासागरीय / सागरीय क्षेत्र में घूर्णन करने वाले जल प्रवाह → (भंवर)
- महासागरीय जल चक्र में जल प्रवाह।
- संचालन — पृथ्वी के घूर्णन तथा महाद्वीपों की स्थिति से।

महासागरीय धाराओं की उत्पत्ति के कारण →

1. पृथ्वी की घूर्णन एवं परिक्रमण गति
2. तापमान में भिन्नता
3. घनत्व में अंतर
4. वायुदाब एवं पवनें
5. सागर की लवणता में अंतर
6. तट रेखा का आकार

महासागरीय धाराओं को प्रभावित करने वाले कारण

- सूर्यातप
- ग्रहीय पवनें
- गुरुत्वाकर्षण बल
- कोरिओलिस बल

प्रशांत महासागरीय धाराएँ

उत्तरी प्रशांत महासागर की धाराएँ

- उत्तर विषुवत् रेखीय धारा (गर्म)
- क्यूरोशियो की धारा (गर्म)
- उत्तरी प्रशान्त धारा (गर्म)
- अलास्का की धारा (गर्म)
- कैलिफोर्निया का धारा (ठण्डी)
- ओखोटस्क या क्यूराइल की धारा (ठण्डी)
- ओयाशियो की धारा (ठण्डी)
- अल्यूशियन धारा (गर्म)

दक्षिण प्रशान्त महासागर की धाराएँ

- द. विषुवत् रेखीय धारा (गर्म)
- पूर्वी ऑस्ट्रेलिया की धारा (गर्म)
- दक्षिणी प्रशांत प्रवाह (ठंडी)
- पेरू या हम्बोल्ट धारा (ठंडी)
- अल-नीनो की धारा (गर्म)
- ला-नीना की धारा (ठंडी)
- केल्विन धारा (गर्म)
- विपरीत विषुवत् रेखीय धारा (गर्म)

अटलांटिक महासागर की धाराएँ

उत्तरी अटलांटिक महासागर की धाराएँ

- उत्तर विषुवत् रेखीय धारा (गर्म)
- कैरेबियन धारा (गर्म)
- एंटीलीज की धारा (गर्म)
- फ्लोरिडा की धारा (गर्म)
- गल्फ स्ट्रीम (गर्म)
- उत्तरी अटलांटिक प्रवाह (गर्म)
- नार्वे की धारा (गर्म)
- इरमिंगर धारा (गर्म)
- रेनेल की धारा (गर्म)
- लेब्राडोर की धारा (ठण्डी)
- केनारी की धारा (ठण्डी)

दक्षिणी अटलांटिक महासागर की धाराएँ

- दक्षिण विषुवत् रेखीय धारा (गर्म)
- ब्राजील की धारा (गर्म)
- फॉकलैण्ड की धारा (ठण्डी)
- पश्चिमी पवन प्रवाह (ठण्डी) या द. अटलांटिक प्रवाह
- बेंगुला की धारा (ठण्डी)
- गिनी तट की धारा (गर्म)
- विपरीत विषुवत् रेखीय धारा (गर्म)

मैप की Presentation देखने के लिए QR कोड स्कैन करें

हिन्द महासागर की धाराएँ

A) उत्तरी हिन्द महासागर

(ग्रीष्म काल)

- उत्तर विषुवत् रेखीय धारा (गर्म)
- द. पश्चिमी मानसूनी धारा (गर्म)
- प्रति विषुवत् रेखीय धारा (गर्म)

(शीत काल)

- उत्तर पूर्वी मानसूनी धारा (गर्म)
- प्रति विषुवत् रेखीय धारा (गर्म)

B) दक्षिणी हिन्द महासागर

- दक्षिणी विषुवत् रेखीय धारा (गर्म)
- मोजाम्बिक की धारा (गर्म)
- अगुलहास की धारा (गर्म)
- मेडागास्कर की धारा (गर्म)
- पश्चिमी पवन प्रवाह (ठण्डी)
- प. ऑस्ट्रेलिया की धारा (ठण्डी)

महासागरीय तरंगें

- तरंग का उपरी भाग श्रृंग या शीर्ष (Crest) एवं निचला भाग गर्त (Trough)
- वेलांचली धारा — तट के समानांतर प्रवाह
- सुनामी तरंगें अत्यधिक विनाशकारी

अल नीनो (El Nino) :- इसके अंतर्गत उष्णकटिबंधीय पूर्वी और मध्य प्रशांत महासागर की सतह का तापमान औसत से अधिक।

ला-नीना (La-Nina) :- इसके अंतर्गत उष्णकटिबंधीय पूर्वी और मध्य प्रशांत महासागर की सतह का तापमान औसत से कम।

22 विश्व की मृदाएँ एवं प्राकृतिक वनस्पति

मृदा का वर्गीकरण

मृदा विज्ञान (Pedology)

- **पेडल्फर मृदा** :
  - एल्युमीनियम (Al) एवं लौह तत्व (Fe) की अधिकता।
  - पोडजॉल मृदा, लाल मृदा, लैटेराइट मृदा, टुंड्रा मृदा।
- **पेडोकल मृदा** :
  - कैल्शियम (Ca) की अधिकता।
  - प्रेयरी मृदा, चेरनोजम या काली या रेगुर मृदा, गहरी भूरी मृदा, धूसर मृदा, मरुभूमि मृदा, लाल मरुस्थलीय मृदा।

O संस्तर ←] शीर्ष या ऊपरी मृदा → (ह्यूमस की अधिकता)
A संस्तर ←
B संस्तर ←
C संस्तर ←

मृदा संस्तर

नोट :- निक्षालन (Leaching) की प्रक्रिया निम्न अक्षांशीय क्षेत्रों में।

मृदा निर्माण के कारक (Soil Forming Factors)

- क्रियाशील कारक
  - जलवायु
    - अपक्षय
    - तापमान
    - वर्षण
  - जैविक पदार्थ
- निष्क्रिय कारक
  - जनक पदार्थ
  - ऊँचाई और उच्चावच (स्थलाकृति)
  - समय (मृदा के विकास की अवधि)
- मानव प्रभाव

ह्यूमस : जैव-पदार्थ, पेड़-पौधों और जीव-जंतुओं के सड़े-गले अंश को ह्यूमस कहते हैं।

मृदा अपरदन / निम्नीकरण / क्षरण

- मृदा के उपजाऊ तत्वों का स्थानांतरण
- मृदा की गुणवत्ता में कमी
  - ↳ अधिक सिंचाई से मृदा का लवणीय होना।

मृदा अपरदन के कारक

- प्राकृतिक एवं भौगोलिक कारक
  - जलीय अपरदन
  - वायु अपरदन
  - हिमानी अपरदन
  - समुद्री लहरों द्वारा अपरदन
- मानवीय कारक
  - प्रत्यक्ष कारक (वनों की कटाई, अति पशु चारण, अवैज्ञानिक कृषि पद्धति आदि)
  - अप्रत्यक्ष कारक सिंचाई, बाँध निर्माण, जल प्रवाह की समस्या, नगरीकरण आदि।

मृदा संरक्षण : मल्च बनाना या मल्चिंग

↳ खेत में पौधों के बीच ज़मीन पर पुआल आदि कार्बनिक परत बिछाना।

- वेदिका फार्म
- समोच्च रेखीय जुताई
- रक्षक मेखला
- चट्टान बाँध → (चट्टानों के ढेर से नालियों की रक्षा)
  → मृदा क्षति रोकना

नोट : एजोला से मृदा की उर्वरता (चावल की खेती) में वृद्धि।

प्राकृतिक वनस्पति एवं घास भूमियाँ

प्राकृतिक वनस्पति

→ तापमान एवं आर्द्रता पर निर्भर

वनों के प्रमुख प्रकार

- **उष्ण कटिबंधीय सदाबहार वन** (Tropical Evergreen Rainforest)
  - → वर्ष भर हरा-भरा, चौड़ी पत्तियाँ (200 cm से अधिक वर्षा)
  - → विषुवत् रेखीय एवं उष्ण कटिबंधीय प्रदेश → (इण्डोनेशिया, ब्राजील आदि)
  - → अमेजन वर्षा वन (पृथ्वी के फेफड़े) (The lungs of Earth)
  - → ऐनाकोंडा (विश्व का सबसे बड़ा साँप)

- **उष्ण कटिबंधीय पर्णपाती वन** (मानसूनी वन)
  - → वृक्ष द्वारा निश्चित मौसम में पत्तियों का त्याग
  - → प्रमुख वृक्ष - साल, सागवान, नीम, शीशम।

- **शीतोष्ण सदाबहार वन** (Temperate Evergreen forest)
  - → मध्य अक्षांशों के तटीय प्रदेश।
  - → बाँस, चीड़ एवं यूकेलिप्टस वृक्ष आदि।
    - → सामाजिक वानिकी हेतु सर्वमान्य।

- **शीतोष्ण पर्णपाती वन** (Temperate Deciduous forest)
  - → मेपल, एल्म, ऐश आदि प्रमुख वृक्ष।
  - → फीजेण्ट (तीतर) तथा मोनाल पक्षी।

- **शंकुधारी वन / टैगा वन**
  - → नरम काष्ठ वाले सदाबहार वृक्ष
  - → चीड़, देवदार आदि वृक्ष एवं पोलर बियर जैसे जीव आदि।

- **टुंड्रा वन**
  - → बर्फ से ढका; काई, मॉस एवं लाइकेन वृक्ष विद्यमान।

नोट :- पर्वतीय वनों में चौड़ी पत्ती वाले शंकुधारी वृक्ष प्राप्त।
हर्बीसाइड एक शाकनाशक → अवांछित पौधों को नष्ट करने में उपयोगी।

विश्व की प्रमुख वनस्पतियाँ

- **ट्रोपोफाइट** – उष्ण कटिबंधीय जलवायु / क्षेत्र की वनस्पति।
- **हाइग्रोफाइट** – भूमध्य रेखीय उष्ण आर्द्रता (दलदली) वाली वनस्पति।
- **जेरोफाइट** – मरुस्थलीय क्षेत्र की वनस्पति।
- **हाइड्रोफाइट** – जलप्लावित क्षेत्र की वनस्पति।
- **हैलोफाइट** – नमक युक्त क्षेत्र की वनस्पति
- **लिथोफाइट** – कठोर चट्टानों पर उगने वाली वनस्पति
- **मेसोफाइट** – शीतोष्ण कटिबंध क्षेत्र की वनस्पति
- **क्रायोफाइट** – टुंड्रा एवं शीत क्षेत्र की वनस्पति

	घास भूमियाँ / घास के मैदान
• उष्णकटिबंधीय घास के मैदान	• सवाना (अफ्रीका), कम्पोज (ब्राजील), पार्कलैंड (द. अफ्रीका), लानोस (वेनेजुएला व कोलंबिया), सेल्वास (अमेजन बेसिन)
• शीतोष्ण घास के मैदान	• प्रेयरी (यूएसए व कनाडा), पम्पास (अर्जेंटीना), वेल्ड (द. अफ्रीका), डाउन्स (ऑस्ट्रेलिया), स्टेपी (एशिया, रूस, चीन का मंचूरिया प्रदेश), पुस्ताज (हंगरी), कैंटरबरी (न्यूजीलैंड)

23 कृषि एवं पशुपालन

कृषि

प्राथमिक क्रिया (प्राथमिक क्षेत्रक)

कृषि के प्रकार

- **निर्वाह कृषि** :→ आदिम कालीन निर्वाह कृषि
  - └→ स्थानांतरित / झूम कृषि
  - → गहन निर्वाह कृषि
  - → पारंपरिक तरीकों का उपयोग
- **वाणिज्यिक कृषि** :→ वाणिज्य अनाज कृषि
  - → मिश्रित कृषि (कृषि एवं पशुपालन)
  - → रोपण / बागानी / एक फसली कृषि
    - └→ ब्राजील के कॉफी बागान
      - └→ (फेजेण्डा)
- **अन्य कृषि** :
  - → डेयरी कृषि
  - → भूमध्य सागरीय कृषि
  - → सहकारी कृषि
  - → ट्रंक फार्मिंग
  - → जैविक कृषि
  - → उद्यान कृषि
  - → सामुदायिक कृषि
  - → सघन कृषि
    - └→ उपलब्ध भूमि के सघन उपयोग से उपज बढ़ाना।

विश्व में स्थानान्तरित कृषि के नाम	
स्थानान्तरित	क्षेत्र
रे	वियतनाम तथा लाओस
मसोले	कांगो (जायरे नदी घाटी क्षेत्र)
लोगन	पश्चिमी अफ्रीका
कोनूल अथवा कोमिले	मैक्सिको
मिल्पा	मैक्सिको एवं मध्य अमेरिकी देश
चेतेमिनी	युगाण्डा, जाम्बिया तथा जिम्बाब्वे
एचाली	ग्वाडेलूप (फ्रांस)
तोंग्या	म्यांमार (बर्मा)
लदांग	जावा, इण्डोनेशिया एवं मलेशिया
हुमा या हुआ	जावा तथा इण्डोनेशिया
फैंग	भूमध्यरेखीय अफ्रीकी देश
चेन्ना	श्रीलंका
कोनूको	वेनेजुएला

नोट :- विश्व के सबसे बड़े कृषि भूमि क्षेत्र वाले देश – भारत > यूएसए > चीन → कृषि योग्य भूमि सर्वाधिक
तोंग्या प्रणाली :- पेड़ों की कतारों के मध्य फसल उगाने की प्रक्रिया।

फसलों का वर्गीकरण

खाद्यान्न फसलें	चावल, गेहूँ, मक्का, जौ
मोटे अनाज	ज्वार / रागी, बाजरा
दलहन फसलें	चना, मटर, मूँग, अरहर
तिलहन फसलें	सरसों, तिल, अलसी, मूँगफली, नारियल, सूरजमुखी
बागानी फसलें	कॉफी, चाय, कोको, रबर आदि
पेय फसलें	चाय, कहवा
रेशेदार फसलें	कपास, जूट (पटसन)
अन्य / नकदी / व्यापारिक फसलें	गन्ना, चुकंदर, रबड़, तंबाकू, मसाले आदि।

कृषि सम्बंधी महत्वपूर्ण संस्थाएँ

- खाद्य एवं कृषि संगठन — रोम (इटली)
- खाद्य नीति अनुसंधान संस्थान – वाशिंगटन डी.सी. (यूएसए)
- उष्ण कटिबंधीय कृषि संस्थान – लागोस (नाइजीरिया)
- अंतर्राष्ट्रीय चावल अनुसंधान संस्थान – मनीला (फिलीपींस)
- विश्व मौसम विज्ञान संगठन – जेनेवा (स्विट्जरलैंड)

स्वर्णिम अर्द्धचन्द्र
मध्य एवं दक्षिण एशिया के अफीम उत्पादक एवं निर्यातक देश → (पाकिस्तान, अफगानिस्तान, ईरान)

नोट :→ सर्वाधिक नलकूप (Tubewell) वाला देश — भारत
→ वर्षा मापक यंत्र – रेनगेज

वैश्विक कृषिगत उत्पादों के उत्पादन में शीर्ष देश

प्रमुख फसलें	देशों का क्रम
चावल	चीन, भारत, बांग्लादेश, इण्डोनेशिया, वियतनाम
गेहूँ	चीन, भारत, रूस, यूएसए, ऑस्ट्रेलिया
मक्का	यूएसए, चीन, ब्राजील, अर्जेण्टीना, भारत
जौ	रूस, ऑस्ट्रेलिया, फ्रांस, जर्मनी, कनाडा
ज्वार	अमेरिका, नाइजीरिया, भारत
दलहन	भारत, पोलैंड, फ्रांस, यू.के., मोजाम्बिक
सोयाबीन	ब्राजील, अर्जेण्टीना, यूएसए, चीन, भारत
सूरजमुखी (बीज)	यूक्रेन, रूस, अर्जेण्टीना, चीन, तुर्की
गन्ना	ब्राजील, भारत, चीन, थाईलैण्ड, पाकिस्तान
कपास (बीज)	भारत, चीन, ब्राजील, यूएसए, पाकिस्तान
जूट	भारत, बांग्लादेश, उज्बेकिस्तान, कम्बोडिया, चीन
प्याज (सूखी)	भारत, चीन, मिस्र, यूएसए
टमाटर	चीन, भारत, तुर्की, संयुक्त राज्य अमेरिका, मिस्र
सेब	चीन, तुर्की, यूएसए, पोलैण्ड, भारत
अमरूद	भारत, चीन, इण्डोनेशिया, मैक्सिको
नारियल	इण्डोनेशिया, फिलीपीन्स, भारत, श्रीलंका, ब्राजील
मसाले	भारत, इथियोपिया, बांग्लादेश, तुर्की, इण्डोनेशिया
चाय	चीन, भारत, केन्या, श्रीलंका, तुर्की
कॉफी (हरी)	ब्राजील, वियतनाम, इण्डोनेशिया, कोलम्बिया, इथियोपिया
तंबाकू	चीन, भारत, ब्राजील, इंडोनेशिया, संयुक्त राज्य अमेरिका
रबड़ (प्राकृतिक)	थाईलैण्ड, इण्डोनेशिया, वियतनाम, कोटे-डी-आइवर या
कोकोआ	आइवरी कोस्ट, घाना, इंडोनेशिया
पाम ऑयल	इंडोनेशिया, मलेशिया

नोट:- भारत उत्पादन में प्रथम- दाल, मसाले, जूट, दूध, आम, अमरूद, केला, पपीता, प्याज़ एवं नींबू आदि।

पशुपालन

- प्राचीन जीवन निर्वाह व्यवसाय- प्राथमिक क्रिया
- सर्वाधिक दुधारू पशु / पशुधन वाला देश- भारत
- विश्व के शीर्ष 5 दुग्ध उत्पादक देश- भारत > यूएसए > पाकिस्तान > चीन > ब्राजील

अन्य क्रियाएँ

- मत्स्यपालन → महाद्वीपीय मग्नतट (शेल्फ) → (विश्व का 90% मत्स्यन)
  - └→ प्लैंकटन का निवास (गर्म एवं ठंडी जलधारा का सम्मिश्रण)
- मत्स्य उत्पादन में भारत का स्थान – तीसरा (शीर्ष उत्पादक- चीन)
- भारत रेशम की चार किस्मों (मलबरी, टसर, ईरी तथा मूँगा) का उत्पादक।

24 खनिज एवं ऊर्जा संसाधन

खनिज संसाधन

धात्विक खनिज

लौह खनिज / धातु (अयस्क)

- लौह अयस्क (मैग्नेटाइट, हेमेटाइट, लिमोनाइट, सिडेराइट)
- मैंगनीज (साइलो मैलेन एवं मैंगानाइट)
- निकेल (पेण्टलैंण्डाइट)
- टंगस्टन (वोलफ्रामाइट)
- क्रोमियम (क्रोमाइट)
- कोबाल्ट
- वेनेडियम आदि।
- रवेदार चट्टानों में पाए जाते हैं।

अलौह धातु / खनिज (अयस्क)

- ताँबा (क्यूप्राइट, पायराइट, मैलाकाइट एवं कैमकोसाइट)
- एल्युमीनियम (बॉक्साइट)
- टिन (केसेराइट, टिन स्टोन, प्लेसर निक्षेप)
- अभ्रक (पिग्माइट)
- सीसा (गैलेना)
- जिंक या जस्ता [जिंक ब्लैण्ड (जिंक-सल्फाइड), कैलेमाइन]
- कैडियम आदि।
- सभी प्रकार की चट्टानों में मिलते हैं।

बहुमूल्य धातु

- सोना
- चाँदी
- प्लेटिनम आदि।

अधात्विक खनिज

- नाइट्रेट
- फॉस्फेट
- पोटाश
- गंधक आदि।

विश्व के शीर्ष खनिज उत्पादक देश

- लौह अयस्क – ऑस्ट्रेलिया, चीन, ब्राजील, भारत
- ताँबा – चिली (चुकिकामाटा ताँबा के लिए विश्व प्रसिद्ध), पेरू, चीन, कांगो
- टिन – चीन, इंडोनेशिया, म्यांमार
- जिंक (जस्ता) – चीन, पेरू, ऑस्ट्रेलिया
- सीसा (लेड) – चीन, ऑस्ट्रेलिया, यूएसए
- मैंगनीज – द. अफ्रीका, गैबॉन, चीन
- एल्युमीनियम – चीन, भारत, रूस, कनाडा
- एस्बेस्टस – रूस, काजाकिस्तान, चीन
- अभ्रक – चीन, फिनलैंड, मेडागास्कर
- एल्युमिना – चीन, रूस, भारत
- बॉक्साइट – ऑस्ट्रेलिया, गिनी, चीन
- सोना (स्वर्ण) – चीन, ऑस्ट्रेलिया, रूस, कनाडा

Source :- Pubs.usgs.gov.periodicals/MCS 2025. Mineral commodity summaries 2024 (US department of interior/ US Geological survey)

- चाँदी – मैक्सिको, चीन, पेरू
- हीरा – रूस, बोत्सवाना, कनाडा
- सीमेण्ट – चीन, भारत, वियतनाम

नोट: • अटाकामा मरुस्थल (दक्षिणी अमेरिका) में अत्यधिक स्वर्ण भंडार विद्यमान।
• पृथ्वी पर सर्वाधिक मात्रा में पाया जाने वाला खनिज – ब्रिजमैनाइट

ऊर्जा संसाधन

परम्परागत ऊर्जा स्रोत (गैर-नवीकरणीय)

जीवाश्म ईंधन

- **कोयला**

→ प्रकार : एन्थ्रेसाइट → सर्वोत्तम कोयला, बिटुमिनस, लिग्नाइट या भूरा कोयला एवं पीट कोयला।
→ शीर्ष उत्पादक : चीन, भारत, इण्डोनेशिया, यूएसए → (सर्वाधिक भंडार), ऑस्ट्रेलिया

- **खनिज तेल (पेट्रोलियम)**

→ उत्पाद : डीजल, पेट्रोलियम, चारकोल, केरोसिन ऑयल आदि।
→ शीर्ष उत्पादक : अमेरिका, सऊदी अरब, रूस।

- **प्राकृतिक गैस**

→ पेट्रोलियम (काला सोना) निक्षेपों से प्राप्त।
→ शीर्ष उत्पादक : अमेरिका, रूस, ईरान, चीन

गैर-परम्परागत ऊर्जा स्रोत (नवीकरणीय)

- सौर ऊर्जा
- पवन ऊर्जा
- भू-तापीय ऊर्जा
- जल विद्युत ऊर्जा
- जैव ऊर्जा
- ज्वारीय ऊर्जा

- **यूरेनियम**

→ अयस्क : पिच ब्लेंड, यूरेनीनाइट
→ स्रोत : मोनाजाइट, बालू एवं चेरालाइट चट्टान
→ शीर्ष उत्पादक : कजाकिस्तान, कनाडा, ऑस्ट्रेलिया, नाइजर, रूस

- **थोरियम**

→ अयस्क : मोनाजाइट, अलानाइट
→ भारत में सर्वाधिक भंडार। → (बालू कण)
→ शीर्ष उत्पादक : ऑस्ट्रेलिया, भारत, ब्राजील

UPDATE

सौर ऊर्जा में भारत – तीसरा (2025)
पवन ऊर्जा में भारत – चौथा (2025)
Ministry of New and renewable energy
↳ mnrgo v. th wind overview.

नोट: • भारत विश्व में नवीकरणीय ऊर्जा संस्थापित क्षमता में चौथे, सौर ऊर्जा संस्थापित क्षमता में तीसरे एवं पवन ऊर्जा में चौथे स्थान पर।
• परमाणु ऊर्जा स्रोत – यूरेनियम, थोरियम।

25 विश्व के प्रमुख उद्योग

विश्व के उद्योग

उद्योग	प्रमुख देश
• लौह-इस्पात उद्योग (भारी उद्योग)	चीन, जापान, संयुक्त राज्य अमेरिका, रूस, भारत
• मोटर-गाड़ी उद्योग	जापान, चीन, संयुक्त राज्य अमेरिका, जर्मनी, दक्षिण कोरिया
• व्यापारिक पोत निर्माण उद्योग	जापान, संयुक्त राज्य अमेरिका, दक्षिण कोरिया
• वायुयान निर्माण उद्योग	संयुक्त राज्य अमेरिका, चीन, जापान
• सूती वस्त्र उद्योग	चीन, भारत, रूस
• ऊनी वस्त्र उद्योग	रूस, चीन, जापान, संयुक्त राज्य अमेरिका, ऑस्ट्रेलिया, कनाडा, न्यूजीलैण्ड
• रेशमी वस्त्र उद्योग	चीन, जापान, रूस, भारत
• रासायनिक उद्योग	संयुक्त राज्य अमेरिका, रूस, जापान, चीन
• नाइट्रोजन उर्वरक	चीन, भारत, अमेरिका, रूस, कनाडा
• फॉस्फेट उर्वरक	संयुक्त राज्य अमेरिका, रूस, चीन
• पोटाश उर्वरक	रूस, कनाडा, जर्मनी, फ्रांस
• कागज निर्माण	संयुक्त राज्य अमेरिका, रूस, चीन, भारत
• सीमेण्ट	चीन, भारत, संयुक्त राज्य अमेरिका

विश्व के प्रमुख औद्योगिक नगर

नगर	उद्योग	नगर	उद्योग
• बर्मिंघम (ग्रेट ब्रिटेन)	लोहा एवं इस्पात	• शंघाई (चीन का मैनचेस्टर)	वस्त्र उद्योग
• एसेन (जर्मनी)	लोहा एवं इस्पात	• डेट्रायट (यूएसए)	ऑटोमोबाइल उद्योग
• लॉस एंजिल्स (यूएसए)	पेट्रोलियम, फिल्म	• पिट्सबर्ग (यूएसए) (विश्व इस्पात नगरी)	लोहा एवं इस्पात
• लियोन्स (फ्रांस)	सिल्क उद्योग	• मैनचेस्टर (ग्रेट ब्रिटेन)	सूती वस्त्र उद्योग
• मिलान (इटली का मैनचेस्टर)	रेशमी वस्त्र उद्योग	• ग्लास्गो (स्कॉटलैंड)	जहाज निर्माण उद्योग
• तुरिन (इटली का डेट्रायट)	मोटरवाहन	• हैमिल्टन (कनाडा का बर्मिंघम)	लौह-इस्पात एवं इंजीनियरिंग
• वेनिस (इटली)	काँच उद्योग	• विंडसर (कनाडा का डेट्रायट)	ऑटोमोबाइल उद्योग
• नागोया	ऑटोमोबाइल उद्योग	• गोर्की (रूस का डेट्रायट)	ऑटोमोबाइल उद्योग
• ओसाका (जापान का मैनचेस्टर)	वस्त्र उद्योग	• इवानोवो (रूस का मैनचेस्टर)	वस्त्र उद्योग
• यावाता (जापान का पिट्सबर्ग)	लौह एवं इस्पात उद्योग	• टुला (रूस का पिट्सबर्ग)	लौह-इस्पात उद्योग

सनराइज उद्योग (Sunrise Industry) → सूचना प्रौद्योगिकी उद्योग (नवाचार के चालक)
↳ तेजी से बढ़ते उद्योग

26 परिवहन

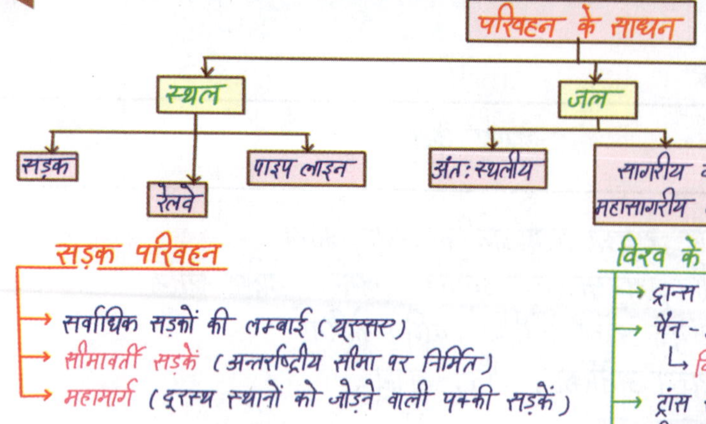

सड़क परिवहन

→ सर्वाधिक सड़कों की लम्बाई (यू.एस.ए.)
→ सीमावर्ती सड़कें (अन्तर्राष्ट्रीय सीमा पर निर्मित)
→ महामार्ग (दूरस्थ स्थानों को जोड़ने वाली पक्की सड़कें)

विश्व के महामार्ग

→ ट्रान्स कनाडियन महामार्ग (उत्तरी अमेरिका)
→ पैन-अमेरिकन महामार्ग (उत्तरी-दक्षिणी अमेरिका)
 └→ विश्व का सबसे लम्बा 48,000 किमी
→ ट्रांस साइबेरियन महामार्ग (रूस) (11,00 किमी)
→ विश्व का दूसरा सबसे लंबा ऑस्ट्रेलिया महामार्ग (ऑस्ट्रेलिया) (14,500 किमी)

रेल परिवहन

└→ विश्व में प्रथम रेलगाड़ी (भाप इंजन) का परिचालन (1825 ई.) → इंग्लैंड
└→ विश्व में प्रथम रेलमार्ग निर्माण (1823 ई.) → इंग्लैंड

• विश्व के प्रमुख रेलमार्ग

→ पार साइबेरियन रेलमार्ग (विश्व का सबसे बड़ा रेलमार्ग) (9332 किमी.
 └→ (सेण्ट पीटर्सबर्ग से व्लाडीवोस्टक तक)
→ पार कैनेडियन रेलमार्ग (हैलिफेक्स एवं वैंकूवर के मध्य) (7050 किमी.)
→ ऑस्ट्रेलियाई पार महाद्वीपीय रेलमार्ग (महाद्वीप का सबसे बड़ा रेलमार्ग)
→ यूरोपीय पार महाद्वीपीय रेलमार्ग वारसा (पोलैण्ड से पेरिस, फ्रांस)
→ ट्रान्स एशियन रेलवे नेटवर्क (एशिया-यूरोप)

• पाइपलाइन

→ बिग इंच पाइपलाइन (यू.एस.ए.)
→ टैपलाइन (फारस की खाड़ी)
→ तापी पाइपलाइन (एशिया)
→ भारत-नेपाल पाइपलाइन
 └→ [मोतीहारी (बिहार)-अमलेखगंज (नेपाल)]
→ तापी (TAPI) परियोजना (तुर्कमेनिस्तान से अफगानिस्तान और पाकिस्तान से भारत)

नोट: विश्व में सर्वाधिक इंटरनेट यूजर्स (उपयोगकर्ता) चीन में।

जल परिवहन

• समुद्री जलमार्ग

→ उत्तरी अटलांटिक समुद्री मार्ग (वृहद् ट्रंक मार्ग)
 └→ (विश्व का 1/4 भाग व्यापार)
→ दक्षिणी अटलांटिक समुद्री मार्ग (द. अमेरिका - अफ्रीका)
→ भूमध्य सागर - हिन्द महासागरीय समुद्री मार्ग
 └→ (विश्व का हृदय स्थल का मार्ग)

• आन्तरिक जलमार्ग

→ राइन जलमार्ग (सबसे व्यस्त जलमार्ग)
→ डेन्यूब जलमार्ग (पूर्वी यूरोप)
→ वोल्गा जलमार्ग (रूस)

विश्व के प्रमुख बंदरगाह

• हैम्बर्ग, रॉटरडम, लंदन, रोम, ग्लासगो, एम्स्टर्डम (यूरोप)
• न्यूयॉर्क (सर्वाधिक व्यस्त पत्तन), सैन फ्रांसिस्को, बोस्टन, मॉण्ट्रियल, वैंकूवर, न्यूबैंक (उत्तरी अमेरिका)
• ब्यूनस आयर्स, रियो-डि-जेनेरियो, माराकाइबो आदि (दक्षिणी अमेरिका)
• टोक्यो, याकोहामा, शंघाई (सर्वाधिक व्यस्त), सिंगापुर, मुम्बई, कराची, कोलम्बो (एशिया)
• त्रिपोली, केपटाउन, पोर्ट स्वेज, डरबन (अफ्रीका)
• सिडनी, मेलबर्न, पर्थ, एडिलेड (ऑस्ट्रेलिया)
• कराची बंदरगाह (पाकिस्तान का व्यस्तम)

वायु परिवहन

विश्व के प्रमुख अंतर्राष्ट्रीय हवाई अड्डे

• एशिया → टोक्यो, हांगकांग, मनीला, सिंगापुर, कोलंबो, दिल्ली, कराची
• अफ्रीका → काहिरा, खार्तूम, लागोस, आदिस अबाबा, नैरोबी, डरबन एवं केपटाउन
• यूरोप → लंदन, रोम, पेरिस, मैड्रिड, बर्लिन, मास्को, वियना, म्यूनिख, स्टॉकहोम, फ्रैंकफर्ट आदि।
• उत्तरी अमेरिका → न्यूयार्क, वाशिंगटन डी.सी., शिकागो, लॉस एंजिल्स, सेन फ्रांसिस्को, मियामी आदि।
• दक्षिण अमेरिका → रियो-डि-जेनेरियो, पनामा, साओ-पाउलो, ब्यूनस आयर्स, लीमा, सेंटियागो आदि।
• ऑस्ट्रेलिया → सिडनी, मेलबर्न, पर्थ, वेलिंगटन (न्यूज़ीलैण्ड) आदि।

27 जनसंख्या एवं नगरीकरण

विश्व जनसंख्या (2025)

- 8.2 बिलियन (8 अरब से अधिक)
- 90% जनसंख्या (उत्तरी गोलार्द्ध)
- 80% जनसंख्या (20° उत्तरी से 60° उत्तरी अक्षांशों के मध्य)

लिंकन सूचकांक
पशु प्रजाति का सांख्यिकीय मापन

विश्व के सर्वाधिक जनसंख्या वाले शीर्ष 10 देश		
क्रम	देश	जनसंख्या (मिलियन) (%)
1.	भारत	1463 (17.78%)
2.	चीन	1416 (17.20%)
3.	यूएसए	347 (4.23%)
4.	इंडोनेशिया	285 (3.47%)
5.	पाकिस्तान	255 (3.10%)
6.	नाइजीरिया	237 (2.89%)
7.	ब्राजील	212 (2.68%)
8.	बांग्लादेश	175 (2.15%)
9.	रूस	143 (1.75%)
10.	इथियोपिया	135 (1.595%)

जनघनत्व

- विश्व - 55 व्यक्ति/वर्ग किमी.
- एशिया (सर्वाधिक) 151 व्यक्ति/वर्ग किमी.
- ऑस्ट्रेलिया/ओशीनिया → (सबसे कम → 5 व्यक्ति/वर्ग किमी.

- सर्वाधिक जनघनत्व
  → मकाऊ (21409 व्यक्ति/वर्ग किमी.
- न्यूनतम जनघनत्व
  → ग्रीनलैंड (0.14 व्यक्ति/वर्ग किमी.

लिंगानुपात

- औसत - 102 (100 स्त्रियों पर 102 पुरुष)
- उच्चतम - 85 (लातविया)
- न्यूनतम - 311 (संयुक्त अरब अमीरात)

जनसंख्या के सिद्धान्त

- माल्थस का जनसंख्या सिद्धान्त → जनसंख्या में गुणोत्तर वृद्धि
- अनुकूलतम जनसंख्या का सिद्धान्त → एडविन केनन
- मार्क्स का जनसंख्या सिद्धान्त → जैविक अवधारणा
- जनांकिकीय संक्रमण सिद्धान्त → डब्ल्यू एस थॉमसन एवं एफ नोस्टीन

मानव बस्ती

ग्रामीण

(रैखिक प्रतिरूप, आयताकार प्रतिरूप, वृत्ताकार प्रतिरूप, तारे के आकार, टी आकार, वाई आकार, क्रॉस आकार)

नगरीय

→ प्रमुख नगर (प्राइमेट सिटी, मार्क जेफरसन की संकल्पना)
→ शहर (नगरों से बड़े)
→ मिलियन सिटी (10 लाख जनसंख्या)
→ सन्नगर (विशाल विकसित नगर)
→ विश्वनगरी (बड़ा महानगर प्रदेश)
→ मेगासिटी (1 करोड़ से अधिक जनसंख्या)

महत्वपूर्ण तथ्य

→ सर्वाधिक नगरीकृत देश-सिंगापुर (100% नगरीकरण)
→ पश्चिम एशिया का सर्वाधिक नगरीकृत देश-कुवैत (100% नगरीकरण)
→ विश्व का सर्वाधिक नगरीकृत क्षेत्र-टोक्यो याकोहामा।
→ दक्षिण अमेरिका का सबसे नगरीकृत देश-उरुग्वे (95.3%)
→ दक्षिण एशिया का सबसे नगरीकृत देश-भूटान (40.9%)

विश्व में नगरीकरण

- वर्तमान (2025) में नगरीय जनसंख्या (लगभग 5 बिलियन) (58%)
- 2030 तक नगरीय जनसंख्या (5167 मिलियन) (60.4%)
- 2035 तक नगरीय जनसंख्या (5555 मिलियन) (62.5%)
- 2050 तक नगरीय जनसंख्या (68.4%) लगभग 70%

28 मानव प्रजाति, जनजातियाँ एवं भाषाएँ

मानव प्रजाति

- श्वेत प्रजाति या कॉकेशॉयड → यूरोपीय
- पीत (पीली) प्रजाति या मंगोलॉयड → एशियाटिक
- काली प्रजाति या नीग्रॉयड → अफ्रीकन

विश्व के प्रमुख जनजातीय क्षेत्र और जनजातियाँ

प्रमुख प्रदेश	निवास क्षेत्र	जनजातियाँ
1. भूमध्यरेखीय वन प्रदेश	1. कांगो बेसिन (अफ्रीका) 2. अमेजन बेसिन (दक्षिण अमेरिका)	पिग्मी बोरो, यानोमामी
2. उष्ण मरुस्थल	1. अरब (एशिया) 2. कालाहारी (अफ्रीका) 3. सहारा मरुस्थल (अफ्रीका)	बद्दू बुशमैन तुआरेग
3. मानसूनी वन एवं पर्वतीय प्रदेश	1. भारत (दक्षिण एशिया) 2. उत्तरी अमेरिका	नागा, गोंड, संथाल, भील, गुर्जर, टोडा, चकमा, भोटिया, जारवा, सेंटिनली रेड इंडियन
4. घास के मैदान	1. स्टेपी क्षेत्र (मध्य एशिया) 2. सवाना क्षेत्र (अफ्रीका)	खिरगीज, कज़ाख मसाई, जूलू
5. शीत मरुस्थल / प्रदेश	1. ग्रीनलैंड एवं उत्तरी कनाडा 2. उत्तरी यूरोप (स्कैंडिनेविया) 3. उत्तरी साइबेरिया (एशिया)	एस्किमो लैप्स याकूत, युकागीर, चुक्ची, समॉयेड्स

जनजाति एवं कबीलाई मानवों का आवास

- यूर्त (Yurt) → पशुओं की खालों से निर्मित आवास (स्टेपी क्षेत्र)
- क्राल (Kral) → बान्टु एवं जूलू (अफ्रीका) प्रजातियों के घास के आवास
- इग्लू (Igloo) → एस्किमो प्रजाति के बर्फ के अर्द्ध गोलाकार आवास
- ऑल (Aul) → तम्बूनुमा आवास (कॉकेशस क्षेत्र- यूरोप)

विश्व में बोली जाने वाली शीर्ष 10 भाषाएँ (2025)

1. अंग्रेजी (1.5 अरब)
2. मन्दारिन (चीनी) (1.2 अरब)
3. हिन्दी (60.91 करोड़)
4. स्पेनिश (55.85 करोड़)
5. मानक अरबी (33.48 करोड़)
6. फ्रेंच (31.19 करोड़)
7. बंगाली (28.43 करोड़)
8. पुर्तगाली (26.66 करोड़)
9. रूसी (25.34 करोड़)
10. इण्डोनेशियाई (25.24 करोड़)

29 विश्व के महाद्वीप

एशिया

सामान्य जानकारी

- सबसे बड़ा (क्षेत्रफल + जनसंख्या) → 29.8 %
- देशों की संख्या – 48
- उच्चतम बिंदु – एवरेस्ट (8848.86 मी.)
- निम्नतम बिंदु – मृत सागर (-400 मी.)
- लम्बी नदी – यांगटि सीक्यांग (यांग्त्सीक्यांग) (6300 मी.)
- सबसे बड़ा देश – भारत (जनसंख्या)
- सबसे छोटा देश – मालदीव (जनसंख्या) → मूँगा द्वीप

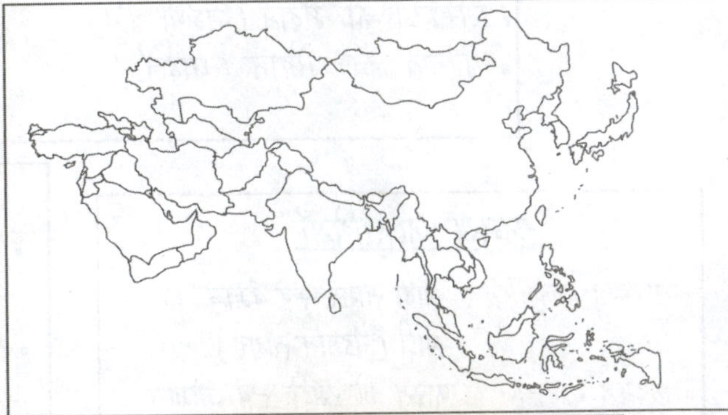

Map के विस्तृत अध्ययन के लिए QR कोड स्कैन करें

पठार

- तिब्बत या पामीर का पठार → विश्व की छत
- लोयस का पठार
- अनातोलिया का पठार

प्रमुख पर्वत

- हिन्दुकुश, हिमालय
- एल्बुर्ज पर्वत
- मकरान पर्वत
- कुर्दिस्तान पर्वत

प्रमुख देश

- स्वर्ण पैगोडा का देश (म्यांमार)
- नहरों का देश (पाकिस्तान)
- पूर्व का मोती (श्रीलंका)
- लैंण्ड ऑफ थण्डरबोल्ट (भूटान)
- लैंण्ड ऑफ द राईजिंग सन (जापान)
- दो नदियों (टिगरिस एवं फरात) के बीच की भूमि (इराक) → (मेसोपोटामिया)
- एशिया एवं यूरोप में स्थित देश (रूस एवं तुर्किये)

स्थलरुद्ध देश / भू-बद्ध देश

- मंगोलिया, अफगानिस्तान, कजाकिस्तान, लाओस, किर्गिस्तान, तजाकिस्तान, भूटान, नेपाल

प्रमुख नदियाँ

- ह्वंगहो हो (पीली नदी), अमूर, लीना, मीकांग, येनेसी, ओब, इरटेंश, सिंधु, ब्रह्मपुत्र, सालवीन, इरावदी, तारिम, दजला।

प्रमुख झीलें

- कैस्पियन सागर (एशिया-यूरोप)
- बैकाल झील (रूस) (सबसे गहरा)
- बाल्खश झील (कजाकिस्तान)
- टोनले झील (कम्बोडिया)
- इसुक झील (किर्गिस्तान)

प्रमुख सागर

- कैस्पियन सागर – (वोल्गा, यूराल, टेरेक नदियों का मुहाना)
  - → विश्व की सबसे बड़ी झील
  - → सीमा से लगे देश (कज़ाकिस्तान, तुर्कमेनिस्तान, ईरान, अजरबैजान, रूस)
- जापान सागर, पीला सागर
- अरब सागर, लाल सागर → (स्वेज नहर, भूमध्य सागर से जोड़ती)
- तिमोर सागर

द्वीप

- बोर्नियो (सबसे बड़ा)
- सुमात्रा एवं जावा → (इंडोनेशिया)
- सेलीबीज, सुलावेसी
- होन्शू (टोक्यो)

जापान : प्रमुख द्वीप

- → होंशू (231132) वर्ग किमी
- → होकेंडो (83541)
- → क्यूशू (42151)
- → शिकोकू (18797)

प्रमुख मैदान

- गंगा-ब्रह्मपुत्र का मैदान (विश्व का सबसे बड़ा)
- मेकांग का मैदान (म्यांमार)
- सिक्यांग का मैदान (दक्षिणी चीन)
- मीनाम का मैदान (थाईलैंड)

प्रमुख मरुस्थल

- अरब (दक्षिण-पश्चिम एशिया)
- गोबी (मंगोलिया - चीन)
- रब अल-खाली (द. पू. एशिया) अरब प्रायद्वीप
- काराकुम (तुर्कमेनिस्तान)
- काविर (मध्य ईरान)

प्रमुख जलसंधियाँ

- मलक्का जलसंधि – जावा सागर एवं बंगाल की खाड़ी (अंडमान सागर)
- होरमुज जलसंधि – फारस की खाड़ी एवं ओमान की खाड़ी
- कारीमाटा जलसंधि – दक्षिण-चीन सागर एवं जावा सागर
- सुण्डा जलसंधि – जावा एवं हिन्द महासागर
- बाब-अल-मन्देब जलसंधि – लाल सागर एवं हिन्द महासागर (अदन की खाड़ी)
  → दुख या आँसुओं का द्वार

महत्त्वपूर्ण तथ्य

- सभ्यता का पालना – एशिया
  → नदियों के मैदान
- सर्वाधिक गर्म नगर – जैकोबाबाद (58°C) पाकिस्तान
- सबसे ठंडा स्थान – वेरखोयांस्क (साइबेरिया)
- सर्वाधिक वर्षा वाला क्षेत्र – मासिनराम (भारत)
- एशिया – ऑस्ट्रेलिया के मध्य स्थित द्वीप – न्यूगिनी द्वीप
- 17° अक्षांश – उत्तरी व दक्षिणी वियतनाम की सीमा
- 38° अक्षांश – उत्तरी एवं दक्षिण कोरिया की सीमा रेखा।

अफ्रीका

सामान्य जानकारी

- दूसरा सबसे बड़ा महाद्वीप – (क्षेत्रफल + जनसंख्या) → (20.3%)
- देशों की संख्या – 54 (सर्वाधिक)
- उच्चतम बिंदु – किलिमंजारो (5895 मी.)
- निम्नतम बिंदु – आसल झील (-157 मी.)
- सबसे बड़ा देश – अल्जीरिया
- सबसे छोटा देश – सेशेल्स

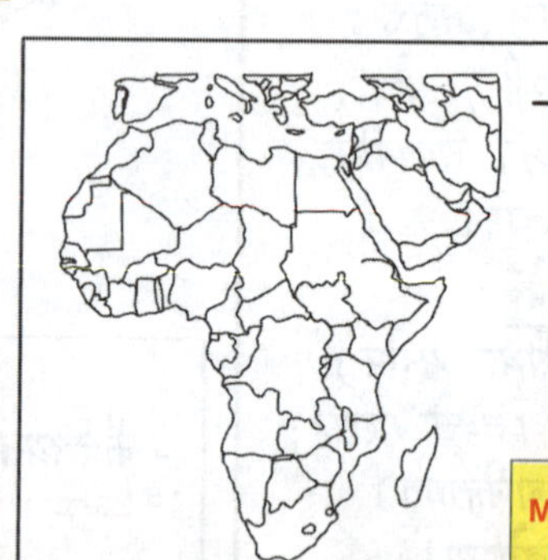

→ अफ्रीका

Map के विस्तृत अध्ययन के लिए QR कोड स्कैन करें

उपनाम / विशेषताएँ

- महाद्वीपों का महाद्वीप
- अंध / घना / काला महाद्वीप
- पठारी महाद्वीप
- भूमध्य रेखा द्वारा दो भागों में विभाजित
- कर्क, मकर एवं भूमध्य रेखाओं का गुजरना

प्रमुख नदियाँ

- नील नदी (विश्व की सबसे लम्बी)
  → उद्गम - विक्टोरिया झील (↑)
  → मुहाना - भूमध्य सागर (सफेद नदी)
- कांगो (जायरे) - (अफ्रीका की दूसरी बड़ी)
- ऑरेन्ज - (द. अफ्रीका की सबसे बड़ी)
- नाइजर - (तीसरी सबसे बड़ी)
- जाम्बेजी - (विक्टोरिया जलप्रपात)

प्रमुख झीलें

- विक्टोरिया झील
  → (युगाण्डा, केन्या, तंजानिया)
- तंगानिका (टंगानिका) झील
  → (कांगो - तंजानिया)
- न्यासा झील → (मोजाम्बिक - तंजानिया)
- चाड झील → नाइजीरिया, कैमरून
- नासिर झील → मिस्र, सूडान

प्रमुख द्वीप
- मेडागास्कर (सबसे बड़ा)
- सोकोत्रा
- रियूनियन
- बिओको

मरुस्थल
- सहारा (विश्व का सबसे बड़ा एवं गर्म)
- कालाहारी
- नूबियन
- कारू मरुस्थल

पर्वत शिखर
- माउण्ट केन्या
- मारघेरीटा
- रास दाशेन
- माउण्ट मेरु

पठार
- कटंगा पठार
- अगहर पठार (अल्जीरिया)
- तिबेस्ती पठार (चाड)
- इथियोपिया पठार (एबिसिनिया)

प्रमुख सागर / संलग्न देश / चैनल
- भूमध्य सागर → (मोरक्को, अल्जीरिया, ट्यूनीशिया, लीबिया, मिस्र)
- लाल सागर → (अफ्रीका को एशिया से अलग) → मिस्र, सूडान, इरीट्रिया, जिबूती
- हिंद महासागर
- अटलांटिक महासागर
- मोजाम्बिक चैनल (मोजाम्बिक एवं मेडागास्कर के मध्य)

प्रमुख देश
- वनों का देश (जायरे)
- तेल-ताड़ का देश (नाइजीरिया)
- सोने एवं हीरे का देश (द. अफ्रीका)
- मलावी-न्यासालैंड (पुराना नाम)
- जिम्बाम्वे + जाम्बिया – रोडेशिया
- हॉर्न ऑफ अफ्रीका – (इथियोपिया, सोमालिया, जिबूती)

प्रमुख बाँध
- आस्वान बाँध
- ओवन बाँध, सेन्नार बाँध (नील नदी)
- करीबा बाँध (जाम्बेजी नदी)
- कैंजी बाँध (नाइजर नदी)

अन्य तथ्य
- मिस्र के कपास किसान – फेल्लाह
- विश्व का सबसे गर्म स्थल – अल-अजीजिया (लीबिया)
- प्रिटोरिया – प्रशासनिक राजधानी (द. अफ्रीका)
- केप-काहिरा रेलमार्ग – सबसे बड़ा रेलमार्ग
- विश्व प्रसिद्ध हीरे की खानें – किम्बरले (द. अफ्रीका)

उत्तरी अमेरिका

Map के विस्तृत अध्ययन के लिए QR कोड स्कैन करें

सामान्य जानकारी
- तीसरा सबसे बड़ा महाद्वीप
  क्षेत्रफल – 16.2%
- देशों की संख्या – 23
- उच्चतम बिंदु – माउंट मैकिन्ले (6194 मी.)
- निम्नतम बिंदु – डैथ वैली (-86 मी.)

प्रमुख विशेषताएँ
- यूरोप से दोगुना
- कोलम्बस द्वारा 1492 ई. में खोज (नई दुनिया)
- अमेरिगो वेस्पुत्ती के नाम पर नामकरण

प्रमुख खाड़ी
- मैक्सिको की खाड़ी
- हडसन की खाड़ी
- बैफीन की खाड़ी

प्रमुख पठार
- कोलम्बिया का पठार
- कोलोरेडो का पठार
- लैब्राडोर का पठार (कनाडा)

मरुस्थल
- मोहावी / मोजेव
- सोनोरन
- एरिजोना
- कोलोराडो

प्रमुख सागर
- ब्यूफोर्ट सागर
- कैरिबियन सागर
- बेरिंग सागर
- लेब्राडोर सागर
- चुक्की सागर

प्रमुख पर्वत श्रेणी / चोटी
- रॉकी पर्वत श्रेणी (माउंट एल्बर्ट सर्वोच्च शिखर)
- अलास्का श्रेणी (मैकिन्ले) → (देनाली)
- कास्केड श्रेणी (माउंट व्हिटनी) → (माउंट रेनियर)
- ब्लैक हिल, ब्लूहिल, ग्रीन हिल (यूएसए)

प्रमुख देश
- सबसे बड़ा देश – कनाडा (ओटावा)
- सबसे छोटा देश – सेण्ट पीरे
- हवाई द्वीप की राजधानी – होनोलुलु
- बेलीज – प्रशांत तट से संलग्न नहीं।
- पश्चिमी द्वीप समूह के देश – → क्यूबा, हैती, जमैका, बारबाडोस, बहामास, आदि।

प्रमुख झीलें

- महान झीलें (Great Lakes)
  - ↳ यूएसए-कनाडा की सीमा पर
  - → सुपीरियर (मीठे पानी की सबसे बड़ी झील)
  - → मिशिगन
  - → ह्यूरन
  - → ईरी (सर्वाधिक प्रदूषित)
  - → ओण्टेरियो (ओण्टारियो)
- रेण्डियर • विनिपेग
- ग्रेट साल्ट लेक (यूएसए)

प्रमुख नदियाँ

- मिसौरी (सबसे लंबी नदी)
- सैण्ट लॉरेन्स नदी
- पोटोमैक नदी (वाशिंगटन डी.सी.)
- मैकेन्जी नदी
- कोलोरैडो नदी
- रेड नदी
- रियो ग्राण्ड
  - ↳ सैण्ड डेल्टा का निर्माण

प्रमुख जलसंधि

- डेविस जलसंधि → बैफीन की खाड़ी एवं लैब्राडोर सागर
- फ्लोरिडा जलसंधि → मैक्सिको की खाड़ी एवं अटलाण्टिक महासागर
- बेरिंग जलसंधि → आर्कटिक सागर एवं बेरिंग सागर (प्रशांत महासागर)
- युकाटन जलसंधि → मैक्सिको की खाड़ी एवं कैरीबियन सागर

अन्य महत्वपूर्ण तथ्य

- 49° सामांतर रेखा – यूएसए एवं कनाडा के मध्य।
- 141° पश्चिमी देशांतर रेखा – अलास्का (यूएसए) व कनाडा के मध्य।
- पनामा नहर – उत्तर एवं दक्षिण अमेरिका को जोड़ना।
- विश्व का सबसे बड़ा बंदरगाह – न्यूयार्क
- मूल निवासी – रेड इंडियन
- मृत घाटी – कैलिफोर्निया
- प्रेयरी घास के मैदान (रोटी की टोकरी)

दक्षिणी अमेरिका

प्रमुख झीलें द्वीप

- टिटिकाका झील – सबसे ऊँचाई पर स्थित
  - ↳ नौगम्य झील
- मरैकैबो झील – सबसे बड़ी झील
- पोपो झील (बोलीविया)
- गल्पागोस द्वीप – इक्वाडोर

प्रमुख नदियाँ

- अमेजन नदी – सबसे बड़ी नदी
- ओरीनोको नदी – मैगडलेना नदी
- पराना – पराग्वे नदी – साओ फ्रांसिस्को
- रियोनीग्रो नदी

सामान्य जानकारी

- चौथा बड़ा महाद्वीप (क्षेत्रफल) – 11.9%
- देशों की संख्या – 15
- आकार – त्रिभुजाकार
- उच्चतम बिंदु (चोटी) – एकांकागुआ (6962 मी.)
- निम्नतम बिंदु – वेल्डस पेनिनसुला (–40 मी.)

प्रमुख पर्वत श्रेणी

- एण्डीज पर्वत श्रेणी
  - ↳ विश्व की सबसे लंबी पर्वत श्रेणी।
  - ↳ वलित पर्वत
- सर्वोच्च चोटी – एकांकागुआ
- ओजस डेल सलाडो – ज्वालामुखी पर्वत

Map के विस्तृत अध्ययन के लिए QR कोड स्कैन करें

प्रमुख खाड़ी / जल संधि

- पैनास की खाड़ी – दक्षिणी चिली (प्रशांत महासागर)
- सैन जार्ज की खाड़ी – अटलांटिक महासागर (अर्जेंटीना के पूर्व
- मैगलेन जलसंधि – दक्षिणी अमेरिका के दक्षिणी भाग को तिएरा डेल फ्यूगो से अलग।

प्रमुख देश

- सबसे बड़ा देश – ब्राजील
- सबसे छोटा देश – सूरीनाम
- इक्वाडोर, कोलम्बिया तथा ब्राजील – विषुवतरेखा
- ब्राजील से मकर एवं भूमध्य रेखा गुजरना।
- सबसे नगरीकृत देश – उरुग्वे
- सबसे बड़ा नगर – रियो-डि-जेनेरो (ब्राजील)
- अर्जेंटीना की राजधानी – ब्यूनस आयर्स (लाप्लाटा नदी)

प्रमुख पठार

- इक्वाडोर का पठार
- पेरू का पठार
- बोलीविया का पठार
- ईस्पोब्लाडो का पठार

मैदान

- अमेजन का मैदान
- पराना – पराग्वे का मैदान
- लानोज / कैम्पोस मैदान
- ओरीनीको का मैदान

मरुस्थल

- अटाकामा मरुस्थल (चिली)
  - → सबसे गर्म
  - → नाइट्रेट भंडार
- पैटागोनिया (शीतोष्ण) मरुस्थल
- अरिका → शुष्कतम

अन्य महत्वपूर्ण तथ्य

- लैटिन अमेरिका – दक्षिण अमेरिका, मध्य अमेरिका एवं पश्चिमी द्वीप समूह।
- कहवा बागान (ब्राजील) – फजेण्डा
- कहवा की मंडी – साओ पाउलो (ब्राजील)
- पम्पास घास का मैदान (अर्जेंटीना)
  - ↳ (गेहूँ की अर्द्धचन्द्राकार पेटी)
- खनिजों का सर्वाधिक भंडार – मिनास गिराइस राज्य

यूरोप

सामान्य जानकारी

- छठा सबसे बड़ा महाद्वीप (क्षेत्रफल) – 6.8%
- देशों की संख्या – 51
- उच्चतम बिंदु – एल्ब्रुस (5642 मी.)
- निम्नतम बिंदु – कैस्पियन सागर (-28 मी.)
- सबसे बड़ा देश – रूस
- सबसे छोटा देश – वेटिकन सिटी

प्रमुख विशेषताएँ

- उत्तरी गोलार्द्ध का सबसे छोटा महाद्वीप।
- प्रायद्वीपों का प्रायद्वीप
- मरुस्थल विहीन महाद्वीप

Map के विस्तृत अध्ययन के लिए QR कोड स्कैन करें

प्रमुख नदियाँ

- राइन नदी (कोयला नदी) (यूरोप का सबसे व्यस्त अन्तः स्थलीय जलमार्ग)
- वोल्गा (यूरोप की सबसे लम्बी नदी)
- सीन नदी (पेरिस)
- एल्ब नदी (जर्मनी)
- टाइबर नदी (रोम)
- टेम्स नदी (लंदन)
- स्प्री नदी (बर्लिन)

प्रमुख सागर

- भूमध्य सागर – यूरोप-अफ्रीका को अलग
- श्वेत सागर – उत्तरी रूस (आर्कटिक महासागर)
- काला सागर – यूरोप-एशिया के मध्य
  - → डेन्यूब, नीपर, डेनिस्टर, नदियों का मुहाना
  - → रोमानिया, बुल्गारिया, रूस, जार्जिया, यूक्रेन, रोमानिया की सीमा संलग्न
- मरमरा सागर – कालासागर के दक्षिण
- अजोव सागर
- एड्रियाटिक सागर

प्रमुख झीलें

- लडोगा झील – यूरोप की सबसे बड़ी झील (रूस)
- बालाटन झील – हंगरी
- वेटर्न झील – स्वीडन
- वेनर्न झील – स्वीडन

प्रमुख प्रायद्वीप

- आइबेरियन प्रायद्वीप
  - ↳ पुर्तगाल एवं स्पेन (स्पैनिश प्रायद्वीप)
- बाल्कन प्रायद्वीप
- कोला प्रायद्वीप
- क्रीमिया का प्रायद्वीप

प्रमुख पर्वत

- काकेशस पर्वत - एल्ब्रुस सर्वोच्च चोटी
  ↳ रूस
- पेनाइन पर्वत - आयरिश गणराज्य
- जूरा पर्वत - (फ्रांस)
- ब्लैक फॉरेस्ट पर्वत - जर्मनी (राइन घाटी)
- आल्पस पर्वत - नवीन / वलित
- वासजेस पर्वत - फ्रांस
- यूराल पर्वत - यूरोप एवं एशिया की सीमा

प्रमुख खाड़ी / चैनल

- बिस्के की खाड़ी - अटलांटिक महासागर
- बोथनिया की खाड़ी - बाल्टिक सागर
- इंग्लिश चैनल
  ↳ ब्रिटेन - फ्रांस को अलग
  ↳ आरती साह - पार करने वाली पहली महिला

प्रमुख जलसंधि

- जिब्राल्टर जलसंधि - भूमध्य सागर और अटलांटिक महासागर
- कर्च जलसंधि - अजोव सागर और काला सागर
- बासपोरस जलसंधि - काला सागर और मरमरा का सागर

प्रमुख क्षेत्र देश

- स्कैंडिनेवियन देश - आइसलैंड, नार्वे, स्वीडन, डेनमार्क, फिनलैंड
- बाल्टिक राज्य / देश - एस्तोनिया, लातविया, लिथुआनिया
- ग्रेट ब्रिटेन - स्कॉटलैंड, वेल्स, इंग्लैंड
- यूनाइटेड किंगडम - ग्रेट ब्रिटेन एवं उत्तरी आयरलैंड
- बाल्कन देश - सर्बिया, बुल्गारिया, रोमानिया, अल्बानिया, मोंटेनेग्रो, ग्रीस, स्लोवेनिया, क्रोएशिया, कोसोवो, बोस्निया - हर्जेगोविना, मैसीडोनिया।

प्रमुख सीमा रेखाएँ

- हिंडनबर्ग रेखा - जर्मनी और पोलैंड के मध्य।
- मैनरहीम रेखा - सोवियत रूस एवं फिनलैंड के मध्य सीमा रेखा।
- मैगीनॉट रेखा - फ्रांस एवं जर्मनी के मध्य।
- ओडरनीसे रेखा - पूर्व जर्मनी एवं पोलैंड के मध्य।
- सीगफ्रायड रेखा - पूर्व फ्रांस एवं जर्मनी। (द्वितीय विश्वयुद्ध)

अन्य महत्त्वपूर्ण तथ्य

- ब्रेनर दर्रा - इटली एवं आस्ट्रिया के मध्य।
- किसानों का देश - फ्रांस
- प्रसिद्ध शराब - शैम्पेन
- विश्व का अन्न भंडार या रोटी की डलिया - स्टेपी
- इटली एवं ग्रीस प्राचीन सभ्यताओं के लिए प्रसिद्ध

ऑस्ट्रेलिया

प्रमुख विशेषताएँ

- प्यासी भूमि का देश - जल की सीमित उपलब्धता
- द्वीपीय महाद्वीप
- पूरे महाद्वीप पर विस्तृत
- ऑस्ट्रेलिया, न्यूजीलैंड, तस्मानिया एवं द्वीप समूह - ओशीनिया

सामान्य जानकारी

- सबसे छोटा महाद्वीप (क्षेत्रफल) - 5.9%
- देशों की कुल संख्या - 22
- उच्चतम बिंदु - कोस्यूस्को (2228 मी.)
  ↳ ग्रेट डिवाइडिंग रेंज
- निम्नतम बिंदु - आयर झील (-15 मी.)

Map के विस्तृत अध्ययन के लिए QR कोड स्कैन करें

प्रमुख पर्वत

- ग्रेट डिवाइडिंग श्रेणी
- मैक्डोनल श्रेणी
- ब्लू माउण्टेंस
- ब्रोकन हिल्स
- माउंट ग्रे रेंज
- डार्लिंग रेंज

पठार / मरुस्थल

- किम्बरले का पठार
- ग्रेट विक्टोरिया मरुस्थल
  ↳ (पश्चिम ऑस्ट्रेलिया)
- गिब्सन मरुस्थल
- स्टुवर्ट, ग्रेट सैंडी
- सिम्पसन मरुस्थल

प्रमुख नदियाँ

- विक्टोरिया नदी
- डार्लिंग नदी (सबसे बड़ी नदी)
- मर्रे नदी
- मुर्म -ब्रिज नदी

अन्य महत्वपूर्ण तथ्य

- न्यूजीलैंड की राजधानी – वेलिंगटन
- कैनबरा- ऑस्ट्रेलिया की राजधानी
- बिसब्रेन (क्वीन्सलैंड, पूर्व राजधानी)
- कालगुर्ली एवं कुलगार्डी
  ↳ प्रसिद्ध सोने की खान
- माओरी- न्यूजीलैंड की मूल निवासी

प्रमुख जलसंधि

- कुक जलसंधि
  ↳ दक्षिणी प्रशांत महासागर व तास्मान सागर
- बास जलसंधि
  ↳ तस्मान सागर एवं दक्षिणी सागर

प्रवालभित्ति

- ग्रेट बैरियर रीफ
  ↳ विश्व का सबसे बड़ा प्रवाल (1900 Km)
  ↳ पूर्व तटीय भाग में स्थित

अंटार्कटिका

प्रमुख विशेषताएँ

- श्वेत महाद्वीप
- सर्वाधिक ठंडा एवं वीरान महाद्वीप
- सर्वाधिक माध्य ऊँचाई वाला महाद्वीप
- विश्व का सबसे बड़ा मरुस्थल (उपमा)
- वैज्ञानिक शोध / निरीक्षण का केन्द्र

सामान्य जानकारी

- पाचवाँ बड़ा महाद्वीप (क्षेत्रफल) - 9.2%
- बर्फ से ढका महाद्वीप
- उच्चतम बिंदु- विंसन मैसिफ (शीर्ष चोटी) (4892 मी.)
- निम्नतम बिंदु - बेण्टल ट्रेंच

Map के विस्तृत अध्ययन के लिए QR कोड स्कैन करें

भारत के प्रमुख शोध केंद्र

- दक्षिणी गंगोत्री (1983 ई.)
- मैत्री (1988-89 ई.)
- भारती (अगस्त 2009)

पर्वत / हिमनद

- क्वीन मॉड पर्वत
- माउण्ट एरेबस या इरेबस - एक मात्र ज्वालामुखी शिखर
- लैम्बर्ट ग्लेशियर
  ↳ विश्व का सबसे बड़ा

घाटी / प्रायद्वीप

- टेलर घाटी (मृत घाटी)
- पाल्मर प्रायद्वीप (बर्फ रहित)

नोट:

विश्व का सबसे कम तापमान
↳ वोस्टॉक (-95°C) (अंटार्कटिका)

हिमाद्री → भारत का पहला शोध केन्द्र (आर्कटिक)

सामान्य परिचय

- स्थिति – उत्तरी एवं पूर्वी गोलार्द्ध (दक्षिण एशिया)
- अक्षांशीय विस्तार (स्थलीय) – 8°4' से 37°6' N
- देशांतरीय विस्तार – 68°7 E से 97°25' E
- संपूर्ण भारत का अक्षांशीय विस्तार (स्थलीय एवं द्वीपीय) – 6°4' से 37°6'
- विश्व में 7वाँ स्थान (क्षेत्रफल)
  1. रूस
  2. कनाडा
  3. चीन
  4. यू.एस.ए.
  5. ब्राजील
  6. ऑस्ट्रेलिया
  7. भारत
  8. अर्जेंटीना (8वाँ)

भारत में राज्य ⇒ 28
केंद्रशासित प्रदेश ⇒ 8
क्षेत्रफल ⇒ 32,87,263 Km^2

⊙ भारत ⇒ 2.43 % (विश्व का)
⊙ जनसंख्या (भारत की विश्व में) ⇒ 17.5 % (2011 की जनगणना)
(2024 → 17.75%)

भारत का विस्तार

- उत्तर से दक्षिण ⇒ 3,214 Km
- पूर्व से पश्चिम ⇒ 2,933 Km
- स्थल सीमा की लंबाई ⇒ 15200 Km
- द्वीपों सहित देश की कुल तटीय सीमा की लंबाई ⇒ (पहले– 7,516.6 Km)
  ↳ (वर्तमान में कुल तटीय सीमा की लंबाई – 11098.51 किमी.)
- मुख्य भूमि के तटीय सीमा की लम्बाई ⇒ 6,100 Km
- मुख्य भूमि की द. सीमा ⇒ कन्याकुमारी 8°4' अक्षांश (तमिलनाडु)

भारत का सबसे...

- दक्षिणी बिंदु ⇒ इंदिरा प्वाइंट (पिगमेलियन प्वाइंट) / (ग्रेट निकोबार द्वीप)
- उत्तरी बिंदु ⇒ इंदिरा कॉल (लद्दाख)
- पश्चिमी बिंदु ⇒ गौर माता (गुहार मोती) (गुजरात)
- पूर्वी बिंदु ⇒ किबिथू (अरुणाचल प्रदेश)

- भारतीय मानक समय रेखा ⇒ 82½° पूर्व

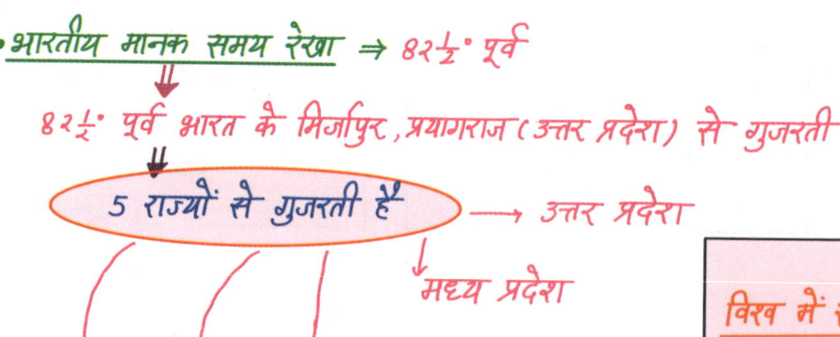

विश्व में समय जोन

- रूस मे 11
- अमेरिका ⇒ 4
- फ्रांस ⇒ 12 (सबसे अधिक)

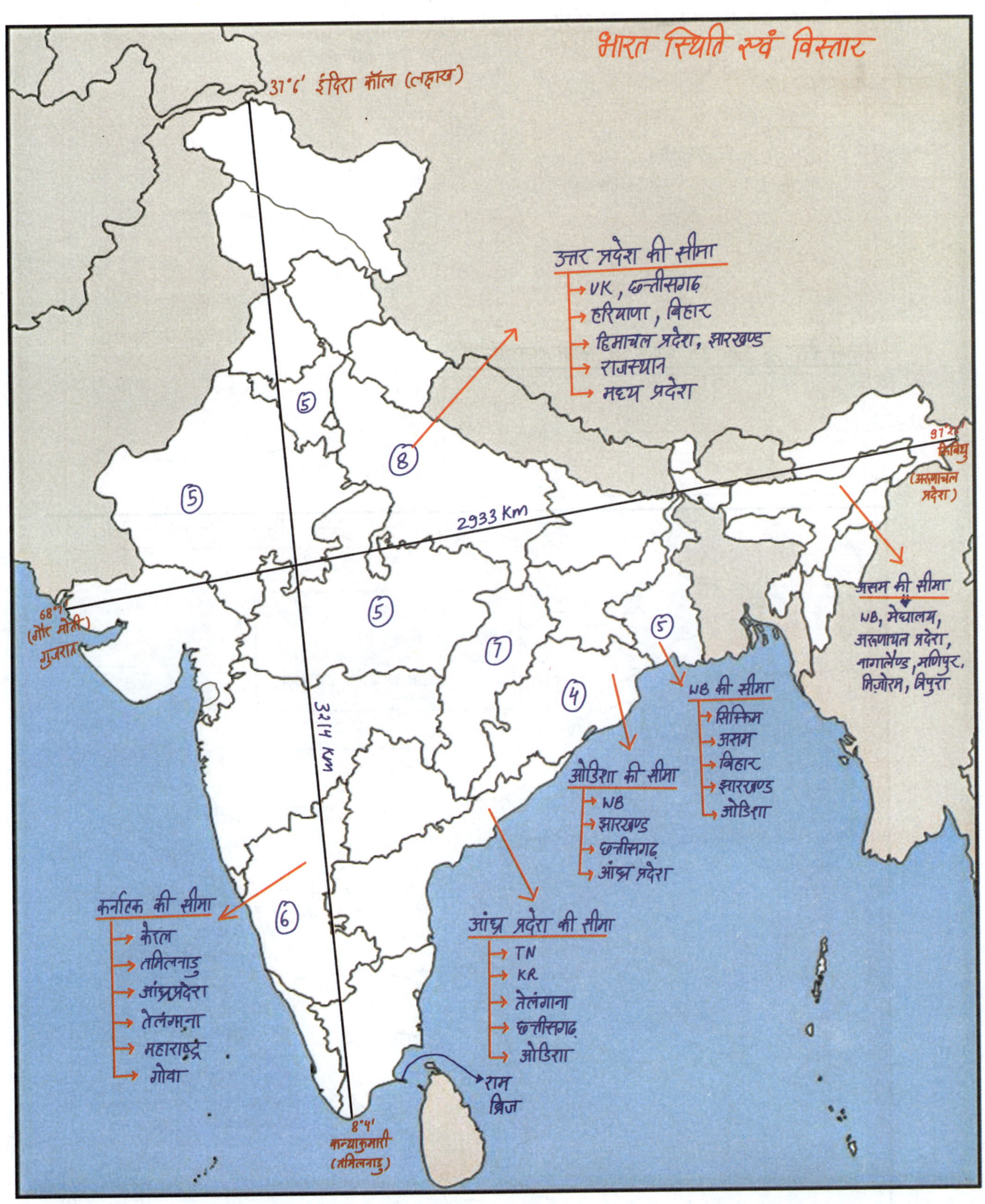
भारत स्थिति एवं विस्तार
37°6' इंदिरा कॉल (लद्दाख)
उत्तर प्रदेश की सीमा
UK, छत्तीसगढ़
हरियाणा, बिहार
हिमाचल प्रदेश, झारखण्ड
राजस्थान
मध्य प्रदेश
5
5
8
2933 Km
97°25'
किबिथु
(अरुणाचल प्रदेश)
असम की सीमा
WB, मेघालय,
अरुणाचल प्रदेश,
नागालैण्ड, मणिपुर,
मिज़ोरम, त्रिपुरा
68°7'
(गौर मोती)
गुजरात
5
7
5
4
WB की सीमा
सिक्किम
असम
बिहार
झारखण्ड
ओडिशा
3214 Km
ओडिशा की सीमा
WB
झारखण्ड
छत्तीसगढ़
आंध्र प्रदेश
कर्नाटक की सीमा
केरल
तमिलनाडु
आंध्रप्रदेश
तेलंगाना
महाराष्ट्र
गोवा
6
आंध्र प्रदेश की सीमा
TN
KR
तेलंगाना
छत्तीसगढ़
ओडिशा
राम ब्रिज
8°4'
कन्याकुमारी
(तमिलनाडु)

• गुजरात एवं अरुणाचल प्रदेश के बीच समयांतर ⇒ 30° (1° = 4 मिनट)
└→ 2 घंटे [30° देशान्तर]

• कर्क रेखा (23½°N)

→ भारत के 8 राज्यों से गुजरती।

8 → गुजरात (पश्चिम से), राजस्थान, मध्य प्रदेश, छत्तीसगढ़, झारखंड, पश्चिम बंगाल, त्रिपुरा, मिजोरम (पूर्व तक)

कर्क रेखा और भारतीय मानक समय रेखा
⇓
छत्तीसगढ़ में मिलती
⇓
कोरिया (सोनहत)

→ कर्क रेखा के उत्तर और दक्षिण में स्थित राजधानियाँ :

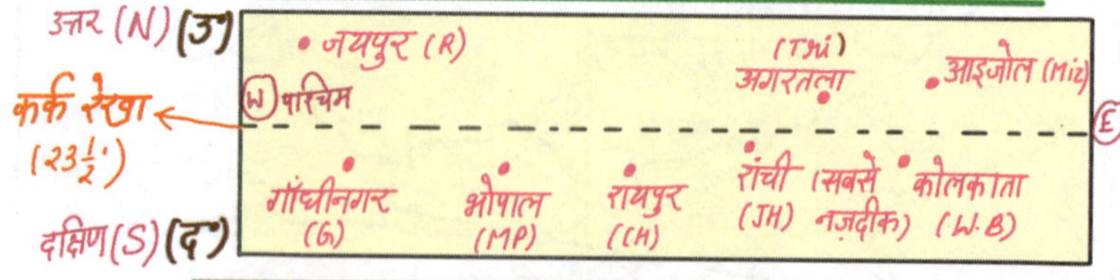

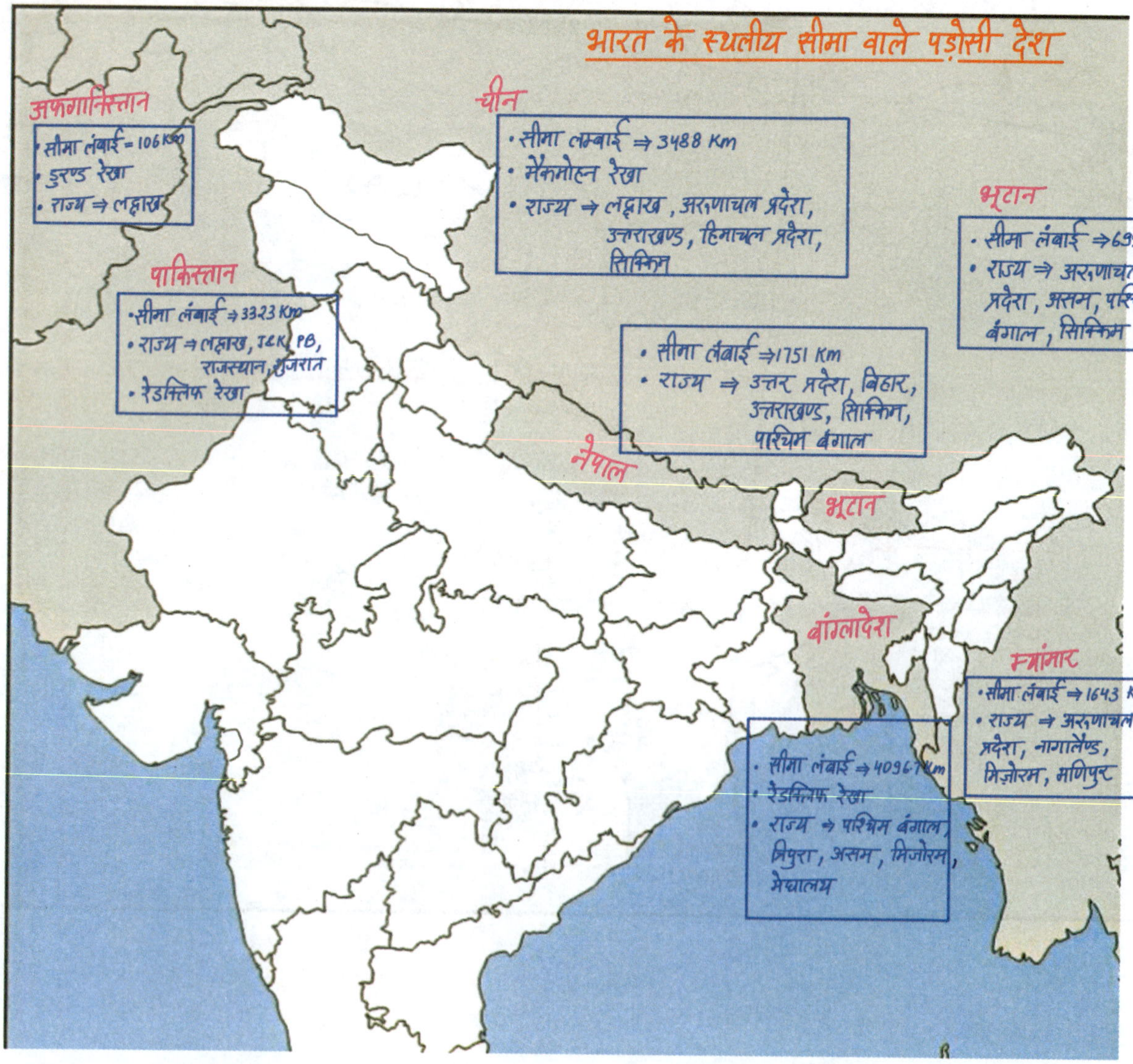

भारत के स्थलीय सीमा वाले पड़ोसी देश

अफगानिस्तान
- सीमा लंबाई = 106 Km
- डूरण्ड रेखा
- राज्य ⇒ लद्दाख

चीन
- सीमा लम्बाई ⇒ 3488 Km
- मैकमोहन रेखा
- राज्य ⇒ लद्दाख, अरुणाचल प्रदेश, उत्तराखण्ड, हिमाचल प्रदेश, सिक्किम

भूटान
- सीमा लंबाई ⇒ 699 Km
- राज्य ⇒ अरुणाचल प्रदेश, असम, पश्चिम बंगाल, सिक्किम

पाकिस्तान
- सीमा लंबाई ⇒ 3323 Km
- राज्य ⇒ लद्दाख, J&K, PB, राजस्थान, गुजरात
- रेडक्लिफ रेखा

नेपाल
- सीमा लंबाई ⇒ 1751 Km
- राज्य ⇒ उत्तर प्रदेश, बिहार, उत्तराखण्ड, सिक्किम, पश्चिम बंगाल

भूटान

बांग्लादेश
- सीमा लंबाई ⇒ 4096.7 Km
- रेडक्लिफ रेखा
- राज्य ⇒ पश्चिम बंगाल, त्रिपुरा, असम, मिजोरम, मेघालय

म्यांमार
- सीमा लंबाई ⇒ 1643 Km
- राज्य ⇒ अरुणाचल प्रदेश, नागालैण्ड, मिज़ोरम, मणिपुर

अंतर्राष्ट्रीय सीमा से लगने वाले राज्य

⇓

राज्य/केन्द्रशासित प्रदेश	देश
→ गुजरात + राजस्थान + पंजाब + जम्मू एवं कश्मीर + लद्दाख	पाकिस्तान
→ हिमाचल प्रदेश	चीन
→ उत्तराखण्ड	चीन (तिब्बत क्षेत्र) और नेपाल
→ उत्तर प्रदेश + बिहार	नेपाल
→ पश्चिम बंगाल	नेपाल, भूटान और बांग्लादेश
→ असम	बांग्लादेश (दो तरफ से)
→ अरुणाचल प्रदेश	चीन और म्यांमार
→ मणिपुर और नागालैण्ड	म्यांमार
→ मिजोरम	बांग्लादेश और म्यांमार

भारत की स्थलीय जलीय सीमा / समुद्री सीमा के देश

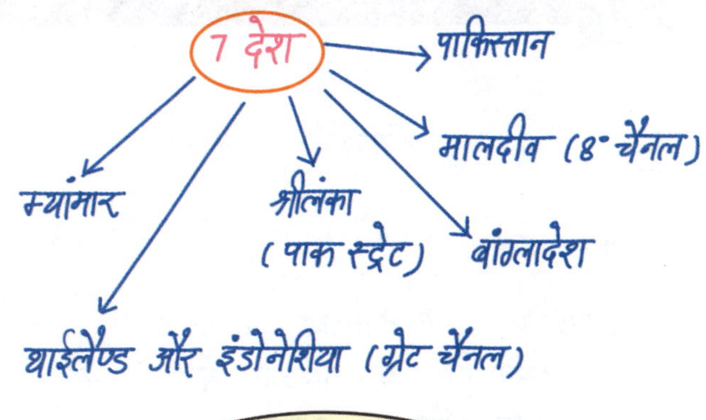

जल और स्थल से लगे देश

बांग्लादेश
म्यांमार
पाकिस्तान

भारतीय उपमहाद्वीप के देश ⇒ भारत, पाकिस्तान, नेपाल, भूटान और बांग्लादेश

तटीय सीमा वाले राज्य

→ 9 तटीय सीमा वाले राज्य

→ सर्वाधिक तट रेखा ⇒ गुजरात

(2340 किमी) गुजरात
(877.97 किमी) महाराष्ट्र
(193.95 किमी) गोवा
(343.35 किमी) कर्नाटक
(600.15 किमी) केरल
पश्चिम बंगाल (721.02 किमी)
ओडिशा (574.71 किमी)
आंध्रप्रदेश (1,053.07 किमी)
तमिलनाडु (1,068.69 किमी)

तीन देशों के साथ सीमा साझा करने वाले राज्य / केंद्रशासित प्रदेश

→ अरुणाचल प्रदेश ⇒ भूटान, चीन, म्यांमार

→ सिक्किम ⇒ भूटान, नेपाल, चीन

→ त्रिपुरा तीन ओर से बांग्लादेश से घिरा।

→ भारत का इसके साथ सुंदरवन साझा

→ लद्दाख ⇒ चीन, अफगानिस्तान, पाकिस्तान

समुद्री तट रेखा वाले केन्द्रशासित प्रदेश (4)

- अंडमान-निकोबार द्वीप समूह (3,083.50 किमी)
- लक्षद्वीप (144.80 किमी)
- दादरा एवं नगर हवेली और दमन एवं दीव (54.38 किमी)
- पुदुचेरी (42.65 किमी)

NOTE - वर्तमान आंकड़े "पत्तन, पोत परिवहन और जलमार्ग मंत्रालय" के अनुसार।

अंतर्राष्ट्रीय सीमा तथा समुद्री सीमा रहित राज्य ⇒ हरियाणा, मध्य प्रदेश, छत्तीसगढ़, तेलंगाना, झारखण्ड

02 भारत की भू-गर्भिक संरचना

विकास – पैंजिया का अंगारालैण्ड तथा गोण्डवाना लैण्ड में विभाजन।

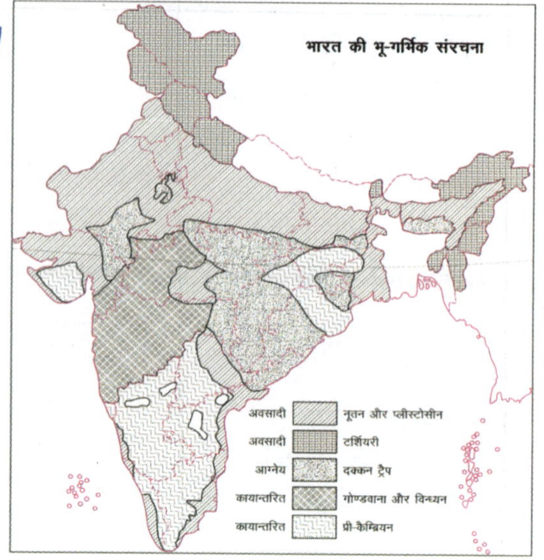

भू-गर्भिक चट्टानों का वर्गीकरण

→ प्राचीनतम एवं नवीनतम चट्टानें
→ आर्कियन एवं प्री-कैम्ब्रियन युग की चट्टानें
→ धारवाड़ क्रम की चट्टानें
→ भारतीय चट्टानों के चार भाग

- आर्कियन
- द्रविड़ समूह
- पुराण समूह
- आर्यन समूह

1. आर्कियन समूह

→ आर्कियन क्रम की चट्टान

- निर्माण (पृथ्वी) में लगभग 86.7% योगदान
- इस चट्टान का निर्माण पृथ्वी के ठण्डा होने पर
- जीवाश्म का अभाव
- ये नीस एवं शिष्ट प्रकार की चट्टानें
  - └→ बुन्देलखण्ड नीस (सबसे प्राचीन), बंगाल नीस
- ये चट्टानें ⇒ कर्नाटक, तमिलनाडु, आंध्र प्रदेश, मध्य प्रदेश, ओडिशा, छोटानागपुर पठार (झारखण्ड) आदि।

→ धारवाड़ क्रम की चट्टान

- आर्कियन के अपरदन एवं निक्षेपण से निर्माण
- सबसे अधिक विकास धारवाड़ क्षेत्र (कर्नाटक) में।
- जीवाश्म का अभाव
- अरावली पर्वत का निर्माण इसी चट्टान से
- अधिकांश धात्विक खनिज प्राप्त

> नोट :– धारवाड़ क्रम के चट्टान महान हिमालय के रीढ़ की हड्डी के समान।

2. पुराण समूह

→ कुडप्पा क्रम की चट्टान

- आर्कियन एवं धारवाड़ क्रम की चट्टान के अपरदन एवं निक्षेपण से निर्माण
- परतदार चट्टानें
- जीवाश्म का अभाव
- पृथ्वी पर जीवों का उद्भव
- आंध्रप्रदेश के कुडप्पा जिले से इसका नामकरण
- पूर्वी घाट पर्वत का निर्माण इस क्रम के चट्टान से

→ विन्ध्यन क्रम की चट्टान

- गंगा के मैदान और दक्कन के पठार की विभाजक रेखा
- परतदार तथा निर्माण जल निक्षेपों द्वारा
- चूने का पत्थर, बलुआ पत्थर, चीनी मिट्टी, कॉपर क्ले आदि प्राप्त।
- जीवाश्म का अभाव

3. द्रविड़ समूह

- पुराजीवी समूह (Paleozoic Era) की चट्टान
- पृथ्वी पर जीवन का प्रथम संकेत
- मध्य प्रदेश के रीवा जिले के अलावा भारत (प्रायद्वीपीय भाग) के लगभग क्षेत्र में अनुपस्थित।

4. आर्यन समूह

→ गोण्डवाना क्रम की चट्टान

- बेसिन का निर्माण
- जीवाश्म की उपस्थिति
- भारत का लगभग 98% कोयला भंडार
- विस्तार – दामोदर घाटी, महानदी घाटी, राजमहल, सतपुड़ा आदि।

→ दक्कन ट्रैप क्रम की चट्टान

- क्रिटेशियस युग के अंत में
  - ↳ प्रायद्वीपीय भारत के पश्चिमी भारत में ज्वालामुखी क्रिया।
- बेसाल्ट लावा के प्रवाह से सीढ़ीदार भू-आकृति का निर्माण।
  - ↳ मुख्यत: महाराष्ट्र एवं मालवा क्षेत्र में।
- राजमहल ट्रैप का निर्माण
- दक्कन ट्रैप शैले ⇒ झारखण्ड व तमिलनाडु।
- बेसाल्ट लावा के क्षरण से उर्वर काली मिट्टी का निर्माण।

> **नोट:** भारत का प्रायद्वीपीय पठार पहले अफ्रीका महाद्वीप का भाग था।

→ टर्शियरी क्रम की चट्टान

- चट्टानों का निर्माण ⇒ इयोसीन युग से प्लायोसीन युग तक।
- प्रायद्वीपीय पठार एवं हिमालय पर्वत का निर्माण।

→ क्वाटर्नरी क्रम की चट्टान

- प्लीस्टोसीन तथा होलोसीन युग की शैल
- निक्षेप – नर्मदा, ताप्ती, महानदी आदि नदियों के मुहाने में।

03 भारत के भौतिक प्रदेश

परिचय (Introduction)

- भारत के क्षेत्रफल का लगभग 11% (10.6%) ⇒ पर्वतीय लगभग 28% (27.7%) ⇒ पठारी
  लगभग 18% (18.5%) ⇒ पहाड़ी लगभग 43% (43.2%) ⇒ मैदानी

भारत के भौतिक विभाजन

1. → उत्तर एवं उत्तर पूर्वी पर्वतमाला
2. → उत्तरी भारत का विशाल मैदान
3. → प्रायद्वीपीय पठार
4. → भारतीय मरुस्थल
5. → तटीय मैदान
6. → द्वीप समूह

उत्तर एवं उत्तर पूर्वी पर्वतमाला
भारतीय मरुस्थल
उत्तर भारत का विशाल मैदान
प्रायद्वीपीय पठार
तटीय मैदान

① उत्तर एवं उत्तर पूर्वी पर्वतमाला

- **हिमालय पर्वत**

→ उत्पत्ति का आधुनिक सिद्धांत ⇒ प्लेट विवर्तनिकी

नोट :- आज जहाँ हिमालय पर्वत है, वहाँ कभी टेथिस सागर था।
↳ छिछला सागर

हिमालय पर्वत का विभाजन

(i) ट्रांस हिमालय क्षेत्र
(ii) महान हिमालय / हिमाद्री
(iii) मध्य हिमालय या हिमाचल
(iv) शिवालिक

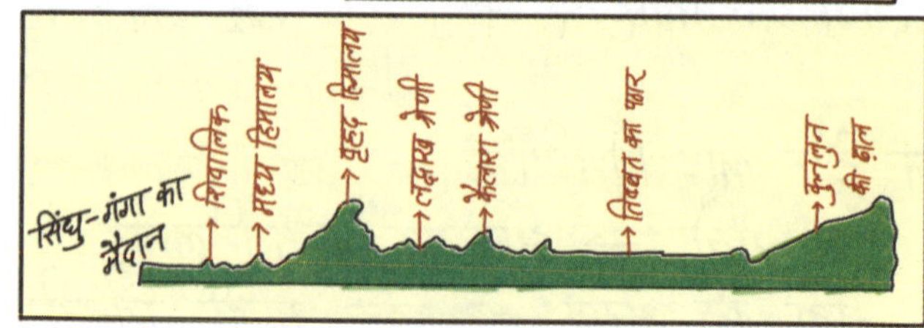

हिमालय का क्षैतिज प्रतिच्छेद

(i) ट्रांस हिमालय क्षेत्र

→ इसके अंतर्गत

→ काराकोरम रेंज ⇒ K_2 (गॉडविन ऑस्टिन, 8611m)
↳ सबसे ऊँची चोटी (भारत की भी सबसे ऊँची)
↳ दुनिया की दूसरी सबसे ऊँची पर्वतीय चोटी

श्योक नदी

→ लद्दाख श्रेणी

सिंधु नदी

→ जास्कर श्रेणी

→ सिंधु की सहायक नदी

- काराकोरम रेंज के ग्लेशियर ⇒ सियाचीन, बाल्टोरो, हिस्पर, बियाफो
- काराकोरम और लद्दाख के बीच नुब्रा घाटी।

(ii) महान हिमालय / हिमाद्री

- **औसत ऊँचाई** → 6100 मी.
- **पूर्व से पश्चिम लम्बाई** → 2500 किमी.
- **उत्तर से दक्षिण चौड़ाई** → 25 किमी.
- **उच्चतम चोटी** ⇒ एवरेस्ट शिखर (8848m = विश्व की सबसे ऊँची)
  ⇓
  अन्य नाम :- नेपाल में ⇒ सागरमाथा
  चीन में ⇒ चोमोलुंगमा

- दूसरी सबसे ऊँची चोटी ⇒ कंचनजंघा (सिक्किम, 8598 m) ⇒ भारत में सबसे ऊँची
- तीसरी सबसे ऊँची चोटी ⇒ नंदा देवी (उत्तराखण्ड, 7816 m)
- महान हिमालय के अन्य शिखर →
  - नंगापर्वत
  - कामेट पर्वत (उत्तराखण्ड)
  - नामचा बारवा (अरुणाचल प्रदेश)
  - अन्नपूर्णा, धौलागिरि, मकालू ⇒ नेपाल
- वृहत हिमालय की घाटियों में ⇒ भोटिया प्रजाति (खानाबदोश) का निवास

(iii) मध्य हिमालय / हिमाचल / लघु हिमालय

- औसत ऊँचाई ⇒ 3700 m – 4500 m
- उत्तरी ढाल मंद, दक्षिणी ढाल तीव्र
- कश्मीर घाटी, लाहौल-स्पीति, कुल्लू एवं कांगड़ा आदि घाटियाँ
  ⇓ लघु एवं वृहद हिमालय के मध्य।
- पीरपंजाल श्रेणी (Range) ⇒ जम्मू एवं कश्मीर
- धौलाधार रेंज ⇒ हिमाचल प्रदेश
- नागटीबा श्रेणी ⇒ उत्तराखण्ड
- महाभारत श्रेणी ⇒ नेपाल
- कश्मीर घाटी में ⇒ मर्ग (गुलमर्ग + सोनमर्ग) ⇒ चारागाह
- उत्तराखण्ड में ⇒ बुग्याल / पयार ⇒ चारागाह

(iv) शिवालिक

- औसत ऊँचाई = 900-1200 m
- हिमालय का नवीनतम भाग
- शिवालिक एवं लघु हिमालय के बीच ⇒ काठमांडू घाटी
- पश्चिम व मध्य में इन्हें दून तथा पूर्व में द्वार
  ⇓ जैसे ⇒ देहरादून (सबसे बड़ा) और हरिद्वार

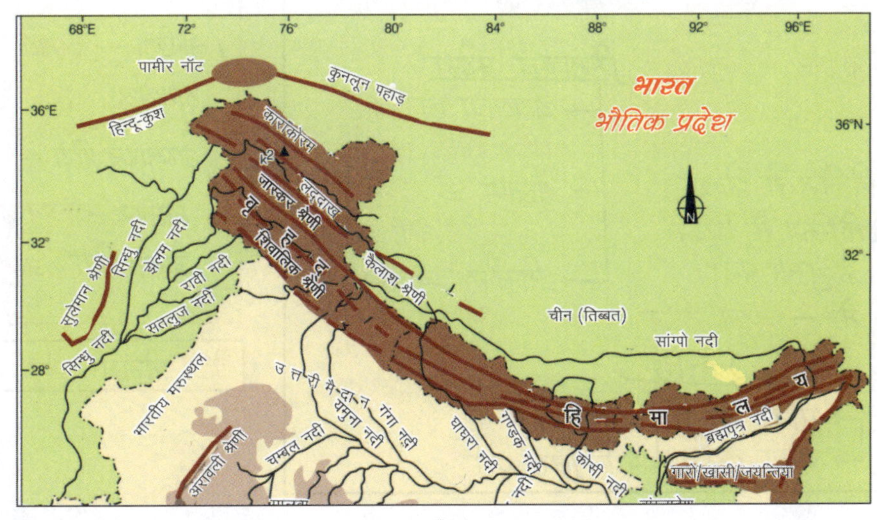

हिमालय का प्रादेशिक विभाजन (नदियों के आधार पर)

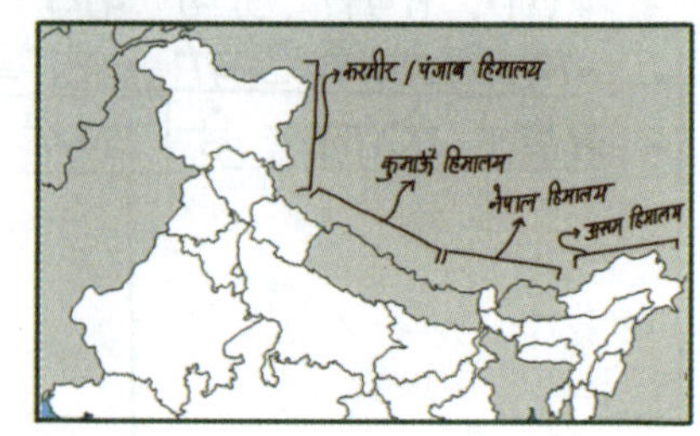

① पंजाब / कश्मीर हिमालय ⇒ सिंधु व सतलज नदी के बीच (560 Km)
② कुमाऊँ हिमालय ⇒ सतलज और काली नदी के बीच (320 Km)
③ नेपाल हिमालय ⇒ काली और तिस्ता नदी के बीच (800 Km)
④ असम हिमालय ⇒ तिस्ता और दिहांग नदी के बीच (720 Km)

① पंजाब / कश्मीर हिमालय
- कश्मीर हिमालय ⇒ करेवा प्रसिद्ध
  - ⟶ (जफरान की खेती)
- सबसे ऊँची चोटी ⇒ नंगा पर्वत (8126 m)
- उत्तर-पूर्वी भाग में ⇒ ठण्डा मरुस्थल (हिमालय + काराकोरम के मध्य)

② कुमाऊँ हिमालय
- सबसे ऊँची चोटी ⇒ नंदा देवी (7120 m)

③ नेपाल हिमालय
- अधिकांश भाग नेपाल में
- सबसे ऊँची चोटी ⇒ एवरेस्ट (8848 m)

④ असम हिमालय
- सिक्किम, असम तथा अरुणाचल प्रदेश तक विस्तार
- पर्वत शिखर ⇒ कंचनजंगा
- जनजाति ⇒ लेप्चा और भूटिया

> **अरुणाचल हिमालय**
> - भूटान हिमालय से डिफू दर्रे तक विस्तार
> - प्रमुख चोटी = कांगतु और नामचा बारवा
>
> नामचा बारवा ⇒ महान हिमालय की सबसे पूर्वी चोटी

पूर्वी पहाड़ियाँ एवं पर्वत
- पहाड़ियाँ ⇒ डाफला, अबोर, मिश्मी, पटकाई बूम, नागा, मणिपुरी, गारो, खासी, जयंतिया एवं मिजो
- अबोर पहाड़ियाँ ⇒ चीन तथा अरुणाचल की सीमा पर
- डाफला पहाड़ियाँ ⇒ तेजपुर तथा लखीमपुर में स्थित
- पटकाई बूम पहाड़ियाँ ⇒ भारत एवं म्यांमार की सीमा पर

प्रमुख दर्रे (Passes)

जम्मू और कश्मीर
- ⟶ उमलिंगला (प्रोजेक्ट ⇒ हिमांक, दुनिया की सबसे ऊँची सड़क)
- ⟶ काराकोरम
- ⟶ जोजिला ⇒ श्रीनगर से लेह
- ⟶ बनिहाल ⇒ जम्मू से कश्मीर
- ⟶ पीरपंजाल ⇒ जम्मू से कश्मीर
- ⟶ बुर्जिल ⇒ कश्मीर से गिलगित

सिक्किम
- ⟶ नाथुला (सिक्किम से तिब्बत)
- ⟶ जेलेप ला (सिक्किम से तिब्बत के चुम्बा घाटी)

★ रोहतांग दर्रे में – अटल टनल

अरुणाचल प्रदेश
- ⟶ बूमला
- ⟶ बोमडिला
- ⟶ दिफू (अरुणाचल + म्यांमार)
- ⟶ दिहांग
- ⟶ यांग्याप (यांगदाप)

हिमाचल प्रदेश
- ⟶ बारालाचा ला ⇒ लाहौल स्पीति से लेह
- ⟶ रोहतांग ⇒ कुल्लू से लाहौल स्पीति
- ⟶ शिपकीला ⇒ हिमाचल से तिब्बत

उत्तराखण्ड
- ⟶ मुलिंग ला
- ⟶ माना दर्रा
- ⟶ नीति दर्रा
- ⟶ लिपुलेख दर्रा

EXTRA FACTS : सर्वोच्च चोटी
- पश्चिम बंगाल – संदकफू
- गुजरात – गिरनार पर्वत
- झारखण्ड – पारसनाथ चोटी
- ओडिशा – देवमाली चोटी
- नागालैण्ड – माउंट सारामती
- अरुणाचल प्रदेश – कांगटो चोटी
- सिक्किम – कंचन जंगा
- आन्ध्र प्रदेश – अरमा कोंडा

नोट : श्रीलंका – पिदुरुतलागला चोटी

② उत्तर भारत का विशाल मैदान

- हिमालय पर्वत श्रेणी और प्रायद्वीपीय भारत के बीच स्थित मैदान/क्षेत्र
- निर्माण ⇒ हिमालय के बाद
- सिंधु, गंगा और ब्रह्मपुत्र नदियों के जलोढ़ से बना मैदान
- भारत की सर्वाधिक जनसंख्या का निवास

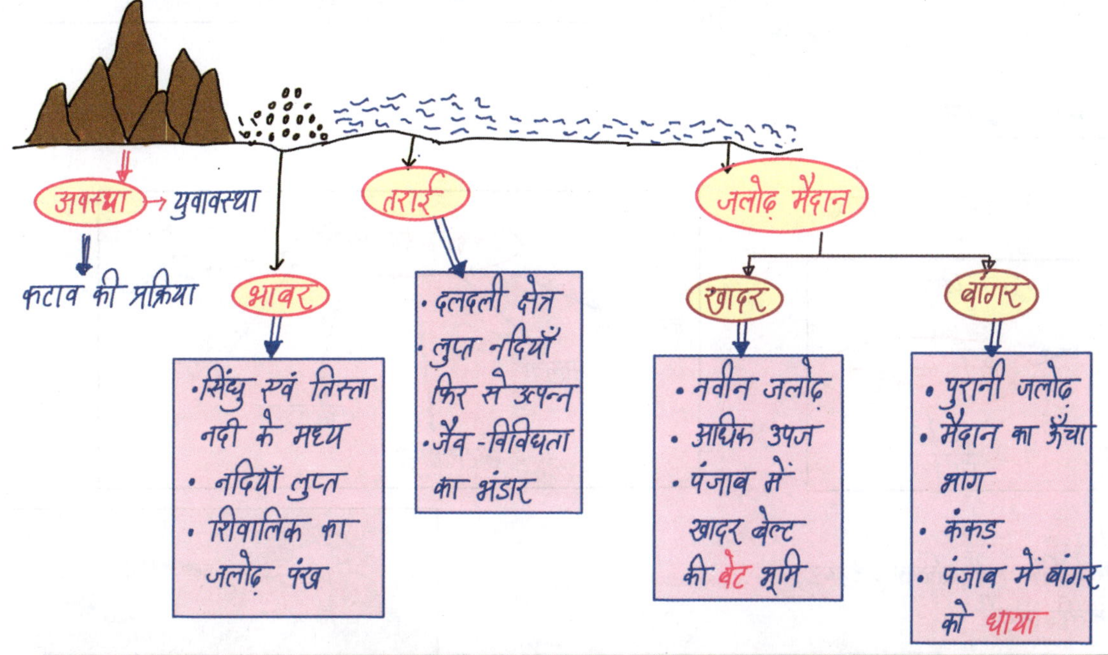

नोट : उत्तरी भारत के अधिकांश राष्ट्रीय उद्यान एवं वन्यजीव अभयारण्य तराई क्षेत्र में

विशाल मैदान का प्रादेशिक विभाजन

1. सिंधु का मैदान / पंजाब हरियाणा का मैदान
- विस्तार ⇒ पंजाब, हरियाणा, दिल्ली
- सतलज, व्यास, रावी, झेलम व चेनाब का क्षेत्र

2. गंगा का मैदान
- विस्तार ⇒ उत्तर प्रदेश, बिहार व पश्चिम बंगाल
- उत्तर प्रदेश के पश्चिम भाग ⇒ रुहेलखण्ड का मैदान

3. राजस्थान का मैदान
- विस्तार ⇒ अरावली के पश्चिम
- स्टेपी प्रकार की वनस्पतियाँ
- प्रमुख नदी लूनी

4. ब्रह्मपुत्र का मैदान
- असम घाटी के रूप में प्रसिद्ध।
- विस्तार ⇒ हिमालय एवं मेघालय पठार के मध्य ⇒ संकरा मैदान
- नदीय द्वीप एवं बालू रोधिकाओं के लिए प्रसिद्ध।

दोआब	नदियाँ
बिस्त दोआब	व्यास एवं सतलज के बीच
बारी दोआब	व्यास एवं रावी के बीच
रचना दोआब	रावी एवं चिनाब के बीच
चाज दोआब	चिनाब एवं झेलम के बीच
सिन्ध सागर दोआब	झेलम-चिनाब एवं सिंधु के बीच

③ प्रायद्वीपीय पठार

परिचय

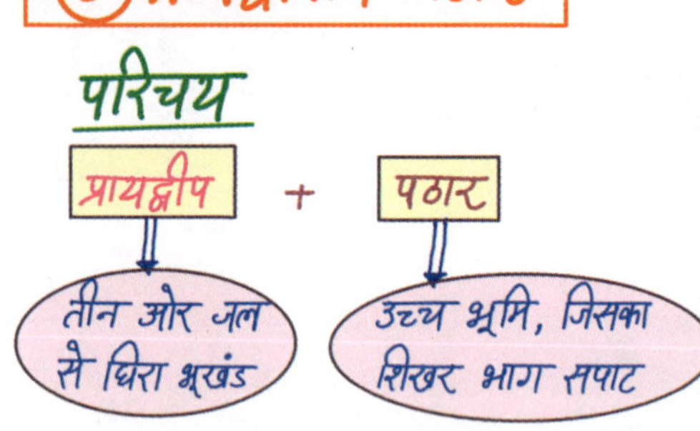

- गोण्डवाना लैण्ड का भाग
- आकार ⇒ त्रिभुजाकार
- आग्नेय, रूपांतरित तथा क्रिस्टलीय शैलों से निर्मित
- उत्तर में अरावली, विंध्य, सतपुड़ा और राजमहल पहाड़ियाँ
- प्रायद्वीपीय पठार का सामान्य उन्नयन पश्चिम से पूर्व दिशा की ओर है।

पठार का विभाजन

- → मध्य उच्चभूमि
- → दक्कन का पठार

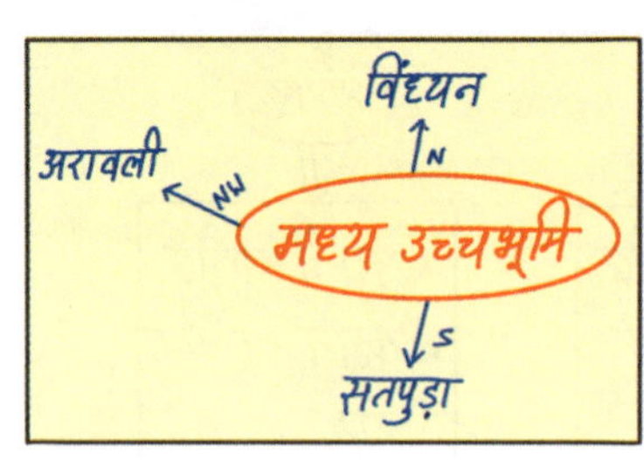

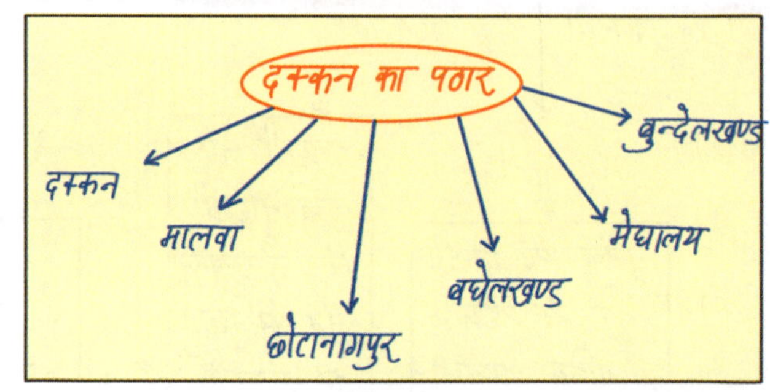

➡ मालवा का पठार

- लावा से निर्मित (बैसाल्टिक चट्टान)
  - ↳ काली मिट्टी
- विस्तार → गुजरात + राजस्थान + मध्य प्रदेश
- बेतवा, पार्वती, काली, सिंध, चंबल नदियों का प्रवाह।

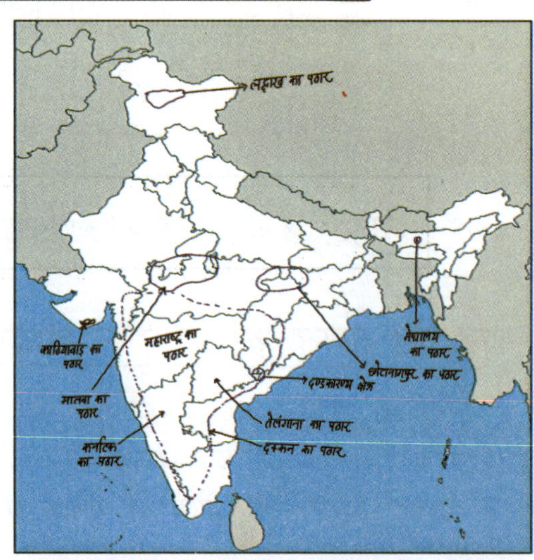

➡ बघेलखण्ड व बुन्देलखण्ड का पठार

- मालवा का उत्तर – पूर्वी भाग
- विस्तार → ग्वालियर पठार + विन्ध्याचल पठार के मध्य
- ग्रेनाइट एवं बालुका पत्थर

➡ छोटानागपुर का पठार

- विस्तार ⇒ पश्चिम बंगाल (पुरुलिया) से झारखण्ड (पलामू, धनबाद, सिंहभूम, रांची, हजारीबाग व संथाल परगना) तक

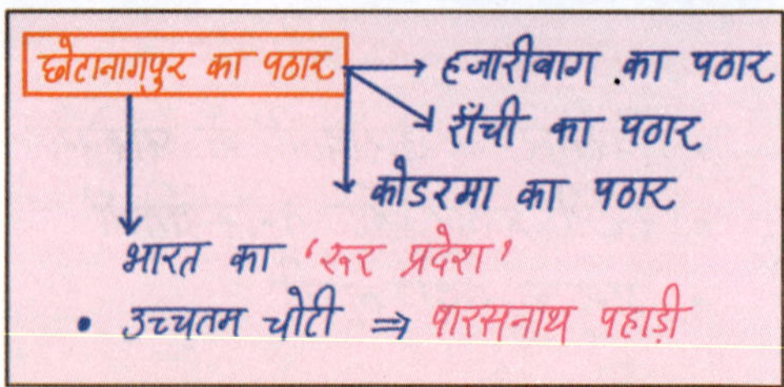

➡ दक्कन का पठार

- नर्मदा नदी के दक्षिण में स्थित ⇒ त्रिकोणीय
- पश्चिम में ⇒ पश्चिमी घाट
- पूर्व में ⇒ पूर्वी घाट
- उत्तर में ⇒ सतपुड़ा + मैकाल + महादेव पहाड़ियाँ
- ज्वालामुखी लावा से निर्माण

मेघालय का पठार

- प्रायद्वीपीय पठार का उत्तर-पूर्वी अग्र भाग
- भ्रंशन के कारण प्रायद्वीपीय पठार से मालदा गैप द्वारा पृथक्
- पश्चिम में ⇒ गारो, खासी और जयंतिया पहाड़ियाँ
- पूर्व में ⇒ मिकिर पहाड़ियाँ
- अन्य नाम शिलांग पठार

प्रायद्वीपीय पठार के पर्वतीय क्षेत्र

1. विन्ध्यन श्रेणी

- विस्तार ⇒ गुजरात, उत्तर प्रदेश, मध्य प्रदेश, बिहार और छत्तीसगढ़
- पर्वत ⇒ विंध्याचल, पारसनाथ तथा कैमूर पहाड़ी
- दक्षिण में नर्मदा घाटी
- परतदार चट्टानों से बना
- उच्चतम शिखर ⇒ सद्भावना शिखर

विन्ध्यन श्रेणी
→ गुजरात में ⇒ जोबट हिल
→ बिहार में ⇒ कैमूर हिल

2. सतपुड़ा श्रेणी

- स्थिति ⇒ नर्मदा और ताप्ती नदी के बीच
- ब्लॉक पर्वत
- निर्माण ⇒ बेसाल्ट और ग्रेनाइट चट्टानों से
- पहाड़ ⇒ राजपीपला, महादेव, मैकाल
- सर्वोच्च चोटी ⇒ धूपगढ़ (महादेव पहाड़ी पर) ⇓ (1350 m)
- अमरकंटक का पठार ⇒ नर्मदा एवं सोन नदी का उद्गम

3. पश्चिमी और पूर्वी घाट

- ब्लॉक पर्वत
- दक्कन पठार के पश्चिम में ⇒ पश्चिमी घाट
- दक्कन पठार के पूर्व में ⇒ पूर्वी घाट

नर्मदा नदी घाटी ⇓
विन्ध्यन श्रेणी को सतपुड़ा श्रेणी से अलग करती है।

(अ) पश्चिमी घाट (औसत ऊँचाई 1200 मी.)

- हिमालय के बाद दूसरी सबसे लम्बी पर्वत श्रेणी
- पश्चिमी घाट की ऊँचाई उत्तर से दक्षिण की ओर बढ़ती है।
- विस्तार ⇒ ताप्ती नदी से कन्याकुमारी तक (1600 Km)
- 6 राज्यों में ⇒ गुजरात, महाराष्ट्र, गोवा, कर्नाटक, तमिलनाडु
- सर्वोच्च चोटी ⇒ अनाईमुडी (2695 m)
- दूसरी सर्वोच्च चोटी ⇒ डोडाबेट्टा (2637 m)
  - → तमिलनाडु
  - → ऊँटी / Ooty ⇒ Hill Station

- प्रमुख चोटियाँ
  - → कालसुबाई (1646 m)
  - → सालहेर (1567 m)
  - → महाबलेश्वर (1438 m)
  - → कार्डेमम (केरल + तमिलनाडु की सीमा पर)
  - → इलायची
  - → केन्द्रमुख / कुद्रेमुख (1892 m)
  - → पुष्पगिरि (1714 m)

- पश्चिमी घाट के दर्रे
  - → थालघाट (महाराष्ट्र) ⇒ मुम्बई – नासिक
  - → भोरघाट (महाराष्ट्र) ⇒ मुम्बई – पुणे
  - → पालघाट (केरल) ⇒ पलक्कड़ – कोयम्बटूर
  - → सेनकोटा (केरल) ⇒ तिरुवनन्तपुरम – मदुरै

नोट: – पश्चिमी घाट 2012 में यूनेस्को द्वारा विश्व धरोहर स्थल घोषित।

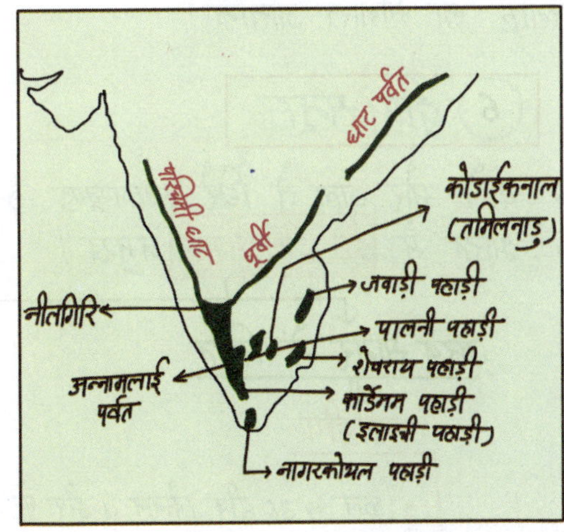

(ब) पूर्वी घाट (औसत ऊँचाई 600 मी.)

- विस्तार ⇒ महानदी घाटी से नीलगिरी तक (1300 m)
- पहाड़ी ⇒ नीलगिरी, पालकोण्डा, नल्लामलाई, जावडी, शिवराय
- सर्वोच्च चोटी ⇒ क्रमशः जिंदगाड़ा (1690 मी) एवं महेन्द्रगिरि (1501 मी)
- सबसे दक्षिणी पहाड़ी ⇒ कार्डेमम पहाड़ी

4. अरावली श्रेणी

- अवशिष्ट पर्वत, पुराने वलित पर्वत • उत्पत्ति प्री-कैम्ब्रियन काल में
- विस्तार ⇒ गुजरात, राजस्थान, हरियाणा, दिल्ली (रायसीना हिल)
- उच्चतम चोटी ⇒ माउंट आबू में गुरु शिखर (1722 m)
  - ↓ दिलवाड़ा जैन मंदिर

④ भारतीय मरुस्थल

- विस्तार ⇒ अरावली पहाड़ियों से उत्तर-पश्चिम में।
- अनुदैर्ध्य टीले एवं बरखान
- शुष्क क्षेत्र और वनस्पति रहित
- वार्षिक वर्षा ⇒ 150 mm
- प्रमुख नदी ⇒ लूनी
- प्लाया झील
- प्रमुख स्थलाकृतियाँ ⇒ रेतीले टीले, छत्रक चट्टानें, मरु उद्यान
- विश्व की सबसे सघन जनसंख्या वाला मरुस्थल

⑤ तटीय मैदान

- पूर्व व पश्चिम में दो संकरे तटीय मैदान

(अ) पश्चिमी तटीय मैदान

→ कच्छ की खाड़ी से कुमारी अंतरीप तक
→ पश्चिमी घाट और अरब सागर के बीच ⇒ संकीर्ण भाग
→ जलमग्न क्षेत्र
→ नदियाँ ज्वार नदमुख बनाती
→ पश्चजल (केरल में कयाल)
  ↳ झील का निर्माण (अष्टामुडी, वेम्बनाड)
→ बंदरगाह का विकास आसान

(ब) पूर्वी तटीय मैदान

→ चौड़ा एवं उभरा
→ डेल्टा का निर्माण
→ उभरा होने के कारण → पत्तनों
  ↓ पोताश्रयों का विकास क्रम

⑥ द्वीप समूह

- चारों ओर जल से घिरे स्थलखण्ड → द्वीप
- भारत में दो द्वीप समूह प्रमुख।

अरब सागर में स्थित

↓ लक्षद्वीप

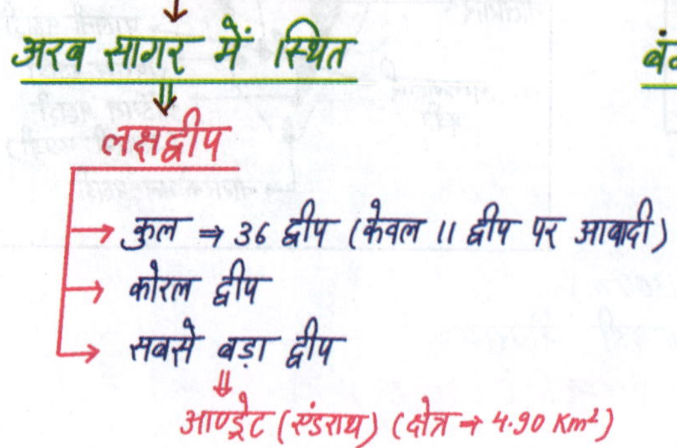

→ कुल ⇒ 36 द्वीप (केवल 11 द्वीप पर आबादी)
→ कोरल द्वीप
→ सबसे बड़ा द्वीप
  ⇓ आण्ड्रोट (एंड्रोथ) (क्षेत्र → 4.90 Km²)

बंगाल की खाड़ी में स्थित

↓ अंडमान एवं निकोबार द्वीप समूह

→ कुल ⇒ 572 द्वीप
→ हिमालय पर्वत श्रेणी का निमज्जित भाग
→ सबसे उत्तरी द्वीप ⇒ लैंडफॉल द्वीप

अंडमान एवं निकोबार द्वीप समूह

- नारकोंडम (ज्वालामुखी द्वीप)
- उत्तरी अंडमान ← सैंडल पीक ⇒ सबसे ऊँची चोटी
- मध्य अंडमान
- बैरन (ज्वालामुखी द्वीप ⇒ सक्रिय)
- दक्षिण अंडमान ← श्रीविजयपुरम (राजधानी) → पुराना नाम : पोर्ट ब्लेयर
- डंकन पास
- लिटिल अंडमान
- 10° चैनल
- कार निकोबार
- लिटिल निकोबार
- ग्रेट निकोबार (माउंट थुलियर, 642m)

दक्षिणी अंडमान में
- माउण्ट कोयोबो (460m)
- माउण्ट हैरियट (450m)

• अंडमान एवं निकोबार के अन्य द्वीप

- रॉस द्वीप ⇒ नेताजी सुभाष चन्द्र बोस द्वीप
- नील द्वीप ⇒ शहीद द्वीप
- हैवलॉक द्वीप ⇒ स्वराज द्वीप
- 21 अन्य द्वीपों के नाम परमवीर चक्र विजेताओं के नाम पर

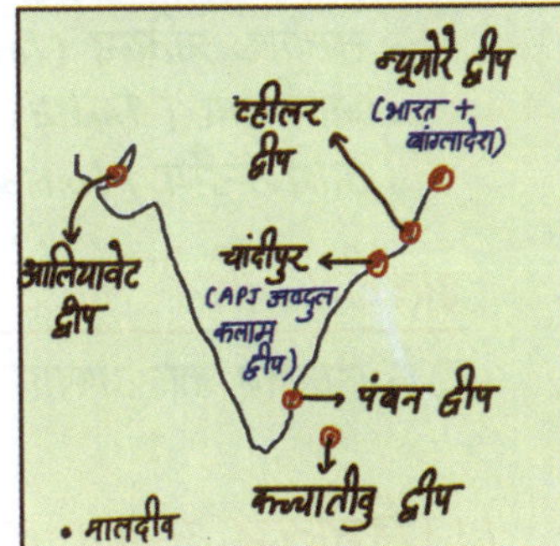

लक्षद्वीप

- 11° चैनल ⇒ अमीनीद्वीप और कन्नानोर के मध्य
- 9° चैनल ⇒ मिनीकॉय द्वीप को मुख्य लक्षद्वीप से अलग।
- 8° चैनल ⇒ मिनीकॉय को मालदीव से अलग। (मिनीकॉय दूसरा सबसे बड़ा द्वीप)

भारत के प्रमुख बंदरगाह

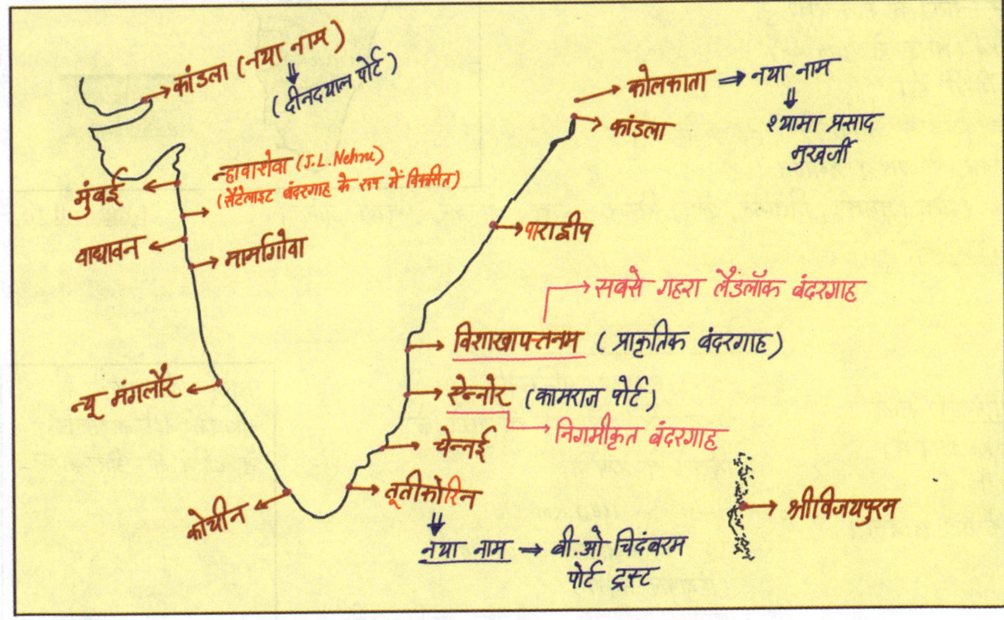

नोट :- भारत में कुल 13 प्रधान और 200 छोटे बंदरगाह हैं।

• प्रमुख तथ्य

→ मुम्बई बंदरगाह (प्राकृतिक)
⇓
भारत का सबसे बड़ा ⇒ भारत का 'प्रवेश द्वार'

→ वाधावन बंदरगाह ⇒ लैण्डलॉर्ड पोर्ट मॉडल पर निर्मित।

→ कामराज बंदरगाह भी लैण्डलॉर्ड पोर्ट मॉडल पर निर्मित।

04 भारत की नदियाँ

भारतीय नदियों का अपवाह प्रतिरूप

- अरीय प्रतिरूप (Radial Pattern) ⇒ पर्वत से निकलकर सभी दिशाओं में प्रवाहित।
- वृक्षाकार प्रतिरूप (Dendritic Pattern) ⇒ पेड़ की शाखाओं के अनुरूप।
- समांतर प्रतिरूप (Parallel Pattern) ⇒ नदियाँ एक-दूसरे के समानांतर प्रवाहित।
- जालीनुमा (Trellis) ⇒ नदियों का समकोण मिलन।
- अभिकेन्द्रीय (Centripetal) ⇒ नदियों का झील / गर्त में गिरना।

भारतीय नदियों का अपवाह तंत्र

① → हिमालय का अपवाह तंत्र ② → प्रायद्वीपीय अपवाह तंत्र

भारत की नदियाँ

नदी तट पर बसे शहर

Map not to Scale

(1) हिमालय अपवाह तंत्र

- सदानीरा नदियाँ
- नदियों द्वारा गहरी घाटियों एवं गॉर्ज का निर्माण
- नदियाँ अधिकतर पूर्ववर्ती
- निर्माण :- V-आकार की घाटियाँ व जलप्रपात

→ सिंधु नदी तंत्र

- उद्गम → तिब्बत (चीन) के मानसरोवर से
- लम्बाई → 2880 Km (भारत में 1114 Km)
- अरब सागर में गिरती है।
- तिब्बत में → सिंगी खंबान अथवा शेर मुख कहते हैं।
- लद्दाख और जास्कर के मध्य प्रवाहित।
- सहायक नदियाँ → श्योक (प्रथम), गिलगित, हुंजा, शिगार, द्रास, जास्कर, नुब्रा आदि।
- प्रमुख सहायक नदियाँ →

1. झेलम नदी

→ पुराना नाम – वितस्ता
→ उद्गम – बेरीनाग (पीरपंजाल) झील
→ लम्बाई – 725 Km (400 Km भारत में)
→ चेनाब की सहायक नदी
→ श्रीनगर झेलम नदी के तट पर बसा।

2. चेनाब (चिनाब) नदी

→ प्राचीन नाम – अस्किनी
→ चन्द्र और भागा दो सरिताओं के मिलने से उत्पत्ति
→ लम्बाई – 1180 Km
→ उद्गम – बारालाचा ला दर्रा (हिमाचल प्रदेश)
→ सहायक नदियाँ – झेलम, रावी, तवी

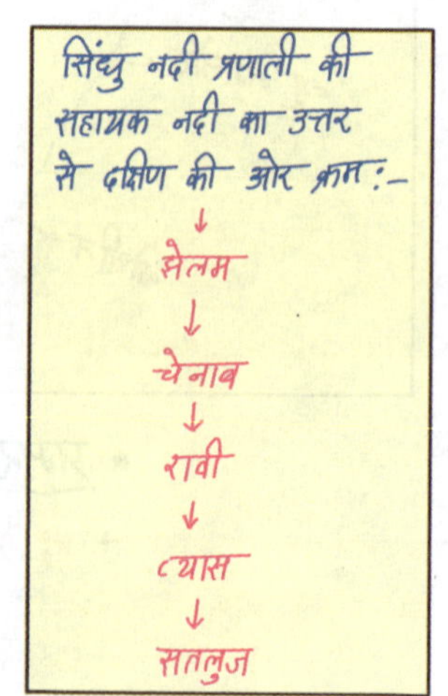

3. रावी नदी

→ प्राचीन नाम – परुष्णी
→ उत्पत्ति – रोहतांग दर्रा (कुल्लू पहाड़ियाँ)
→ लंबाई – 725 Km
→ चेनाब की सहायक नदी
→ भारत और पाकिस्तान के बीच सीमापार नदी।

4. व्यास नदी

→ प्राचीन नाम – विपाशा
→ उत्पत्ति – रोहतांग दर्रे (व्यास कुण्ड)
→ लंबाई – 470 Km
→ सतलज की सहायक नदी

5. सतलज नदी

→ प्राचीन नाम – शुतुद्रि
→ उद्गम – राकसताल (तिब्बत में लॉंगचेन खंबाब)
→ यह एक पूर्ववर्ती नदी
→ लंबाई – 1500 Km (भारत में 1050 Km)
→ सिंधु की सबसे बड़ी सहायक नदी
→ शिपकीला दर्रे से भारत में प्रवेश
→ इसके किनारे पर 'गुरुद्वारा या लालपुरी साहिब' स्थित।

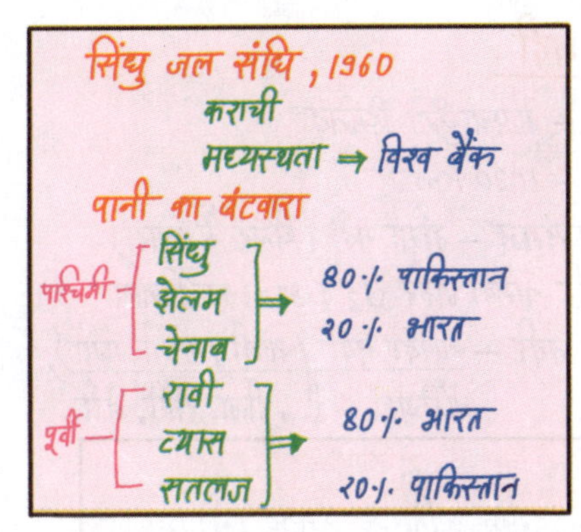

➡ गंगा नदी तंत्र

- भारत का सबसे बड़ा अपवाह तंत्र
- कुल क्षेत्रफल ⇒ 8.6 लाख वर्ग किमी.

★ गंगा नदी

→ उद्गम – गोमुख के निकट (गंगोत्री हिमानी से)
→ लम्बाई – 2525 Km
→ प्रारंभ में भागीरथी नाम से प्रसिद्ध
→ यमुना सबसे बड़ी सहायक नदी
→ रामगंगा प्रथम तथा महानंदा सबसे अंतिम सहायक नदी।

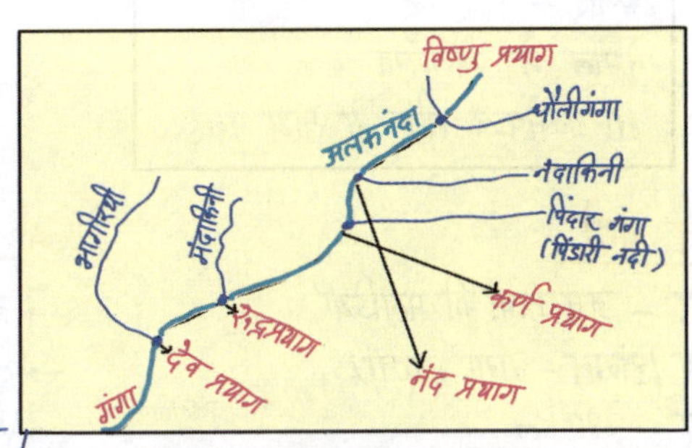

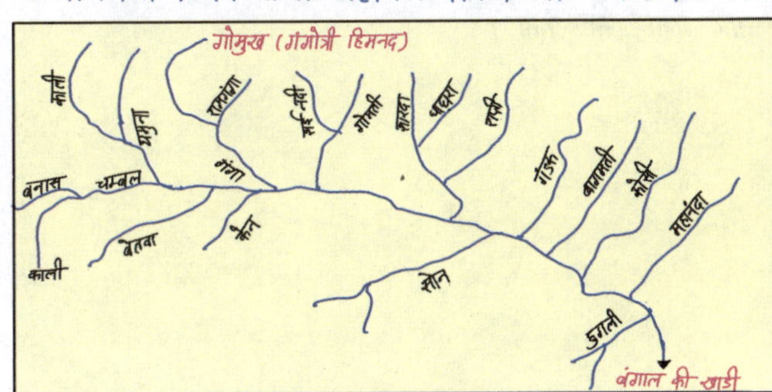

गंगा नदी तंत्र

- अलकनंदा + भागीरथी ⇒ देवप्रयाग → उद्गम स्थल – सतोपंथ हिमनद
- अलकनंदा + मंदाकिनी ⇒ रुद्रप्रयाग
- अलकनंदा + पिण्डार ⇒ कर्णप्रयाग
- अलकनंदा + धौलीगंगा ⇒ विष्णुप्रयाग

महत्त्वपूर्ण तथ्य

- दिल्ली रिज (Delhi Ridge) सिंधु एवं गंगा नदियों के बीच जल विभाजक।
- गंगा-ब्रह्मपुत्र बेसिन क्षेत्र 10°N से 30°N अक्षांश के बीच स्थित।
- यमुना नदी के हेडवॉटर के लिए प्रमुख वॉटरशेड 'बंदरपूँछ ग्लेशियर'।

★ यमुना नदी

→ उद्गम – यमुनोत्री हिमनद (बंदरपूंछ श्रेणी) से
→ लम्बाई – 1375 Km
→ संगम / मुहाना – गंगा (प्रयागराज, उत्तर प्रदेश)
→ सहायक नदियाँ – चंबल, सिंध, केन, बेतवा, टोंस
→ यमुना का अधिकांश जल सिंचाई के लिए उपयोग
→ चंबल नदी मध्य प्रदेश के महु (मालवा पठार) से
→ चंबल अपनी उत्खात भूमि (बैडलैंड स्थलाकृति) के लिए प्रसिद्ध
→ चंबल की सहायक नदी – पार्वती, काली सिंध, क्षिप्रा
→ कर्क रेखा के उत्तर में प्रवाहित
→ यमुना नदी चंबल में उत्तर से मिलन।
→ बनास नदी का उद्गम क्षेत्र अरावली पहाड़ी (राजस्थान)

★ रामगंगा नदी

→ उद्गम – गढ़वाल पहाड़ियों से (दूधातोली पर्वतमाला)
→ लम्बाई – 696 Km
→ संगम / मुहाना – गंगा नदी (कन्नौज के निकट)
→ गंगा की पहली सहायक नदी
→ सहायक नदी – खोह, अरिल, गगास इत्यादि।

★ गंडक नदी

→ दो धाराओं – कालीगंडक + त्रिशूलगंगा के मिलने से
→ उद्गम – नेपाल (धौलागिरि व माउण्ट एवरेस्ट के बीच)
→ लंबाई – 425 Km (भारत में)
→ मुहाना / संगम – गंगा नदी (हाजीपुर, पटना) के निकट सोनपुर में)

★ घाघरा नदी

→ उद्‌गम – मापचाचुँगो हिमनद
→ लंबाई – 1080 Km
→ मुहाना / संगम – गंगा नदी (बिहार के छपरा)
→ शीशपानी नामक गहरे खड्ड (180m) का निर्माण
→ सहायक नदी – शारदा नदी (काली / काली गंगा), चौकिया, टीला, सेती, बेरी

शारदा नदी (सरयु)
उद्‌गम – मिलाम हिमनद (नेपाल)
लम्बाई – 602 Km
नेपाल में गौरीगंगा
भारत नेपाल सीमा के साथ प्रवाह

★ कोसी नदी

- एक पूर्ववर्ती नदी
- उद्‌गम – तिब्बत
- लंबाई – 730 Km
- तिब्बत में मुख्य धारा अरुण
- अरुण नदी से मिलकर सप्तकोसी का निर्माण
- बिहार का शोक
- सहायक नदियाँ – सुनकोसी, दूधकोसी, इन्द्रावती, यारु आदि।

★ सोन नदी

→ उद्‌गम – अमरकंटक की पहाड़ियाँ
→ मुहाना / संगम – गंगा (पटना)
→ लंबाई – 780 Km
→ सहायक नदी – कोयल, रिहन्द

★ पुनपुन नदी

→ उद्‌गम – झारखण्ड के पलामू जिले से
→ लंबाई – 200 Km
→ संगम / मुहाना – गंगा (फतुहा, पटना)
→ 'आदि गंगा' की संज्ञा।

गंगा से संबंधित अन्य तथ्य

- गंगा नदी का बांग्लादेश में पद्‌मा नाम।
- गंगा 5 राज्यों से होकर प्रवाहित
  - → उत्तराखण्ड (110 Km)
  - → उत्तर प्रदेश (1450 Km)
  - → बिहार (445 Km)
  - → झारखण्ड (80 Km)
  - → पश्चिम बंगाल (520 Km)
- इसका बेसिन 11 राज्यों में विस्तृत।

➡ ब्रह्मपुत्र नदी तंत्र

- अधिकांश नदियाँ हिमालय से उद्‌गम
- कुल क्षेत्रफल / प्रवाह क्षेत्र – 6,51,334 Km^2
- भारत, चीन तथा बांग्लादेश में विस्तृत
- ब्रह्मपुत्र नदी द्वारा हिमालय की पूर्वी सीमा का निर्माण।

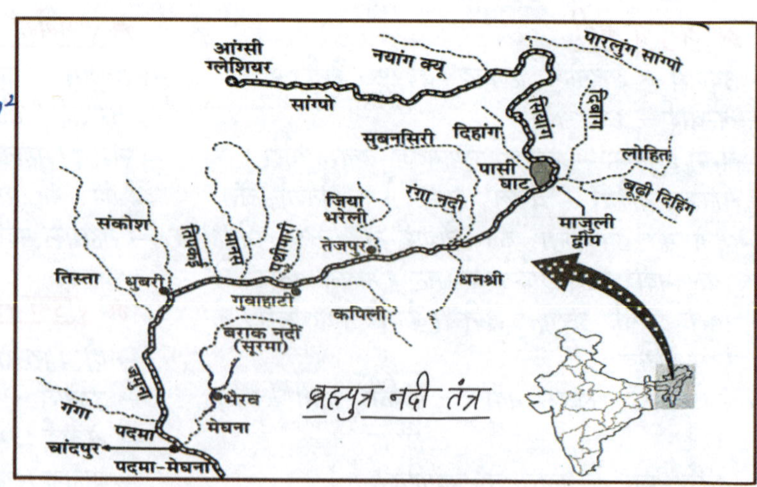

★ ब्रह्मपुत्र नदी

→ उद्‌गम – चेमायुँगडुंग हिमनद
→ लंबाई – 2900 Km (916 Km भारत में)
→ मुहाना – बंगाल की खाड़ी
→ तिब्बत में – सांपो (Tsangpo)
→ नामचा बरवा के निकट – गहरे महाखड्ड
↳ (नामचा बारवा से U (यू) टर्न का निर्माण लेकर अरुणाचल प्रदेश में प्रवेश)

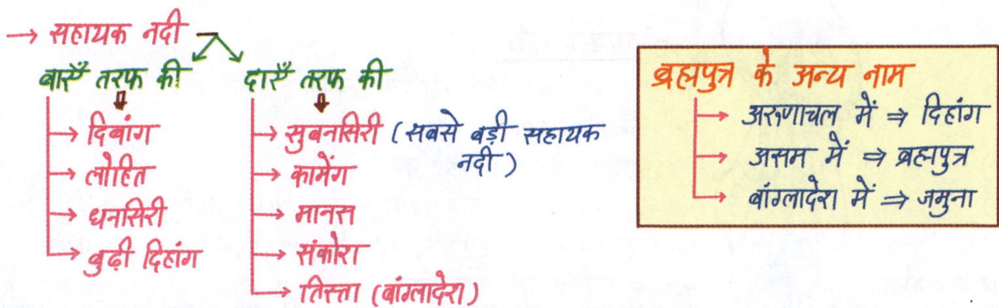

अन्य तथ्य

→ ब्रह्मपुत्र की एक अन्य सहायक नदी वांग छू नदी (भूटान में प्रवाहित)
→ असम में लोहित नदी मिलने के बाद ब्रह्मपुत्र नाम प्रसिद्ध।
→ माजुली नदी द्वीप ⇒ ब्रह्मपुत्र नदी पर स्थित
→ पद्मा + जमुना मिलने पर ⇒ मेघना का निर्माण
  ↳ सहायक नदी ⇒ बराक
→ दुनिया का सबसे बड़ा डेल्टा ⇒ सुंदरवन डेल्टा
→ गंगा नदी पर बसे शहर ⇒ कानपुर, पटना, प्रयागराज, वाराणसी
→ कोलकाता ⇒ हुगली नदी पर
→ घग्गर नदी का उद्गम स्थल शिवालिक पहाड़ी (हिमाचल प्रदेश)।

(2) प्रायद्वीपीय अपवाह तंत्र

- सुनिश्चित मार्ग की नदियाँ
- मौसमी नदी (वर्षा पर निर्भर), विसर्प का निर्माण नहीं
- भ्रंश घाटियों से प्रवाहित नदियाँ
- आरंभिक टर्शियरी काल

➡ बंगाल की खाड़ी में गिरने वाली नदियाँ

• महानदी

→ उद्गम – सिहावा पहाड़ी (रायपुर, छत्तीसगढ़)
→ लंबाई – 851 Km
→ जलग्रहण क्षेत्र – 1.42 लाख वर्ग किमी.
→ अपवाह क्षेत्र – मध्य प्रदेश, छत्तीसगढ़ (53%), ओडिशा (47%)
→ सहायक नदी – शिवनाथ, हसदेव, आण्ड, इब, जोंक, ओंग, तेल आदि।

• दामोदर नदी

→ उद्गम – छोटानागपुर पठार
→ लंबाई – 592 Km
→ मुहाना – हुगली नदी
→ सहायक नदी – बोकारो, बराकर, कोनार
→ बंगाल का शोक (Sorrow of Bengal)
→ भ्रंश घाटी में प्रवाहित

• गोदावरी नदी

→ उद्गम – त्र्यम्बकेश्वर (नासिक, महाराष्ट्र)
→ लंबाई – 1465 Km
→ जलग्रहण क्षेत्र – 3.13 लाख वर्ग किमी
→ अपवाह क्षेत्र – महाराष्ट्र (49%), मध्य प्रदेश + छत्तीसगढ़ (20%), आंध्रप्रदेश
→ दक्षिण गंगा के नाम से प्रसिद्ध
→ दक्षिण भारत की सबसे लम्बी नदी
→ सहायक नदी – पेनगंगा, इंद्रावती, प्राणहिता, वेनगंगा, वर्धा, मंजरा, पूर्णा, सबरी, प्रवरा, गौतमी, आदि।
  ↳ गौतमी – पुदुचेरी के यनम में अन्तः क्षेत्र से बहकर बंगाल की खाड़ी में समाप्त।
→ डेल्टा भाग में नौसंचालन

★ **कृष्णा नदी**

→ उद्गम – महाबलेश्वर (सह्याद्रि)
→ लंबाई – 1401 Km
→ अपवाह क्षेत्र – महाराष्ट्र (27%)
कर्नाटक (44%)
आंध्रप्रदेश (29%)
→ सहायक नदियाँ – कोयना, तुंगभद्रा, भीमा, घाटप्रभा, मालप्रभा, मूसी, दूधगंगा, मुन्नेरु वेन्ना, डिंडी आदि।

★ **स्वर्णरेखा नदी**

→ उद्गम – छोटानागपुर के पठार
→ लंबाई – 395 Km
→ विस्तार – झारखण्ड (सिंहभूम), ओडिशा (मयूरभंज), पश्चिम बंगाल (मिदनापुर)
→ जलग्रहण क्षेत्रफल – 19,500 Km^2

➡ **अरब सागर में गिरने वाली नदियाँ**

★ **नर्मदा नदी**

→ उद्गम – अमरकण्टक (1057 मी. की ऊँचाई से)
→ लंबाई – 1312 Km
→ भड़ौच (गुजरात) के पास अरब सागर में मिलना
→ ज्वारनदमुख का निर्माण (खंभात की खाड़ी)
→ अपवाह क्षेत्र – 93,180 वर्ग किमी.
→ भ्रंश घाटी (सतपुड़ा + विन्ध्यन पर्वत के मध्य) में प्रवाहित
→ सहायक नदियाँ – ओरसांग, तवा, शक्कर, हटनी कोलार आदि।

★ **लूनी नदी**

→ राजस्थान की सबसे बड़ी नदी, गुजरात में भी प्रवाह।
→ दो धाराओं (सरस्वती + साबरमती) के रूप में उद्गम – पुष्कर के समीप
→ लंबाई – 320 Km
→ मुहाना – कच्छ के रण
→ भारत की एकमात्र अंतर्वाही नदी
→ सहायक नदी – जोवाई (जवाई), सुखड़ी, जोजारी, सरसुती आदि।

★ **साबरमती नदी**

→ उद्गम – अरावली पर्वत (उदयपुर, राजस्थान)
→ लंबाई – 371 Km
→ मुहाना – खंभात की खाड़ी
→ अपवाह क्षेत्र – राजस्थान + गुजरात

★ **अरब सागर में गिरने वाली अन्य नदियाँ**

→ वैतरणा नदी – महाराष्ट्र (नासिक जिला)
→ शरावती नदी – कर्नाटक के शिमोगा जिला से अपवाहित
→ पांबा नदी – केरल (वेम्बनाद झील मुहाना)

★ **कावेरी नदी**

→ उद्गम – ब्रह्मगिरी पहाड़ियाँ (कोगाडु, कर्नाटक)
→ लंबाई – 800 Km
→ अपवाह क्षेत्र – 81,155 वर्ग किमी.
→ नदी की द्रोणी – केरल (3%), कर्नाटक (41%), तमिलनाडु (56%)
→ सहायक नदी – हेमवती, काबिनी, भवानी, शिमशा, अमरावती
→ दक्षिण भारत की गंगा
→ शिमशा नदी का देवरायणदुर्ग पहाड़ी के दक्षिण भाग से उद्गम।
→ सदानीरा नदी (एकमात्र, दक्षिण की नदियों में से)
→ तमिल में पूर्वी के नाम से प्रसिद्ध

★ **अन्य नदी**

→ वैतरणी नदी (ओडिशा के क्योंझर पठार से उद्गम)
→ ब्राह्मणी नदी (ओडिशा) – कोयल + शंख नदी के मिलन से उद्गम
→ वैगाई नदी – तमिलनाडु
→ पेन्नार नदी – कर्नाटक (नंदीदुर्ग पहाड़ी से उद्गम।
(कर्नाटक में पेन्नार नदी पर सोमशिला बाँध बनाया गया)
→ वंशधारा नदी – ओडिशा + आंध्र प्रदेश (डेल्टा)
→ गुमटी नदी – त्रिपुरा

★ **ताप्ती नदी**

→ उद्गम – मध्य प्रदेश के बैतूल जिले से
→ लंबाई – 724 Km
→ अपवाह क्षेत्र → महाराष्ट्र (79%)
→ मध्य प्रदेश (15%)
→ गुजरात (6%)
→ भ्रंश घाटी (सतपुड़ा + अजंता पर्वतों के बीच) में प्रवाहित
→ सहायक नदी – अनेर, गोमई, गिरना, पूर्णा आदि।

★ **माही नदी**

→ उद्गम – मध्य प्रदेश (धार जिले)
→ लंबाई – 585 Km
→ मुहाना – खंभात की खाड़ी
→ यह कर्क रेखा को दो बार प्रतिच्छेद।
→ अपवाह क्षेत्र – मध्य प्रदेश + राजस्थान + गुजरात

★ **पेरियार नदी**

→ उद्गम – पेरियार झील
→ केरल की जीवन रेखा
→ केरल की दूसरी सबसे लंबी नदी (पहली भरतपुझा)
→ सहायक नदी – मुथिरपुझा, मुलयार तवा चेरुथोनी
→ अरब सागर में गिरना / मुहाना

OTHER FACT :– मोलासिस बेसिन – मिजोरम में मृदु असंपिडित निक्षेपों से बना बेसिन

05 झीलें एवं जलप्रपात

भारत की प्रमुख झीलें

- झील → 'चारों ओर से स्थलखण्डों से घिरे स्थिर जल के भाग।'
  - → प्राकृतिक झील
  - → मानव निर्मित झील

(A) प्राकृतिक झीलों का वर्गीकरण

- **विवर्तनिक झीलें**

1. **वुलर झील**
- जम्मू एवं कश्मीर (बांदीपोरा जिले) में
- विवर्तनिक गतिविधियों का परिणाम
- भारत में ताजे जल की सबसे बड़ी झील
- झेलम नदी पर स्थित
- 1990 में रामसर सम्मेलन के तहत आर्द्रभूमि में शामिल
- हरमूक पर्वत की तलपट्टी पर स्थित
- एक प्रकार की गोखुर झील

> **ऑक्सबो झील :-**
> नदी के मोड़ से अलग होकर बनने वाली झील

- **लैगून / अनुप झीलें**

1. **चिल्का झील**
- ओडिशा (पुरी, खोर्धा एवं गंजाम जिले) में
- पूर्वी तट पर स्थित भारत की सबसे बड़ी लैगून झील (खारे जल)
- क्षेत्रफल — 1165 Km^2
- यूनेस्को द्वारा - 1981 में विश्व विरासत स्थल घोषित
- रामसर स्थल के रूप में प्रसिद्ध

3. **पुलिकट झील**
- आंध्र प्रदेश (84%) + तमिलनाडु (16%) की सीमा पर स्थित
- भारत की दूसरी सबसे बड़ी खारे पानी की झील
- झील के किनारे मैंग्रोव वन
- पुलिकट झील पक्षी अभयारण्य स्थित

2. **वेम्बनाद झील**
- केरल में स्थित (कोट्टायम, अलपुझा एवं एर्नाकुलम जिलों के सीमा पर)
- प्रतिवर्ष नाव प्रतियोगिता
- केरल की 10 नदियों का मिलन (जिसमें पम्बा और पेरियार मुख्य)
- दो द्वीप ⇒ वल्लारपदम् तथा वेलिंगटन
- रामसर आर्द्र भूमि में शामिल
- भारत की सबसे लंबी झील

4. **अष्टमुड़ी झील** - केरल
5. **कोलेरू झील** - आंध्र प्रदेश
6. **कलिवेली झील** - तमिलनाडु (कोरोमंडल तट)

> केरल की लैगून झील कयाल नाम से प्रसिद्ध

- **हिमानी से निर्मित झीलें**

1. **नैनीताल झील** — राकसताल, उत्तराखण्ड
2. **त्सोंगमो झील** — सिक्किम
3. **रूपकुण्ड झील** — उत्तराखण्ड राज्य में
   — लगभग 5,029 m की ऊँचाई पर स्थित
   — आकृति ⇒ अण्डाकार
4. **जिपांग नाथ झील** — जम्मू और कश्मीर में
   — भारत में स्थित सबसे ऊँची हिमानी झील
5. **डल झील** — जम्मू और कश्मीर

• वायु द्वारा निर्मित झीलें

1. **साम्भर झील**
- राजस्थान राज्य में
- सबसे बड़ी अंतर्देशीय (Inland) खारे पानी की झील
- शीत ऋतु में पिंक फ्लेमिंगो प्रवासी पक्षियों का आगमन
- 1990 में रामसर कन्वेंशन सूची में शामिल

2. **डीडवाना** – राजस्थान में स्थित
3. **पचपदरा झील** – राजस्थान के बालोतरा जिले में
4. **पंचभद्रा झील** – राजस्थान के बाड़मेर जिले में

> **नोट :–** हवाओं के प्रवाह तथा अपरदन से निर्मित झील → प्लाया

• क्रेटर झील (ज्वालामुखी प्रक्रिया द्वारा निर्मित)

→ ज्वालामुखी क्रेटर का ही विस्तृत रूप ⇒ काल्डेरा
→ लोनार झील (उल्का पिंड से निर्मित) ⇒ महाराष्ट्र

> **महत्त्वपूर्ण तथ्य :-**
> - जल संचयन हेतु राजस्थान में कुंड या टांका का उपयोग किया जाता है।
> - आंध्र प्रदेश में जल संग्रहण संस्थानों के निर्माण हेतु 'नीरू-मीरू कार्यक्रम' शुरू।
> - जैसलमेर में खड़ीन नामक जल संचयन प्रणाली विद्यमान।

• भारत की अन्य झीलें

1. **पुष्कर झील** – अजमेर (राजस्थान)
2. **भूरी झील** – महाराष्ट्र
3. **लोकटक झील**
   - → मणिपुर की जीवन रेखा
   - → पूर्वोत्तर भारत की सबसे बड़ी → ताजे पानी की झील
   - → जल विद्युत का उत्पादन
4. **वेरीनाग झील**
5. **शेषनाग झील**
6. **अनंतनाग झील**

(4–6) → जम्मू – कश्मीर

7. **सातताल, मालाताल, देवताल, खुरपाताल, सूर्यघर झील, नौकुचियाताल** – उत्तराखण्ड
8. **राजसमंद, पिछोला, लुनकरनसर, जयसमंद** – राजस्थान
9. **पेरियार झील** – केरल
10. **रेणुका झील** – हिमाचल प्रदेश (सबसे छोटा झील)
11. **पैंगोंग त्सो झील** – आक्साई चीन
12. **कांवर ताल झील** – बिहार (सबसे बड़ा गोखुर झील)
13. **सोंगमो झील** – सिक्किम

(B) मानव निर्मित / कृत्रिम झीलें

1. **गोविन्द बल्लभ पंत सागर** – रिहन्द नदी (उत्तर प्रदेश) → भारत की सबसे बड़ी कृत्रिम झील
2. **स्टैनले जलाशय** – कावेरी नदी (तमिलनाडु)
3. **गोविन्द सागर झील** – सतलज नदी (हिमाचल प्रदेश)
4. **राणा प्रताप व जवाहर सागर** – चंबल नदी (राजस्थान)
5. **गाँधी सागर** – चंबल नदी (मध्य प्रदेश)
6. **नागार्जुन सागर** – कृष्णा नदी पर (आंध्र प्रदेश + तेलंगाना की सीमा पर)
7. **भोजताल झील** – एशिया की सबसे बड़ी कृत्रिम झील, इसे भोपाल झील भी कहते हैं।
8. **उकाई झील** – ताप्ती नदी (गुजरात)
9. **सूर सरोवर झील (कीथम झील)** – यमुना नदी (उत्तर प्रदेश), आगरा

भारत
प्रमुख झीलें
पेंगोंग त्सो झील
त्सो मोरीरी झील
लद्दाख
अंचार झील
वुलर झील
डल झील
मानसर झील
नगिन
मानस बल
आंचार झील
सूरज ताल
चन्द्र ताल
सूर्यधार झील
नाको झील
रेणुका झील
सातताल झील
भीमताल झील
रूपकुंड झील
नैनी झील
पंजाब
उत्तराखण्ड
सुकना झील
सूरजकुण्ड
फतेहसागर
उदय सागर
हरियाणा
दिल्ली
राजस्थान
सांभर झील
पुष्कर झील
नक्की झील
पंचभद्र झील
देबर झील
राजसमन्द झील
उत्तर प्रदेश
फुलहार
बिहार
मध्य प्रदेश
भोज ताल
तवा झील
झारखण्ड
प. बंगाल
सोंगमो झील
चोलामू झील (भारत में सबसे ऊंची)
तिस्ता नदी का उद्गम
परशुराम कुण्ड
चपनाला
चन्दुबी
उमियम झील
लोकटक झील
हमीरसर
नल सरोवर
गुजरात
छत्तीसगढ़
अंशुपा झील
ओडिशा
चिल्का झील
लोनार झील
भुशी झील
पवई झील
हुसैन सागर झील
हैदराबाद व सिकंदराबाद को जोड़ना।
महाराष्ट्र
तेलंगाना
उस्मान सागर
कोलेरु झील
निजाम सागर
गोवा
कर्नाटक
आन्ध्र प्रदेश
पुलिकट झील
वीरानम झील
चेम्बरमबक्कम झील
कोडेकनाल झील
केरल
तमिलनाडु
वेम्बनाड झील
अष्टमुडी झील
सस्थम कोट्टा झील

भारत के प्रमुख जलप्रपात

• **जलप्रपात** → 'प्रवाहित नदी का एक प्रमुख अपरदनात्मक स्थलरूप'

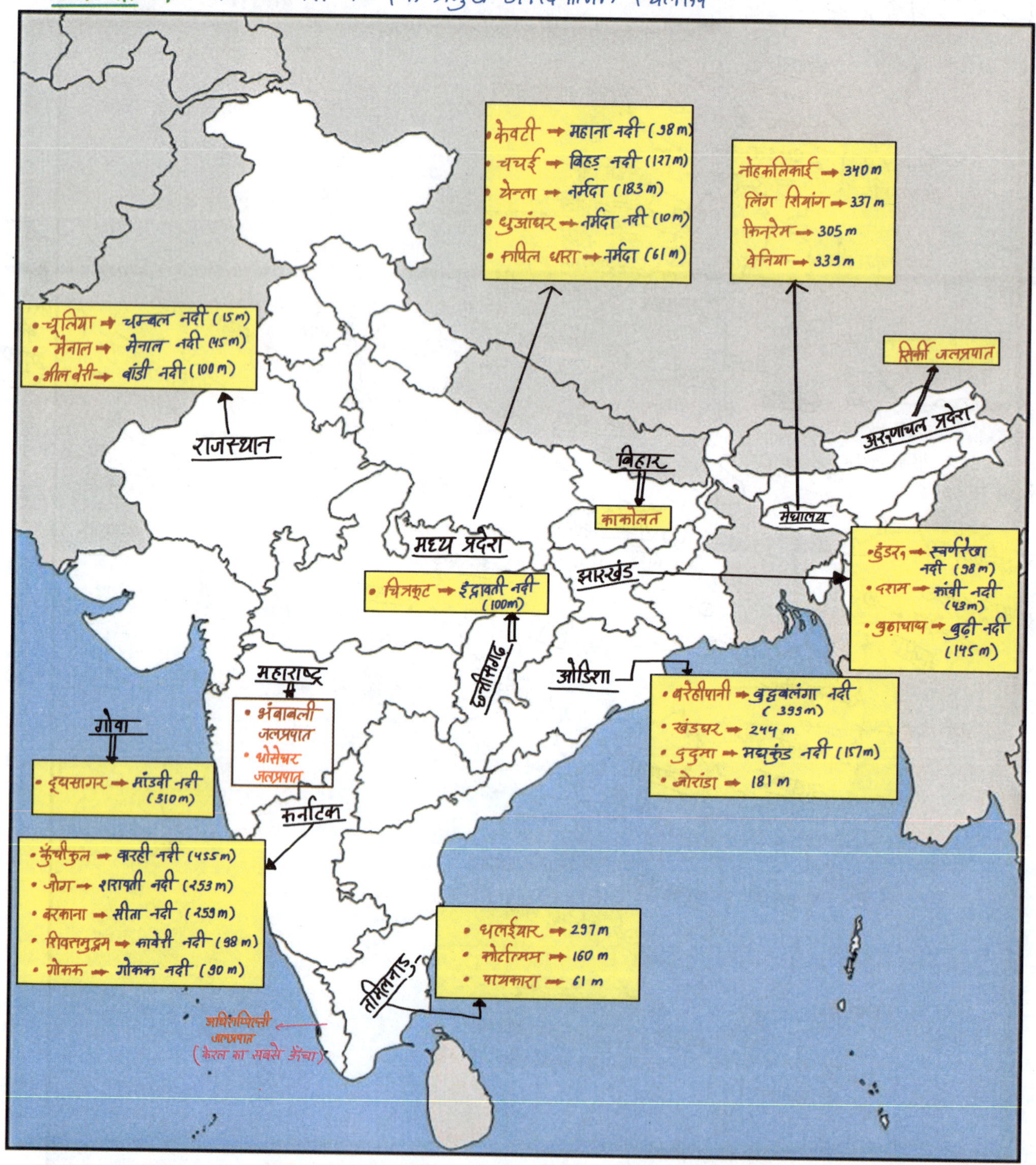

प्रमुख तथ्य

- जोग जलप्रपात का अन्य नाम गरसोप्पा और महात्मा गाँधी जलप्रपात।
- शिवसमुद्रम जलप्रपात आयतन की दृष्टि से भारत का सबसे बड़ा जलप्रपात।
- चित्रकूट जलप्रपात भारत का नियाग्रा जलप्रपात।
- कुंचीकल जलप्रपात भारत का सबसे ऊँचा जलप्रपात।

06 बहुउद्देशीय परियोजनाएँ

- उद्देश्य → सिंचाई, जलविद्युत उत्पादन, बाढ़ नियंत्रण, वृक्षारोपण, मृदा संरक्षण, पर्यटन आदि।
- जवाहरलाल नेहरू ने इसे 'आधुनिक भारत का मंदिर' कहा था।

→ प्रमुख बहुउद्देशीय परियोजना

1. भाखड़ा नांगल परियोजना
- सतलज नदी पर
- पंजाब, हरियाणा, राजस्थान और हिमाचल प्रदेश का संयुक्त उपक्रम।
- भाखड़ा → हिमाचल प्रदेश (गोविन्द सागर झील)
  ↳ कृत्रिम झील (1976 में निर्माण)
- नांगल → पंजाब
- विश्व का सबसे ऊँचा गुरुत्व बाँध (लम्बाई → 518 m, ऊँचाई → 226 m)

2. व्यास परियोजना
- व्यास + सतलज के संगम पर
- राजस्थान, पंजाब, हरियाणा और हिमाचल प्रदेश लाभान्वित राज्य
- धौलाधार पहाड़ियों में पोंग बाँध का निर्माण (व्यास नदी)
- इंदिरा गाँधी नहर का निर्माण → सबसे बड़ी सिंचाई परियोजना

3. दामोदर घाटी परियोजना
- दामोदर नदी पर
- झारखण्ड और पश्चिम बंगाल को लाभ
- यह भारत की पहली नदी घाटी परियोजना (1948)
- USA के टैनेसी नदी घाटी परियोजना पर आधारित
- ताप विद्युत गृह → बोकारो, दुर्गापुर, चन्द्रपुरा और पतरातु में।
- दामोदर और उसके सहायक नदियों पर 8 बाँध निर्मित।
- प्रमुख बाँध
  - मैथन बाँध → बराकर नदी
  - तिलैया बाँध → बराकर नदी
  - पंचेत बाँध → दामोदर नदी
  - कोनार बाँध → कोनार नदी

  ⇒ झारखण्ड

4. रिहन्द बाँध परियोजना
- रिहन्द नदी पर
- उत्तर प्रदेश की सबसे बड़ी परियोजना
- गोविन्द बल्लभ पंत सागर जलाशय का निर्माण
- हाईड्रो इलेक्ट्रिक पॉवर जेनरेशन द्वारा → 300 MW बिजली का उत्पादन

5. पंचेश्वर परियोजना
- शारदा नदी पर
- भारत- नेपाल का संयुक्त
- उद्देश्य → विद्युत उत्पादन, सिंचाई और पेयजल की व्यवस्था, बिहार और उत्तर प्रदेश में बाढ़ नियंत्रण।

राजस्थान इंदिरा गाँधी नहर परियोजना
लंबाई – 649 किमी
उद्गम → हरिके बैराज से
↳ सतलुज एवं व्यास के संगम

6. कोयना परियोजना
- कोयना नदी पर
- महाराष्ट्र के सतारा जिला में
- जलविद्युत परियोजना
- वर्ष 1962-63 में स्थापित
- भूमिगत विद्युत गृह की स्थापना

7. बगलिहार परियोजना
- चिनाब नदी पर
- जम्मू - कश्मीर ⇒ विद्युत परियोजना
- 900 MW की विद्युत का उत्पादन

8. मयूराक्षी परियोजना
- मयूराक्षी नदी पर
- कनाडा बाँध (उपनाम) का निर्माण
- झारखण्ड + पश्चिम बंगाल की संयुक्त परियोजना
- जल विद्युत और सिंचाई परियोजना

9. सरदार सरोवर परियोजना
- नर्मदा नदी पर
- गुजरात, महाराष्ट्र, मध्य प्रदेश और राजस्थान राज्य लाभांवित
- जलाशय → इंदिरा सागर झील
  ↓ भारत की सबसे बड़ी मानव निर्मित झील

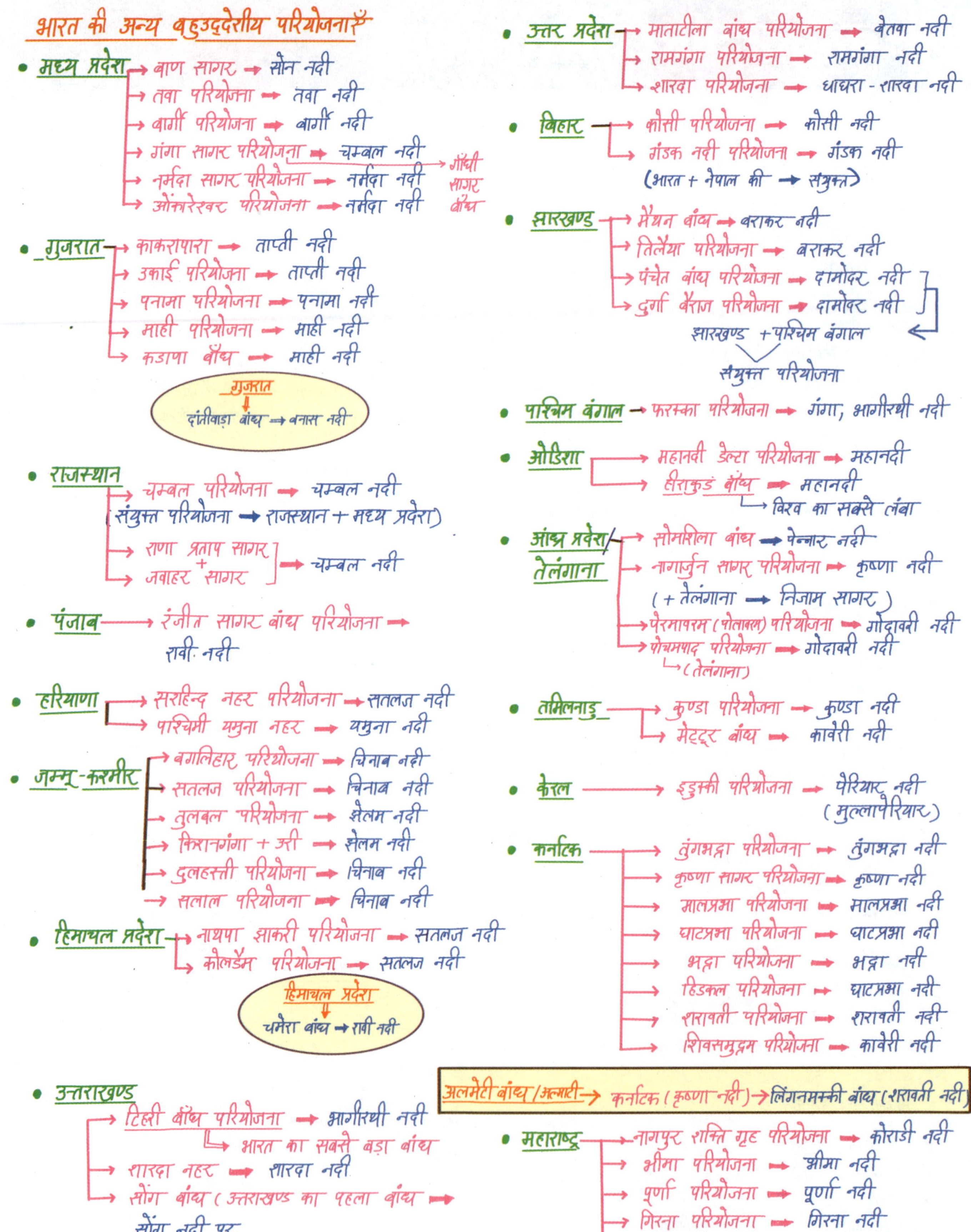

भारत की अन्य बहुउद्देशीय परियोजनाएँ
मध्य प्रदेश
बाण सागर → सोन नदी
तवा परियोजना → तवा नदी
बार्गी परियोजना → बार्गी नदी
गंगा सागर परियोजना → चम्बल नदी
नर्मदा सागर परियोजना → नर्मदा नदी
ओंकारेश्वर परियोजना → नर्मदा नदी
गाँधी सागर बाँध
गुजरात
काकरापारा → ताप्ती नदी
उकाई परियोजना → ताप्ती नदी
पनामा परियोजना → पनामा नदी
माही परियोजना → माही नदी
कडाणा बाँध → माही नदी
गुजरात
दांतीवाड़ा बाँध → बनास नदी
राजस्थान
चम्बल परियोजना → चम्बल नदी
(संयुक्त परियोजना → राजस्थान + मध्य प्रदेश)
राणा प्रताप सागर + जवाहर सागर → चम्बल नदी
पंजाब
रंजीत सागर बाँध परियोजना → रावी नदी
हरियाणा
सरहिन्द नहर परियोजना → सतलज नदी
पश्चिमी यमुना नहर → यमुना नदी
जम्मू-कश्मीर
बगलिहार परियोजना → चिनाब नदी
सतलज परियोजना → चिनाब नदी
तुलबल परियोजना → झेलम नदी
किशनगंगा + उरी → झेलम नदी
दुलहस्ती परियोजना → चिनाब नदी
सलाल परियोजना → चिनाब नदी
हिमाचल प्रदेश
नाथपा झाकरी परियोजना → सतलज नदी
कोलडैम परियोजना → सतलज नदी
हिमाचल प्रदेश
चमेरा बांध → रावी नदी
उत्तराखण्ड
टिहरी बाँध परियोजना → भागीरथी नदी
भारत का सबसे बड़ा बांध
शारदा नहर → शारदा नदी
सोंग बांध (उत्तराखण्ड का पहला बांध → सोंग नदी पर
उत्तर प्रदेश
माताटीला बांध परियोजना → बेतवा नदी
रामगंगा परियोजना → रामगंगा नदी
शारदा परियोजना → घाघरा-शारदा नदी
बिहार
कोसी परियोजना → कोसी नदी
गंडक नदी परियोजना → गंडक नदी
(भारत + नेपाल की → संयुक्त)
झारखण्ड
मैथन बांध → बराकर नदी
तिलैया परियोजना → बराकर नदी
पंचेत बांध परियोजना → दामोदर नदी
दुर्गापुर बैराज परियोजना → दामोदर नदी
झारखण्ड + पश्चिम बंगाल
संयुक्त परियोजना
पश्चिम बंगाल → फरक्का परियोजना → गंगा, भागीरथी नदी
ओडिशा
महानदी डेल्टा परियोजना → महानदी
हीराकुंड बाँध → महानदी
विश्व का सबसे लंबा
आंध्र प्रदेश/तेलंगाना
सोमशिला बांध → पेन्नार नदी
नागार्जुन सागर परियोजना → कृष्णा नदी
(+ तेलंगाना → निजाम सागर)
पेरमापरम (पोलावरम) परियोजना → गोदावरी नदी
पोचमपाद परियोजना → गोदावरी नदी
(तेलंगाना)
तमिलनाडु
कुण्डा परियोजना → कुण्डा नदी
मेट्टूर बांध → कावेरी नदी
केरल → इडुक्की परियोजना → पेरियार नदी
(मुल्लापेरियार)
कर्नाटक
तुंगभद्रा परियोजना → तुंगभद्रा नदी
कृष्णा सागर परियोजना → कृष्णा नदी
मालप्रभा परियोजना → मालप्रभा नदी
घाटप्रभा परियोजना → घाटप्रभा नदी
भद्रा परियोजना → भद्रा नदी
हिडकल परियोजना → घाटप्रभा नदी
शरावती परियोजना → शरावती नदी
शिवसमुद्रम परियोजना → कावेरी नदी
अलमेटी बांध/अलमाटी → कर्नाटक (कृष्णा नदी) → लिंगनमक्की बांध (शरावती नदी)
महाराष्ट्र
नागपुर शक्ति गृह परियोजना → कोराडी नदी
भीमा परियोजना → भीमा नदी
पूर्णा परियोजना → पूर्णा नदी
गिरना परियोजना → गिरना नदी
जायकवाड़ी परियोजना → गोदावरी नदी

07 भारत की जलवायु

भारतीय जलवायु → उष्णकटिबंधीय मानसूनी जलवायु

मानसून की प्रकृति

- तापीय संकल्पना → प्रतिपादक → एडमंड हैले → 1686 ई०
  - उत्पत्ति-स्थल तथा जल के असमान संघटन से
    - शीतकालीन मानसून
    - ग्रीष्मकालीन मानसून
- गतिक संकल्पना → प्रतिपादक — फ्लोन (फ्लान)
  भूमध्य रेखा के पास व्यापारिक पवनों का अभिसरण
- जेट प्रवाह (Jet Streams)
  - → क्षोभमण्डल में प्रवाहित
  - → तीव्र गति के पवन प्रवाह
    - → सामान्य गति – 150-200 किमी./घंटा
    - → कोर में गति – 320-480 किमी/घंटा
  - → पेटी की चौड़ाई 150 किमी.
    - → संक्रमण पेटी – 2 से 3 किमी. चौड़ी
  - → अवस्थिति – उत्तरी गोलार्द्ध में

एल-निनो (El-Nino)

- जलवायु पैटर्न
- पेरू तट पर उत्पत्ति (प्रत्येक पाँच या 10 वर्ष में)
  - → पूर्वी प्रशान्त महासागर
- गर्म महासागरीय धारा
- भारत में प्रभाव
  - → नकारात्मक
  - → कम वर्षा
  - → सूखा और मौसम की चरम अवस्थाएँ

ला-नीना (La-nina)

- जलवायु पैटर्न
- उत्पत्ति
  - → पूर्वी प्रशान्त महासागर
  - → ठण्डी धारा की उत्पत्ति
- भारत में प्रभाव
  - → पर्याप्त मात्रा में वर्षा
  - → कृषि के लिए लाभकारी

कोपेन की योजना के अनुसार भारत के जलवायु प्रदेश

जलवायु के प्रकार	क्षेत्र
लघु शुष्क ऋतु वाला मानसून प्रकार (Amw)	गोवा के दक्षिण में भारत का पश्चिमी तट, त्रिपुरा, मिजोरम, तमिलनाडु का कोरोमण्डल तट
उष्णकटिबन्धीय सवाना प्रकार (Aw)	कर्क वृत्त के दक्षिण में प्रायद्वीपीय पठार का अधिकतर भाग, पश्चिमी बंगाल एवं झारखण्ड
अर्द्ध शुष्क स्टैपी जलवायु (Bshw)	उत्तर-पश्चिमी गुजरात, पूर्वी राजस्थान और पश्चिमी हरियाणा के कुछ भाग, कर्नाटक एवं तमिलनाडु का वृष्टि छाया प्रदेश
गर्म मरुस्थल (Bwhw)	राजस्थान के कुछ अति पश्चिमी क्षेत्र, उत्तरी गुजरात एवं हरियाणा का दक्षिणी भाग
शुष्क शीत ऋतु वाला मानसून प्रकार (Cwg)	विस्तार गंगा के मैदान पर
लघु ग्रीष्म तथा ठण्डी आर्द्र शीत ऋतु (Dfc)	सिक्किम व अरुणाचल प्रदेश का क्षेत्र सम्मिलित।
ध्रुवीय या पर्वतीय जलवायु (E)	जम्मू-कश्मीर एवं हिमाचल प्रदेश के क्षेत्र
टुण्ड्रा तुल्य (Et)	उत्तराखण्ड के पहाड़ी भाग

भारतीय मानसून

• मानसून शब्द की उत्पत्ति – अरबी शब्द
↓
मौसिम से → हवाओं का मौसमी उत्क्रमण

ग्रीष्म ऋतु
दक्षिण-पश्चिम मानसून
अरब
भारत

• **मानसून की शुरुआत**

→ भारत में मानसून – दक्षिण पश्चिम मानसून
→ समय – जून से सितम्बर तक
→ प्रथम आगमन – केरल के मालाबार तट

• **शाखाएँ**

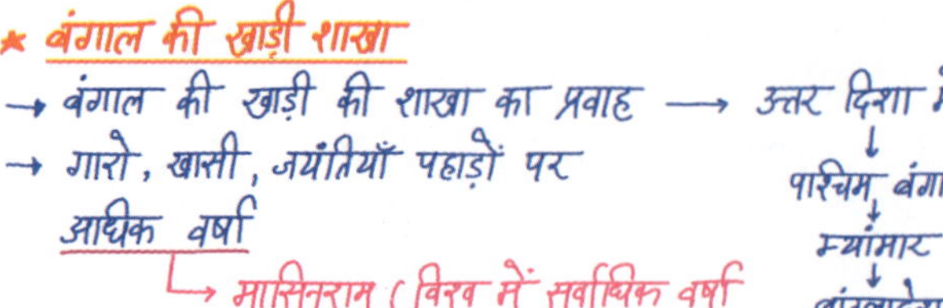

★ **बंगाल की खाड़ी शाखा**

→ बंगाल की खाड़ी की शाखा का प्रवाह → उत्तर दिशा में ↓ पश्चिम बंगाल ↓ म्यांमार ↓ बांग्लादेश
→ गारो, खासी, जयंतियाँ पहाड़ों पर अधिक वर्षा
↳ मासिनराम (विश्व में सर्वाधिक वर्षा का स्थान)

★ **अरब सागर की शाखाएँ**

→ पश्चिमी घाट पर्वतों के समानांतर
→ केरल राज्य में प्रथम वर्षा
→ तटीय मैदान में 250 सेमी. से अधिक वर्षा
→ इसकी तीन शाखाएँ

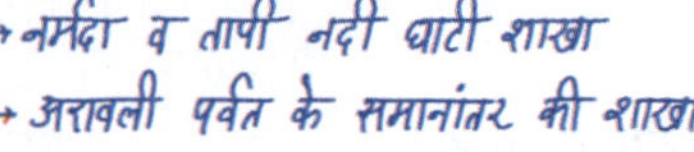

- पश्चिमी घाट की शाखा
- नर्मदा व तापी नदी घाटी शाखा
- अरावली पर्वत के समानांतर की शाखा

नोट: दोनों शाखाओं का पंजाब के मैदान में आपस में मिलन।

मानसून पूर्व वर्षा / चक्रवात

- भारत में अलग-अलग जगहों पर अलग नामों से ।
- नार्वेस्टर (Norwesters)

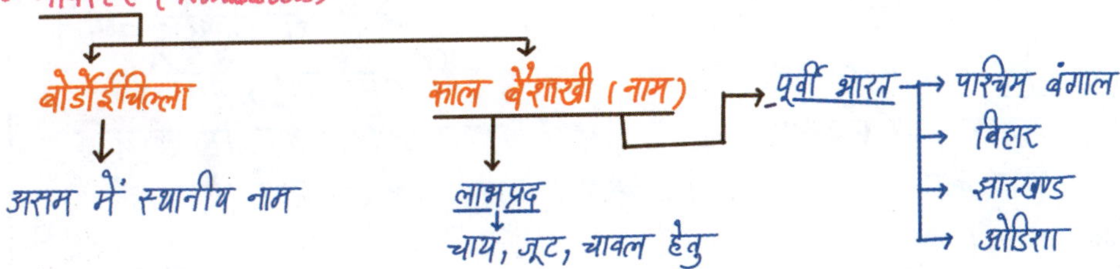

- चैरी ब्लॉसम (Cherry blossom) — केरल एवं कर्नाटक में (कॉफी फूल खिलने में सहायक)
- आम्र वृष्टि (Mango Shower) —— South India (केरल, तमिलनाडु)
  आम पकने में सहायक

मानसून विच्छेद

- वर्षा काल में (मानसून) कुछ दिनों के बाद वर्षा न होना ।

कारण

- उष्णकटिबंधीय चक्रवातों की संख्या में कमी
- अंतः उष्ण कटिबंधीय अभिसरण क्षेत्र (ITCZ) में बदलाव

मानसून निवर्तन

→ मानसून का लौटना
→ उत्तर पूर्वी मानसून
→ अक्टूबर में मानसून उत्तरी मैदान से वापस
→ अक्टूबर - नवम्बर माह
→ तमिलनाडु के कोरोमण्डल तट पर वर्षा

भारत की ऋतुएँ

- वार्षिक जलवायु अवस्थाओं के आधार पर

चार ऋतुएँ

उत्तर पूर्वी मानसून का समय
- शीत ऋतु
- ग्रीष्म ऋतु

दक्षिण-पश्चिमी मानसून
- वर्षा ऋतु
- शरद ऋतु

शीत ऋतु

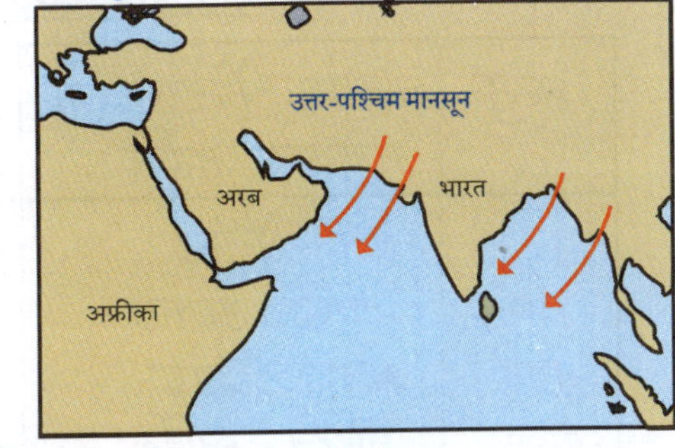

• शीत ऋतु

→ प्रारंभ - मध्य दिसंबर से
→ समाप्ति - मार्च में
→ पवन संचलन — स्थल से समुद्र की ओर
→ रातें बड़ी, दिन छोटा
→ होने वाली वर्षा - मावठ
→ उत्तर-पूर्वी मानसूनी वर्षा (तमिलनाडु)
→ पश्चिमी विक्षोभ (मध्य एशिया की ठण्डी हवा) से वर्षा (उत्तर-पश्चिम भारत में)
↳ रबी फसल के लिए फायदेमंद

• ग्रीष्म ऋतु

→ समय - मार्च से जून माह तक
→ तापमान - 30°-40° C
→ पवन संचलन - समुद्र से स्थल की ओर
→ गर्म पवन - लू (पंजाब से बिहार तक प्रवाहित)

• वर्षा ऋतु

→ मध्य जून से मध्य सितम्बर तक
→ अधिकांश वर्षा - दक्षिण - पश्चिम मानसून द्वारा

वर्षा क्षेत्र

- **अधिक वर्षा वाले क्षेत्र** – पश्चिमी तट, पश्चिमी घाट, उत्तर-पूर्व के उप-हिमालयी क्षेत्र तथा मेघालय की पहाड़ियों पर वर्षा की मात्रा 200 सेमी से अधिक वर्षा।
- **मध्यम वर्षा वाले क्षेत्र** – गुजरात के दक्षिणी भाग, पूर्वी तमिलनाडु, ओडिशा सहित उत्तर-पूर्वी प्रायद्वीप, झारखण्ड, बिहार, पूर्वी मध्य प्रदेश, उप-हिमालय के साथ संलग्न गंगा का उत्तरी मैदान, कछार घाटी और मणिपुर में 100 से 200 सेमी वर्षा।
- **न्यून वर्षा वाले क्षेत्र** – पश्चिमी उत्तर प्रदेश, दिल्ली, हरियाणा, पंजाब, जम्मू-कश्मीर, पूर्वी राजस्थान, गुजरात राज्य तथा दक्कन के पठार में 50 से 100 सेमी के बीच वर्षा।
- **अपर्याप्त वर्षा वाले क्षेत्र** – आन्ध्र प्रदेश, कर्नाटक और महाराष्ट्र के कुछ भागों, लद्दाख और पश्चिमी राजस्थान के अधिकतर भागों में 50 सेमी से भी कम वर्षा।

- **शरद ऋतु**

→ मध्य सितम्बर से मध्य दिसंबर तक
→ मानसून प्रत्यावर्तन की ऋतु
→ बंगाल की खाड़ी में उष्ण चक्रवात की उत्पत्ति

प्रमुख छः ऋतुएँ

ऋतु	भारतीय कैलेण्डर के अनुसार महीने	अंग्रेजी कैलेण्डर के अनुसार महीने
बसन्त	चैत्र - वैसाख	मार्च - अप्रैल
ग्रीष्म	ज्येष्ठ - आषाढ़	मई - जून
वर्षा	श्रावण - भाद्र	जुलाई - अगस्त
शरद	अश्विन - कार्तिक	सितम्बर - अक्टूबर
हेमन्त	मार्गशीष - पौष	नवम्बर - दिसम्बर
शिशिर	माघ - फाल्गुन	जनवरी - फरवरी

ऋतु से संबंधित महत्वपूर्ण तथ्य

- लेह, भारत का सर्वाधिक शुष्क स्थल
- विश्व का सर्वाधिक आर्द्रतम स्थान – मासिनराम
- भारत में मानसून पहुँचने का अंतिम स्थान – कश्मीर घाटी
- मावठा वर्षा (शीत ऋतु) राजस्थान में।
- मानसून की दोनों शाखाओं से समान रूप से वर्षा प्राप्ति वाला राज्य – पंजाब

08 भारत की मिट्टियाँ

मृदा / संस्तर / मृदा क्षितिज

- मृदा क्षितिज मिट्टी की सतह के समानांतर एक परत।
- भौतिक, रासायनिक एवं जैविक विशेषताएँ ऊपर और नीचे की परतों से भिन्न।
- मृदा निर्माण में अपक्षय की प्रक्रिया सहायक
- भारत में सर्वाधिक व्यापक मृदा क्रम इन्सेप्टिसोल है।

मिट्टी के अध्ययन का विज्ञान — मृदा विज्ञान (Pedology)

भारतीय कृषि अनुसंधान परिषद (ICAR)
- → मृदा का 8 वर्गों में विभाजन
- → मुख्यालय – नई दिल्ली
- → Full Form — Indian Council of Agricultural Research

> भारतीय मृदा में — नाइट्रोजन, फॉस्फोरस और ह्यूमस की कमी

भारतीय मृदा का विभाजन

1. जलोढ़ मृदा (Alluvial Soil) (सर्वाधिक विस्तृत)

- देश के 43.4% भाग पर प्राप्त
- अत्यधिक उपजाऊ (नदियों द्वारा लायी गई मृदा)
- प्राप्ति – उ.प्र., बिहार, पश्चिम बंगाल एवं पंजाब में।
- बहुलता – पोटाश व चूना
- कमी / अभाव – नाइट्रोजन, फास्फोरस, ह्यूमस
- प्रमुख फसलें – धान, गेहूँ, मक्का, तिलहन, दलहन, आलू
- उत्तरी मैदान + प्रायद्वीपीय नदियों के डेल्टा
- संपूर्ण उत्तरी मैदान एवं तटीय मैदान जलोढ़ मृदा से निर्मित।
- प्रमुख प्रकार →
  - बांगर (पुरानी जलोढ़ मिट्टी) – कम उपजाऊ
  - खादर (नई जलोढ़ मिट्टी) – अत्यधिक उपजाऊ

2. काली मृदा (Black Soil)

- देश के 16.6% भाग पर प्राप्त
- निर्माण – लावा के अपक्षय द्वारा
- अन्य नाम – रेगुर मिट्टी
- जल धारण क्षमता – सर्वाधिक
- प्रमुख गुण →
  - शीघ्र चिपचिपी हो जाना
  - सूखने पर दरारें पड़ जाना

(दरारों के कारण स्वतः जुताई वाली मिट्टी के नाम से प्रसिद्ध)

- बहुलता – आयरन, चूना, एल्युमीनियम एवं मैग्नीशियम
- कमी – फॉस्फोरस
- कपास की खेती हेतु सर्वाधिक उपयुक्त – (कपास की काली मिट्टी के नाम से प्रसिद्ध।)
- अन्य प्रमुख फसलें – गेहूँ, ज्वार, बाजरा
- प्राप्ति स्थल – गुजरात, महाराष्ट्र, म.प्र. (पश्चिमी भाग), दक्कन पठार

3. लाल मृदा (Red Soil)

- देश के 18.6% भाग में प्राप्त
- निर्माण – रवेदार एवं कायांतरित शैलों के विघटन एवं वियोजन से।
- बहुलता – सिलिका एवं आयरन
- प्रकृति – अम्लीय
- कमी – नाइट्रोजन, फॉस्फोरस एवं ह्यूमस (उर्वरता विहीन)
- लाल रंग का कारण – लौह ऑक्साइड (जलयोजित रूप में पीले रंग की दिखना)
- प्रमुख फसलें – कपास, गेहूँ, दालें एवं मोटे अनाज
- ओमनीबस (Omnibus) समूह की मृदा।
- प्राप्ति स्थल – पानी की कमी वाले क्षेत्र में – कर्नाटक, तमिलनाडु, महाराष्ट्र, पश्चिमी घाट क्षेत्र।

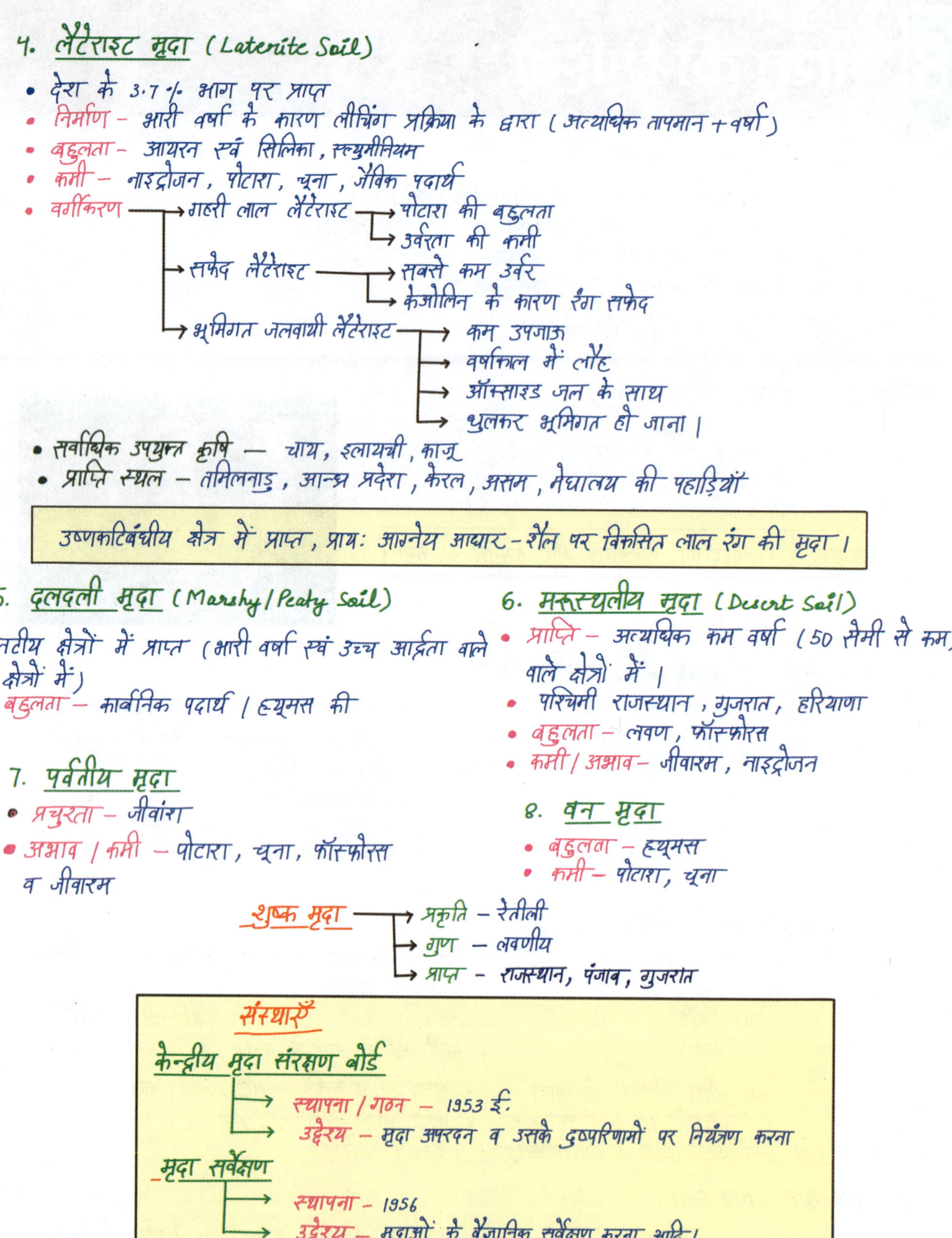

4. लैटेराइट मृदा (Laterite Soil)

- देश के 3.7 % भाग पर प्राप्त
- निर्माण – भारी वर्षा के कारण लीचिंग प्रक्रिया के द्वारा (अत्यधिक तापमान + वर्षा)
- बहुलता – आयरन एवं सिलिका, एल्युमीनियम
- कमी – नाइट्रोजन, पोटाश, चूना, जैविक पदार्थ
- वर्गीकरण
  - → गहरी लाल लैटेराइट
    - → पोटाश की बहुलता
    - → उर्वरता की कमी
  - → सफेद लैटेराइट
    - → सबसे कम उर्वर
    - → केओलिन के कारण रंग सफेद
  - → भूमिगत जलवायी लैटेराइट
    - → कम उपजाऊ
    - → वर्षाकाल में लौह
    - → ऑक्साइड जल के साथ
    - → घुलकर भूमिगत हो जाना।
- सर्वाधिक उपयुक्त कृषि — चाय, इलायची, काजू
- प्राप्ति स्थल – तमिलनाडु, आन्ध्र प्रदेश, केरल, असम, मेघालय की पहाड़ियाँ

उष्णकटिबंधीय क्षेत्र में प्राप्त, प्रायः आग्नेय आधार-शैल पर विकसित लाल रंग की मृदा।

5. दलदली मृदा (Marshy / Peaty Soil)

- तटीय क्षेत्रों में प्राप्त (भारी वर्षा एवं उच्च आर्द्रता वाले क्षेत्रों में)
- बहुलता – कार्बनिक पदार्थ / ह्यूमस की

6. मरुस्थलीय मृदा (Desert Soil)

- प्राप्ति – अत्यधिक कम वर्षा (50 सेमी से कम) वाले क्षेत्रों में।
- पश्चिमी राजस्थान, गुजरात, हरियाणा
- बहुलता – लवण, फॉस्फोरस
- कमी / अभाव – जीवाश्म, नाइट्रोजन

7. पर्वतीय मृदा

- प्रचुरता – जीवांश
- अभाव / कमी – पोटाश, चूना, फॉस्फोरस व जीवाश्म

8. वन मृदा

- बहुलता – ह्यूमस
- कमी – पोटाश, चूना

शुष्क मृदा
- → प्रकृति – रेतीली
- → गुण – लवणीय
- → प्राप्त – राजस्थान, पंजाब, गुजरात

संस्थाएँ

केन्द्रीय मृदा संरक्षण बोर्ड
- → स्थापना / गठन – 1953 ई.
- → उद्देश्य – मृदा अपरदन व उसके दुष्परिणामों पर नियंत्रण करना

मृदा सर्वेक्षण
- → स्थापना – 1956
- → उद्देश्य – मृदाओं के वैज्ञानिक सर्वेक्षण करना आदि।

केन्द्रीय शुष्क मृदा अनुसंधान संस्थान (CAZRI)
- → स्थापना – 1959 (जोधपुर)
- → उद्देश्य – मरुस्थल की समस्या के समाधान हेतु अध्ययन आदि।

09 प्राकृतिक वनस्पति

भारत की प्रमुख वनस्पतियाँ

उष्णकटिबंधीय सदाबहार एवं अर्द्धसदाबहार वन

→ **विस्तार** - पश्चिमी घाट, असम, केरल, पश्चिम बंगाल, अण्डमान - निकोबार, मेघालय, मिजोरम, मणिपुर, त्रिपुरा, अरुणाचल प्रदेश

→ **प्रमुख वृक्ष** - रोजवुड, महोगनी, बाँस, सिनकोना, आबूनस, सफेद सेंगर, बेंत, रबड़, नारियल

→ **वर्षा** - २०० सेमी. से अधिक → **औसत वार्षिक तापमान** - २२°C से अधिक

→ **आर्द्रता** - 70% से अधिक → **वृक्षों की लम्बाई** - 60 मी. से अधिक

→ **क्षेत्र** - लगभग 46 लाख हेक्टेयर में विस्तृत

नोट :- सर्वाधिक जैव विविधता, पश्चिमी घाट में

उष्ण कटिबंधीय पतझड़ पर्णपाती या मानसूनी वन

→ **विस्तार** - हिमालय के गिरिपाद, मध्य प्रदेश, छत्तीसगढ़, कर्नाटक, महाराष्ट्र, पश्चिमी घाट के पूर्वी ढाल, ओडिशा, पश्चिम बंगाल, झारखण्ड, उत्तर-प्रदेश, बिहार

→ **प्रमुख वृक्ष** - साल, सागौन, शीशम, चंदन, आम, साखू, आँवला, महुआ, हल्दू, हरड़- बहेड़ा, तेंदू (बीड़ी बनाने में पत्तों का प्रयोग)

→ **वर्षा** - 70-२०० सेमी. तक
- → शुष्क पर्णपाती वन - 70-150 सेमी.
- → नम पर्णपाती वन - 150-२०० सेमी.

→ **औसत वार्षिक तापमान** - २7° से अधिक

→ **क्षेत्र** - लगभग २२० लाख हेक्टेयर में विस्तृत

→ वृक्ष कम लंबे व खुले वन

→ सर्वाधिक महत्व वाले वन

→ व्यावसायिक लकड़ियों की अधिकता

→ सर्वाधिक विस्तार मध्य प्रदेश (41017 वर्ग किमी.) में।

उष्ण कटिबंधीय काँटेदार वन या मरुस्थलीय वन

→ **विस्तार** - राजस्थान, दक्षिण-पश्चिमी पंजाब, दक्षिण-पश्चिमी हरियाणा, गुजरात, मध्य प्रदेश, उत्तर प्रदेश के शुष्क क्षेत्र। (सर्वाधिक क्षेत्र पर विस्तार)

→ **प्रमुख वृक्ष** - बेर, खैर, नीम, खेजड़ी, पलाश, बबूल आदि। → **वर्षा** - 50 सेमी. से कम

→ **महत्व**
- → वृक्ष छोटे या कंटीली झाड़ी के रूप में
- → वृक्षों की छाल मोटी, काँटेदार पत्ति
- → उपयोग - केवल ईंधन के लिए

पर्वतीय वन

→ **विस्तार**

उत्तरी भारत

⇓

• हिमालय क्षेत्र

प्रमुख वृक्ष
- → देवदार (पश्चिमी हिमालय की शीतोष्ण पेटी)
- भोजपत्र वृक्ष की प्राप्ति (हिमालय में)
  - → अल्पाइन श्रेणी के वृक्ष
- → दवा, जड़ी-बूटी, कच्चे माल की प्राप्ति

दक्षिण भारत

⇓

नीलगिरि, अन्नामलाई एवं पालनी पहाड़ियों पर विस्तार
- → शोलास वन/वृक्ष

→ **प्रमुख वृक्ष** - ओक, मेपल, चेस्टनट, पाइन, स्प्रूस, सिल्वर, ढाक, शीशम, सेडार, फर, मैगनोलिया, लॉरेल, आदि।

→ **महत्व**
- → बहुमूल्य इमारती लकड़ियों की प्रधानता।
- → घास, काई, लाइकेन विद्यमान/प्रधानता।

मैंग्रोव वन

→ विस्तार – गंगा-ब्रह्मपुत्र डेल्टा, महानदी, कृष्णा तथा कावेरी डेल्टा में, गंगा-ब्रह्मपुत्र डेल्टा में, सुंदरी वन, कच्छ क्षेत्र, अण्डमान-निकोबार

→ प्रमुख वृक्ष – मैंग्रोव, गोरने, ताड़, कैसूरीना, फोनिक्स, नीपा, सुन्दरी। → दुर्गम वन व सीमित उपयोग।

→ लकड़ी – कठोर तथा छाल-क्षारीय → उपयोग – मुख्यतः नाव बनाने, चमड़ा पकाने तथा रंगने में।

राष्ट्रीय वन नीति, 2018

- प्रथम वन संरक्षण नीति लागू – 1952 में
- प्रथम संशोधन – 1988 में
- द्वितीय वन संशोधन – 2018 में

- वन नीति 2018 का प्रारूप
  → संपूर्ण देश के 33% भाग पर वन लगाना
  → वर्तमान में 25.17% वन
  → पहाड़ी एवं दुर्गम क्षेत्रों में वन
  → कुल भौगोलिक क्षेत्र का 2/3

अन्य तथ्य

- चिपको आंदोलन
  → प्रारम्भकर्ता – सुंदरलाल बहुगुणा
  → स्थान – उत्तराखण्ड
- शुष्क वन अनुसंधान संस्थान – जोधपुर
- विश्व का सबसे बड़ा मैंग्रोव वन – सुन्दरवन
- सर्वाधिक मैंग्रोव वन वाला राज्य – पश्चिम बंगाल

भारत की 18वीं वन स्थिति रिपोर्ट 2023

- वर्तमान आंकलन के अनुसार कुल वन और वृक्ष आवरण 8,27,357 वर्ग किमी. है, जो देश के भौगोलिक क्षेत्र का 25.17% है।
  → वन आवरण – 7,15,343 वर्ग किमी (21.76%)
  → वृक्ष आवरण – 1,12,014 वर्ग किमी (3.41%)
- वर्ष 2021 की तुलना में वर्ष 2023 में कुल वन और वृक्ष आवरण में 1445 वर्ग किमी. की वृद्धि हुई है।
  → वन आवरण – 156 वर्ग किमी की वृद्धि
  → वृक्ष आवरण – 1289 वर्ग किमी की वृद्धि
- क्षेत्रफल की दृष्टि से सबसे अधिक वन एवं वृक्ष आवरण वाले शीर्ष तीन राज्य – मध्य प्रदेश (85,724 वर्ग किमी) > अरुणाचल प्रदेश (67,083 वर्ग किमी) > महाराष्ट्र (65,383 वर्ग किमी.)
- क्षेत्रफल की दृष्टि से सर्वाधिक वनावरण वाले शीर्ष तीन राज्य – मध्य प्रदेश (77,073 वर्ग किमी) > अरुणाचल प्रदेश (65,882 वर्ग किमी) > छत्तीसगढ़ (55,812 वर्ग किमी)
- वन एवं वृक्ष आवरण में अधिकतम वृद्धि दर्शाने वाले शीर्ष चार राज्य –(वर्ग किमी में) छत्तीसगढ़ (684) > उत्तर प्रदेश (559) > ओडिशा (559) > राजस्थान (394)
- वनावरण में अधिकतम वृद्धि दर्शाने वाले शीर्ष तीन राज्य – मिजोरम (242) > गुजरात (180) > ओडिशा (152)
- कुल भौगोलिक क्षेत्रफल की तुलना में वन आवरण में प्रतिशत की दृष्टि से वृद्धि – लक्षद्वीप (91.33%) > मिजोरम (85.34%) > अण्डमान एवं निकोबार (81.62%)
- मैंग्रोव आवरण देश में कुल मैंग्रोव आवरण 4,991.68 वर्ग किमी, वर्ष 2021 की तुलना में 2023 में 7.43 वर्ग किमी की कमी देखी गई। (4992 वर्ग किमी)
  → आन्ध्र प्रदेश और महाराष्ट्र के मैंग्रोव आवरण में वृद्धि
  → गुजरात के मैंग्रोव आवरण में कमी

10 कृषि एवं पशुपालन

कृषि

- क्षेत्रफल – भारत के 51% भाग पर
- कृषि – राज्य का विषय (संविधान की 7वीं अनुसूची में उल्लेख)
- कृषि जलवायु क्षेत्र – 15 (योजना आयोग द्वारा निर्धारित)

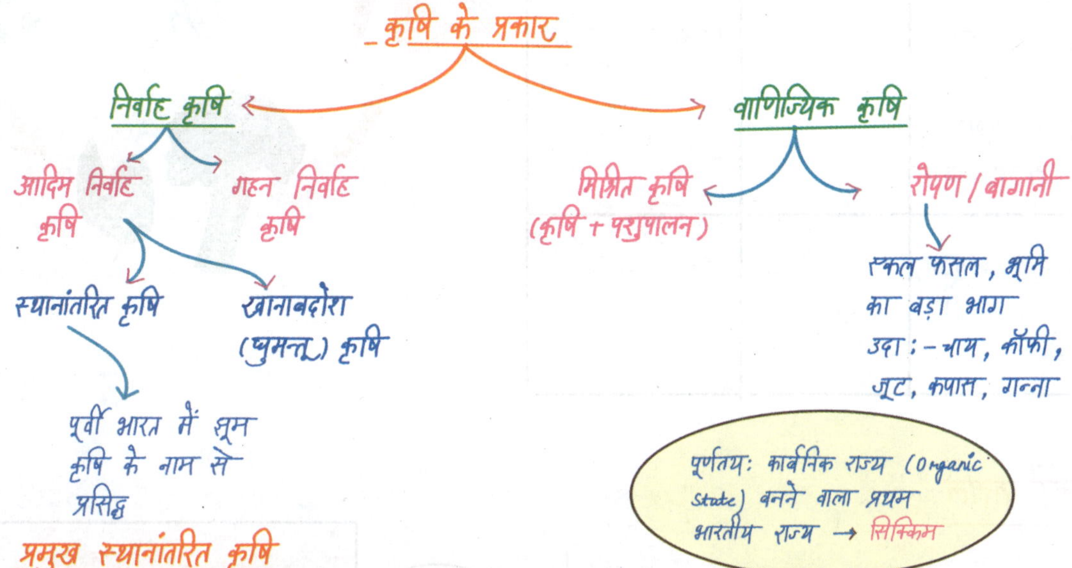

पूर्णतया: कार्बनिक राज्य (Organic State) बनने वाला प्रथम भारतीय राज्य → सिक्किम

प्रमुख स्थानांतरित कृषि

कृषि	भारतीय राज्य / स्थल	कृषि	भारतीय राज्य / स्थल
बेवर या दहिया	मध्य प्रदेश	कुरुवा / करुवा	झारखण्ड
पोमाडावी	ओडिशा	वालरा / वालरे / वालरे	राजस्थान
खिल	हिमालयन क्षेत्र	दीपा	छत्तीसगढ़
पेंडा / पोडु	आन्ध्र प्रदेश	कुमारी	पश्चिमी घाट

जैविक कृषि

शून्य रसायन कृषि
खाद (Fertilizer) – गोबर की खाद का प्रयोग

ZBNF

Zero Budget Natural Farming
किसी भी प्रकार के रासायनिक खाद और कीटनाशक का प्रयोग वर्जित

विभिन्न कृषि विधियाँ

कृषि विधियाँ	पालन / उत्पादन	कृषि विधियाँ	पालन / उत्पादन
सेरीकल्चर	रेशम कीट पालन	ओलेरी कल्चर	सब्जियों का उत्पादन
एपीकल्चर	मधुमक्खी पालन	हार्टी कल्चर	बागवानी
पिसीकल्चर	मत्स्य पालन	एरोपोनिक्स	हवा में पौधों को उगाना
वर्मीकल्चर	केंचुआ पालन	हाइड्रोपोनिक्स	जल में पौधों को उगाना (मृदा रहित कृषि)
पोमीकल्चर	फलों का उत्पादन	सिल्वीकल्चर	वनीय पादपों का अध्ययन
फ्लोरीकल्चर	फूलों का उत्पादन		
विटीकल्चर	अंगूर उत्पादन		

फसल चक्र (Crop Rotation)			
फसल ऋतुएं	**प्रमुख फसलें**	**बुआई अवधि**	**कटाई अवधि**
रबी फसल (शीत ऋतु)	गेहूँ, जौं, चना, मटर, सरसों, आलू, मसूर	अक्टूबर-नवम्बर	अप्रैल - मई
खरीफ फसल (ग्रीष्म ऋतु)	चावल, ज्वार, बाजरा, मक्का, तिल, मूँगफली, कपास, सोयाबीन	जून-जुलाई	सितंबर - अक्टूबर
जायद फसल (शीत एवं ग्रीष्म ऋतु के मध्य)	तरबूज, खरबूजा, खीरा, ककड़ी, भिण्डी	मार्च-अप्रैल	जून - जुलाई

प्रमुख खाद्यान्न फसलें

→ धान
- जन्म स्थान - इण्डो - चाइना
- जलवायु - उष्णार्द्र
- तापमान - 20-27°C के मध्य, वर्षा - 150 सेमी.
- मिट्टी - चिकनी व जलोढ़,

प्रमुख प्रजातियाँ - ऑस/औस, अमन, बोरो

→ बाजरा
- जन्मस्थान - अफ्रीका
- जलवायु - उष्णकटिबंधीय
- तापमान - 30-35°C के मध्य
- वर्षा - 50-75 सेमी.
- मिट्टी - बलुई मिट्टी

→ जौं
- जन्मस्थान - चीन
- जलवायु - समशीतोष्ण
- तापमान - 10-18°C के मध्य
- वर्षा - 50-75 सेमी.
- मिट्टी - बलुई मिट्टी

→ गेहूँ

गेहूँ क्रांति के जनक - डॉ. डी. एस. अग्रवाल

- जन्म स्थान - मध्य एशिया
- जलवायु - समशीतोष्ण
- तापमान - 15-25°C के मध्य
- वर्षा - 50-75 सेमी.
- मिट्टी - दोमट / जलोढ़

→ ज्वार
- जन्म स्थान - भारत
- जलवायु - उष्णकटिबंधीय
- तापमान - 27-32°C के मध्य
- वर्षा - 30-100 सेमी.
- मिट्टी - दोमट

→ मक्का
- जन्मस्थान - मध्य अमेरिका मेक्सिको
- मिट्टी - दोमट
- वर्षा - 60-120 सेमी
- तापमान - 21-27°C के मध्य
- जलवायु - उपोष्णकटिबंधीय

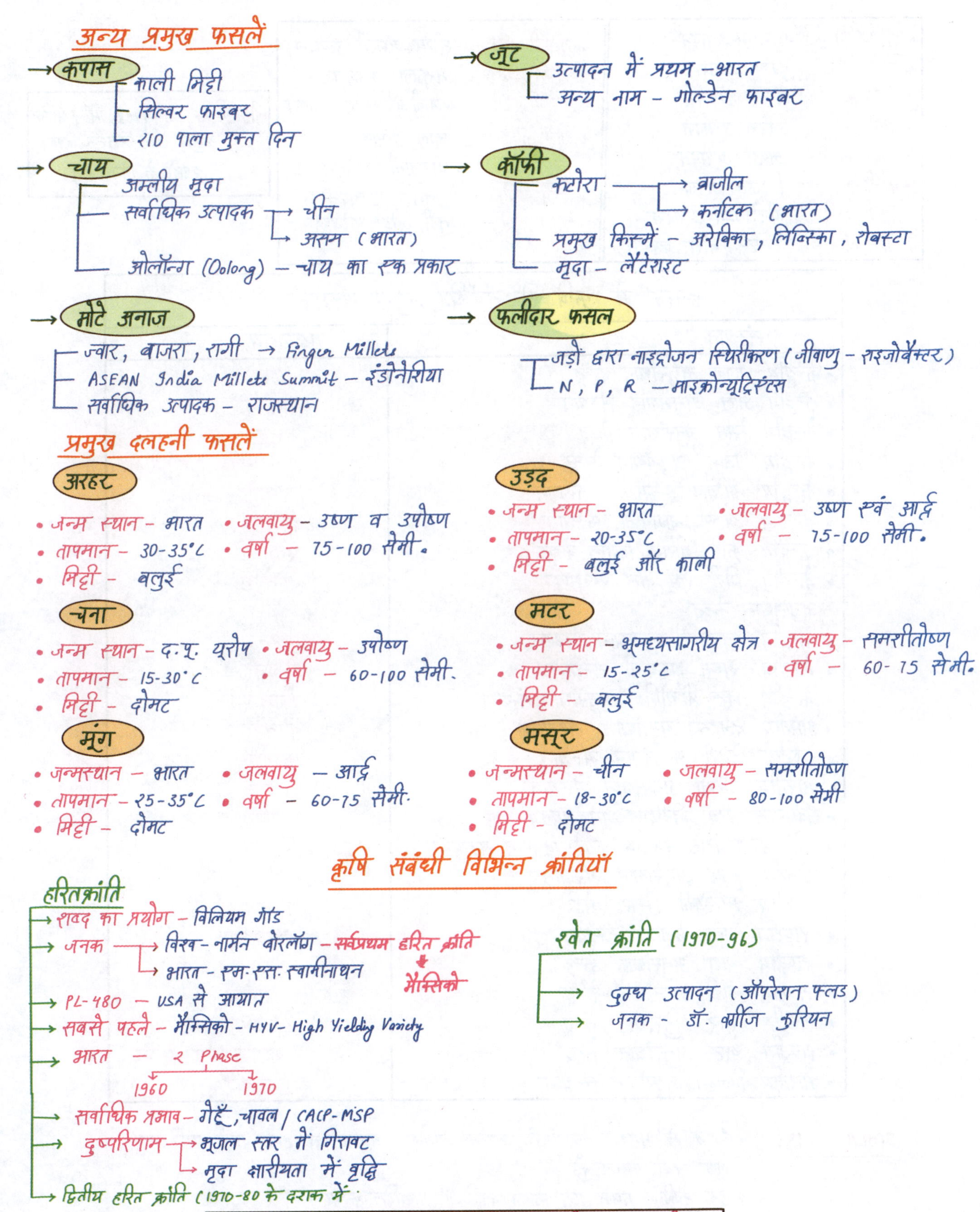

अन्य प्रमुख फसलें

कपास
- काली मिट्टी
- सिल्वर फाइबर
- 210 पाला मुक्त दिन

जूट
- उत्पादन में प्रथम – भारत
- अन्य नाम – गोल्डेन फाइबर

चाय
- अम्लीय मृदा
- सर्वाधिक उत्पादक → चीन
  - → असम (भारत)
- ओलॉन्ग (Oolong) – चाय का एक प्रकार

कॉफी
- कटोरा → ब्राजील
  - → कर्नाटक (भारत)
- प्रमुख किस्में – अरेबिका, लिब्स्का, रोबस्टा
- मृदा – लैटेराइट

मोटे अनाज
- ज्वार, बाजरा, रागी → Finger Millets
- ASEAN India Millets Summit – इंडोनेशिया
- सर्वाधिक उत्पादक – राजस्थान

फलीदार फसल
- जड़ों द्वारा नाइट्रोजन स्थिरीकरण (जीवाणु – राइजोबैक्टर)
- N, P, R – माइक्रोन्यूट्रिएंट्स

प्रमुख दलहनी फसलें

अरहर
- जन्म स्थान – भारत
- जलवायु – उष्ण व उपोष्ण
- तापमान – 30-35°C
- वर्षा – 75-100 सेमी.
- मिट्टी – बलुई

उड़द
- जन्म स्थान – भारत
- जलवायु – उष्ण एवं आर्द्र
- तापमान – 20-35°C
- वर्षा – 75-100 सेमी.
- मिट्टी – बलुई और काली

चना
- जन्म स्थान – द.पू. यूरोप
- जलवायु – उपोष्ण
- तापमान – 15-30°C
- वर्षा – 60-100 सेमी.
- मिट्टी – दोमट

मटर
- जन्म स्थान – भूमध्यसागरीय क्षेत्र
- जलवायु – समशीतोष्ण
- तापमान – 15-25°C
- वर्षा – 60-75 सेमी.
- मिट्टी – बलुई

मूंग
- जन्मस्थान – भारत
- जलवायु – आर्द्र
- तापमान – 25-35°C
- वर्षा – 60-75 सेमी.
- मिट्टी – दोमट

मसूर
- जन्मस्थान – चीन
- जलवायु – समशीतोष्ण
- तापमान – 18-30°C
- वर्षा – 80-100 सेमी
- मिट्टी – दोमट

कृषि संबंधी विभिन्न क्रांतियाँ

हरितक्रांति
- शब्द का प्रयोग – विलियम गॉड
- जनक → विश्व – नार्मन बोरलॉग – सर्वप्रथम हरित क्रांति → मैक्सिको
  - → भारत – एम.एस. स्वामीनाथन
- PL-480 – USA से आयात
- सबसे पहले – मैक्सिको – HYV – High Yielding Variety
- भारत – 2 Phase – 1960, 1970
- सर्वाधिक प्रभाव – गेहूँ, चावल / CACP-MSP
- दुष्परिणाम → भूजल स्तर में गिरावट
  - → मृदा क्षारीयता में वृद्धि
- द्वितीय हरित क्रांति (1970-80 के दशक में)

श्वेत क्रांति (1970-96)
- दुग्ध उत्पादन (ऑपरेशन फ्लड)
- जनक – डॉ. वर्गीज कुरियन

अंतर्राष्ट्रीय कृषि अनुसंधान संस्थान – मनीला (फिलिपींस)

• हरित क्रांति - खाद्यान्न उत्पादन	• गुलाबी क्रांति - झींगा मछली उत्पादन
• श्वेत क्रांति - दुग्ध उत्पादन	• बादामी क्रांति - मसाला उत्पादन
• नीली क्रांति - मत्स्य उत्पादन	• सुनहरी क्रांति - बागवानी और शहद उत्पादन
• भूरी क्रांति - उर्वरक उत्पादन	• गोल क्रांति - आलू उत्पादन
• रजत क्रांति - अण्डा उत्पादन	• स्वर्ण क्रांति - बागवानी उत्पादन
• पीली क्रांति - तिलहन उत्पादन	• खाकी क्रांति - चमड़ा उत्पादन
• काली क्रांति - पेट्रोलियम उत्पादन	• अमृत क्रांति - नदी जोड़ो परियोजनाएँ
• लाल क्रांति - टमाटर / मांस उत्पादन	

नोट :- APEDA → 1986 में स्थापित
→ कृषि और प्रसंस्कृत खाद्य उत्पादों के निर्यात हेतु

भारत में कृषि से संबंधित प्रमुख संस्थाएँ

संस्थान	मुख्यालय
• केन्द्रीय चावल अनुसंधान केन्द्र	कटक
• केन्द्रीय आलू अनुसंधान संस्थान	शिमला
• केन्द्रीय रेशम अनुसंधान केन्द्र	मैसूर
• केन्द्रीय तंबाकू अनुसंधान केन्द्र	राजमहेन्द्रवरम् (आ॰ प्र॰)
• केन्द्रीय नारियल अनुसंधान संस्थान	कासरगोड (केरल)
• केन्द्रीय उपोष्ण बागवानी संस्थान	बंगलुरु
• केन्द्रीय कृषि मौसम विज्ञान केन्द्र	पूना
• केन्द्रीय मिट्टी एवं जल संरक्षण अनुसंधान केन्द्र	देहरादून
• केन्द्रीय वनस्पति अनुसंधान संस्थान	लखनऊ
• केन्द्रीय शुष्क बागवानी संस्थान	बीकानेर
• केन्द्रीय जूट प्रौद्योगिकी अनुसंधान संस्थान	कोलकाता
• भारतीय दलहन अनुसंधान संस्थान	कानपुर
• राष्ट्रीय डेयरी अनुसंधान संस्थान	करनाल (हरियाणा)
• भारतीय गन्ना अनुसंधान संस्थान	लखनऊ
• विपणन एवं निरीक्षण निदेशालय	फरीदाबाद
• चौ॰ चरण सिंह राष्ट्रीय कृषि विपणन संस्थान	जयपुर
• भारतीय कृषि अनुसंधान संस्थान	नई दिल्ली
• राष्ट्रीय मात्स्यिकी विकास बोर्ड	हैदराबाद (तेलंगाना)
• राष्ट्रीय गन्ना प्रजनन संस्थान	कोयम्बटूर
• राष्ट्रीय चाय अनुसंधान केन्द्र	जोरहाट (असम)
• राष्ट्रीय कॉफी अनुसंधान केन्द्र	चिकमंगलूर
• राष्ट्रीय रबर अनुसंधान केन्द्र	कोट्टायम (केरल)
• राष्ट्रीय जूट अनुसंधान केन्द्र	कोलकाता (पं॰ बंगाल)
• भारतीय तिलहन अनुसंधान संस्थान	हैदराबाद

OTHER FACTS :-
- पंजाब में भूमध्य सागर से उत्पन्न शीतोष्ण चक्रवात से होने वाली वर्षा का लाभ रबी फसल को।
- ट्रक कृषि - कृषक द्वारा केवल सब्जियाँ उत्पादित करना।
- हाइड्रोपोनिक्स कृषि - मृदारहित कृषि
- लैंड सीलिंग - भूमि स्वामित्व की असमानता को कम करना।

राष्ट्रीय किसान आयोग

- गठन - 2004
- अध्यक्ष - एम. एस. स्वामीनाथन (प्रथम)
- मुख्यालय - नई दिल्ली

प्रमुख कृषि बोर्ड

बोर्ड	मुख्यालय
• मसाला बोर्ड	कोच्चि (केरल)
• चाय बोर्ड	कोलकाता (प. बंगाल)
• कॉफी बोर्ड	बंगलुरु (कर्नाटक)
• तम्बाकू बोर्ड	गुंटूर (आ. प्र.)
• रबर बोर्ड	कोट्टायम (केरल)
• भारतीय अंगूर प्रसंस्करण बोर्ड	पुणे (महाराष्ट्र)
• राष्ट्रीय मांस व पोल्ट्री बोर्ड	दिल्ली

प्रमुख फसलें व संबंधित रोग

धान	खैरा (जिंक की कमी)
चावल	ब्लास्ट (Blast)
गेहूँ	रतुआ (Rust)
गन्ना	लाल विगलन (Red Rot)
चना	उकठा (Wilting)
अरहर	तना विगलन (Stem Rot)
मक्का	व्हाइट बड (White Bud)

भारत में सिंचाई

भारत में सिंचाई परियोजनाएँ →
- वृहत सिंचाई परियोजना (10,000 हेक्टेयर से अधिक कृषि योग्य भूमि शामिल)
- मध्य सिंचाई परियोजना (2,000 से 10,000 हेक्टेयर कृषि योग्य भूमि शामिल)
- लघु सिंचाई परियोजना (2,000 हेक्टेयर से कम कृषि योग्य भूमि शामिल)

- बड़ी एवं मध्यम परियोजनाओं द्वारा सिंचित क्षेत्र - 37%
- छोटी परियोजनाओं द्वारा सिंचित क्षेत्र - 63%

सिंचाई के प्रमुख साधन

साधन	सिंचित क्षेत्र
कुआँ व नलकूप	55.9%
नहर	31.4%
तालाब	6.1%
अन्य स्रोत	6.6%

- सर्वाधिक सिंचित क्षेत्र → विश्व - चीन
  → भारत (20.6%)
- सिंचाई के प्रमुख साधन → कुआँ और नलकूप
- तालाब द्वारा सर्वाधिक सिंचाई → तमिलनाडु
- गिरना सिंचाई परियोजना → नासिक (महाराष्ट्र)
  → गिरना नदी पर स्थापित
- पम्बा सिंचाई परियोजना → केरल
  → पम्बा नदी पर
- टिहरी पन बिजली परियोजना → टिहरी (उत्तराखण्ड)
  → भागीरथी तथा भिलंगाना के संगम पर
  → सिंचाई, जलापूर्ति तथा जल विद्युत का उत्पादन
- इंदिरा गाँधी नहर → जल प्राप्ति सतलज नदी से
  → भारत की सबसे लंबी सिंचाई नहर
- राष्ट्रीय जल संभर परियोजना का क्रियान्वयन - कृषि मंत्रालय द्वारा
- राष्ट्रीय जल संसाधन परिषद → गठन - 1983 ई.
  → अध्यक्ष - प्रधानमंत्री
  → उपाध्यक्ष - केन्द्रीय जल संसाधन मंत्री
  → सचिव - जल संसाधन मंत्रालय का सचिव

नोट :- ड्रिप सिंचाई पद्धति → मेघालय

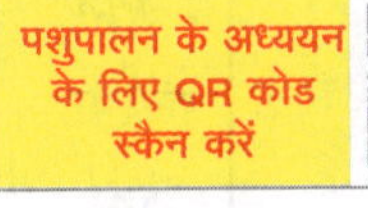

11 खनिज संसाधन

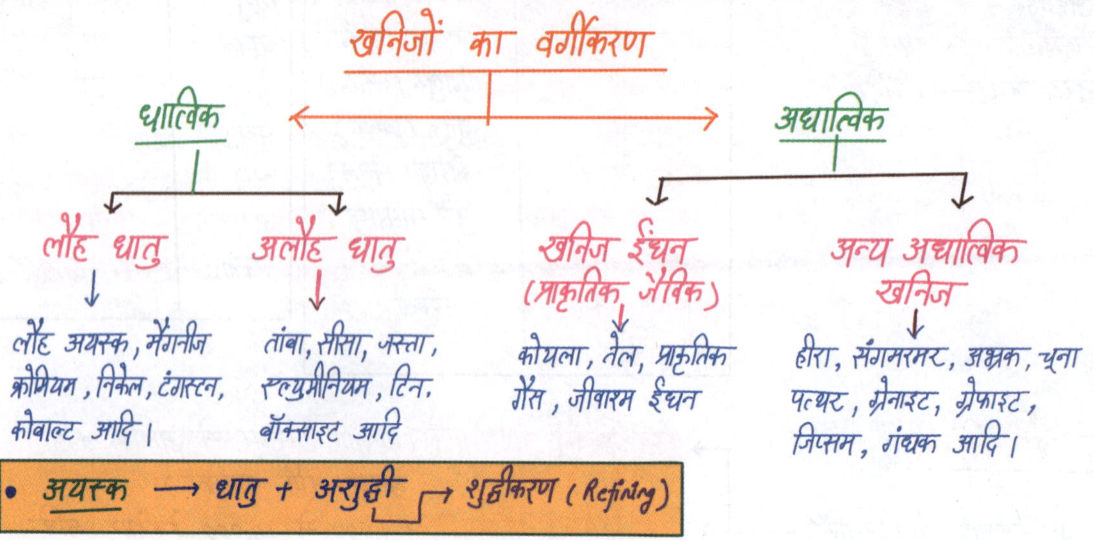

चट्टानों के आधार पर खनिजों का वितरण

कोयला – गोण्डवाना
स्वर्ण, लौह – धारवाड़
स्वर्ण – कुडप्पा
अधात्विक खनिज – विंध्यन

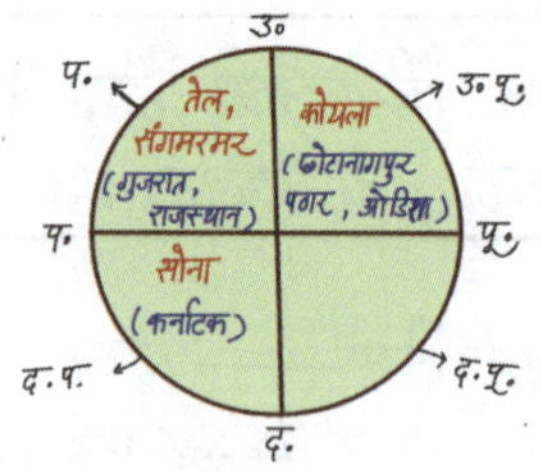

प्रमुख खनिज

लौह अयस्क
- भंडार – ओडिशा (हेमेटाइट), कर्नाटक (मैग्नेटाइट)
- उत्पादन – ओडिशा, छत्तीसगढ़, कर्नाटक

विश्व उत्पादन एवं भंडार – ऑस्ट्रेलिया

प्रकार

- मैग्नेटाइट (• सर्वाधिक शुद्ध • 72% आयरन)
- हेमेटाइट (60-70%, धात अंश)
- लियोनाइट (40-50% धातु अंश)
- सिडेराइट (40-45% धातु अंश)

राज्य	क्षेत्र
छत्तीसगढ़	डाली राजहारा, बैलाडिला (दुर्ग, दन्तेवाड़ा),
कर्नाटक	बाबाबूदन, कुद्रेमुख बंगार काल, अनादुर्गा (वेल्लारी और चित्रदुर्ग जिला)
ओडिशा	झार की पहाड़ी गुरुमहिसानी, पोचम्पाद, बादाम पहाड़ (मयूरभंज सुंदरगढ़ जिला)
झारखण्ड	गुआ, जामदा, नोवामुंडी (सिंहभूम जिला)

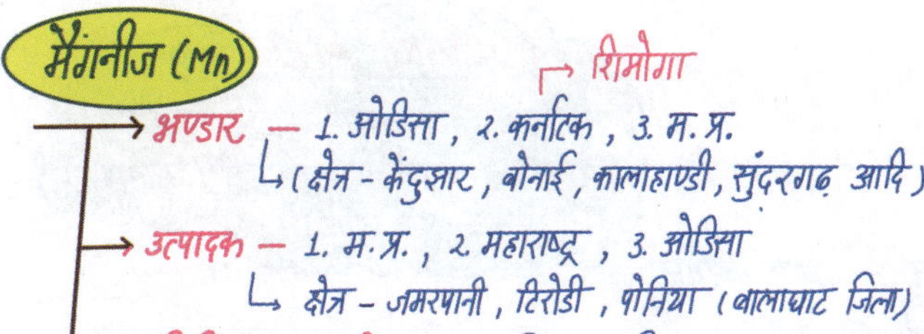

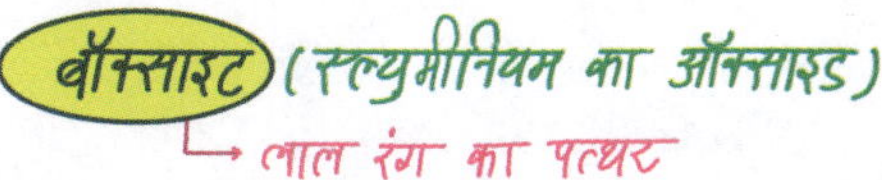

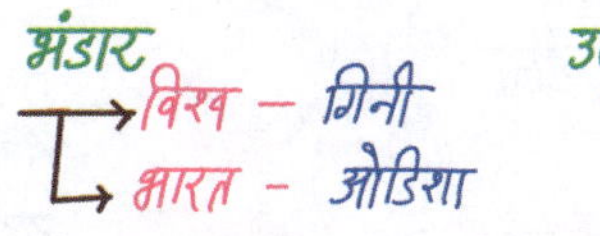

उत्पादन
→ विश्व – ऑस्ट्रेलिया
→ भारत – ओडिशा

राज्य	क्षेत्र
ओडिशा	बोलांगीर, पंचपतमाली पहाड़ियाँ (कोरापुट), कालाहाण्डी
म.प्र.	अमरकंटक (मण्डला), अमरकंटक (शहडोल), कटनी
झारखण्ड	लोहरदगा, पालामू, रांची

तांबा (Cu)

→ भंडार → 1. राजस्थान
→ 2. म.प्र.
→ 3. झारखण्ड

→ उत्पादन → 1. म.प्र.
→ 2. राजस्थान
→ 3. झारखण्ड

राज्य	क्षेत्र
म.प्र.	मलाजखण्ड (बालाघाट जिला में तांबे की खुली खदान।)
राजस्थान	खेतड़ी-सिंहाना, खो-दरीबा-भगोनी (झुँझनू और अलवर)
झारखण्ड	मोसाबानी, राखा, पाथर गोड़ा

प्रमुख संस्थान एवं मुख्यालय

संस्थान	मुख्यालय
नाल्को (NALCO)	भुवनेश्वर
बाल्को (BALCO)	नई दिल्ली
हिण्डाल्को (HINDALCO)	मुम्बई
वेदांता (Vedanta)	मुम्बई

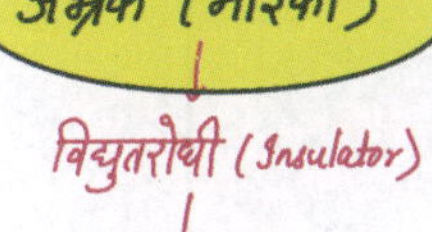

↓ विद्युतरोधी (Insulator)
↓ Electrical & Electronics

→ भंडार – 1. आन्ध्र प्रदेश, 2. राजस्थान, 3. ओडिशा
→ उत्पादक – 1. राजस्थान

नोट :- झारखण्ड का कोडरमा-गया-हजारीबाग क्षेत्र अभ्रक उत्पादन हेतु महत्वपूर्ण

हीरा

भंडार
→ 1. मध्य प्रदेश (पन्ना क्षेत्र)
→ 2. आन्ध्र प्रदेश (अनंतपुर जिला)
→ 3. छत्तीसगढ़

- एक मात्र हीरा उत्पादक राज्य – मध्य प्रदेश (विश्व में – रूस)
  ↳ उत्पादक + भंडार
- सूरत डायमंड बोर्ड – Largest Working Space.

चांदी

↳ उत्पादन – 1) राजस्थान (प्रथम) 2) कर्नाटक
↳ जावर खदान एवं सिंदेसर खुर्द खदान

लीथियम (White Gold)

→ भंडार – चिली
→ उत्पादन – ऑस्ट्रेलिया

सोना

→ भंडार – 1. कर्नाटक, 2. राजस्थान, 3. आन्ध्र प्रदेश
→ विश्व → भंडार – ऑस्ट्रेलिया
  ↳ उत्पादन – चीन
→ स्वर्ण खान – कोलार, हट्टी (कर्नाटक)
  रामगिरी (आन्ध्र प्रदेश)

प्राकृतिक गैस

↳ उत्पादक – 1. असम 2. आंध्र प्रदेश 3. गुजरात

खनिज तेल एवं पेट्रोलियम

↳ उत्पादन → 1. अपतटीय (Offshore) क्षेत्र
→ 2. राजस्थान (सर्वाधिक उत्पादक राज्य)
→ 3. गुजरात (अंकलेश्वर, खंभात, नवगाँव)
→ 4. असम (डिग्बोई) अरब सागर

- पश्चिमी अपतटीय क्षेत्र – मुम्बई हाई, गुजरात
- पूर्वी अपतटीय क्षेत्र – रवा क्षेत्र (के.जी. बेसिन), अमलापुरम (आन्ध्र प्रदेश) नरीमन तथा कोइरकलापल्ली (कावेरी बेसिन)

MISTAKE ALERT

पेट्रोलियम को काला सोना कहा जाता है जबकि कोयले को काले हीरे (दफन धूपभी) में के रूप जाना जाता है।

कोयला

- **अन्य नाम** – काला हीरा
- **प्रकार**
  - एंथ्रेसाइट (80-90% कार्बन) – सर्वोत्तम – जम्मू-कश्मीर
  - बिटुमिनस (60-80% कार्बन) – भारत में सर्वाधिक
  - लिग्नाइट (40-60% कार्बन) – सर्वाधिक तमिलनाडु (लिग्नाइट कोयला निम्न कोटि का एवं आर्द्रता के साथ युक्त) भण्डार मुख्यतः तमिलनाडु (नेवेली)
  - पीट (40% से कम कार्बन) – भूरा कोयला
- **उत्पादक** → 1. ओडिशा, 2. छत्तीसगढ़, 3. झारखण्ड (विश्व में – चीन)
- **भण्डार** → 1. झारखण्ड, 2. ओडिशा, 3. छत्तीसगढ़ (विश्व में – अमेरिका)

राज्य	क्षेत्र
झारखण्ड	झरिया, करनपुरा, बोकारो चन्द्रपुरा, गिरिडीह, राजमहल
जम्मू-कश्मीर	कालाकोट, निचाहोम
राजस्थान	पनाला
गुजरात	उमरसार
असम	माकूम
तमिलनाडु	नैवेली
अरुणाचल प्रदेश	नामचिक-नामफुक
केरल	बरकला
ओडिशा	झारसुगड़ा, तालचर
छत्तीसगढ़	हसदेव, कोरबा, मांड (रायगढ़)

अन्य प्रमुख तथ्य

- हीराकुंड कैप्टिव थर्मल पावर प्लांट – ओडिशा
- क्रस्ट – एल्युमिनियम
- दामोदर घाटी
  - गोण्डवाना कोयला क्षेत्र
  - कोयला भंडार में सर्वाधिक समृद्ध
- सोन नदी घाटी एवं महानदी घाटी में कोयला भंडार

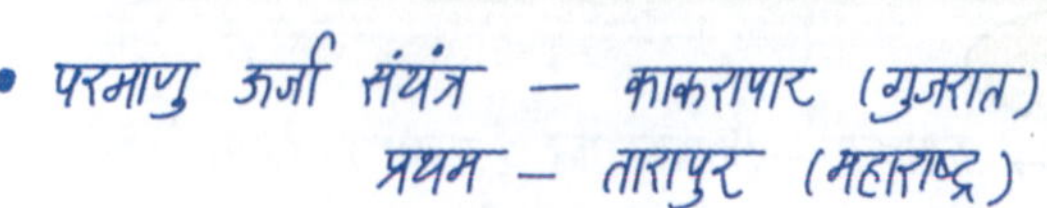

- परमाणु ऊर्जा संयंत्र – काकरापार (गुजरात)
  प्रथम – तारापुर (महाराष्ट्र)
- हजीरा, विजयपुरा, जगदीशपुर (HVJ) गैस पाइपलाइन
  - शुरुआत – 1986 (GAIL द्वारा)
  - संबंधित राज्य – गुजरात, राजस्थान, मध्य प्रदेश, उत्तर प्रदेश, हरियाणा, दिल्ली
- यूरेनियम उत्पादक प्रमुख राज्य – झारखण्ड, आन्ध्र प्रदेश, राजस्थान
  - झारखण्ड → जादुगोड़ा खान
  - आन्ध्र प्रदेश → तुमालपल्ले (विश्व के सबसे बड़े यूरेनियम भंडारों में से एक)
- सबसे बड़ा बिटुमिनस कोयला क्षेत्र – झरिया (झारखण्ड)
- केरल की रेत में पाया जाने वाला प्रमुख खनिज – थोरियम
  - पलक्कड़ एवं कोल्लम में मोनाजाइट

प्रमुख संस्थान एवं उनके मुख्यालय

संस्थान	मुख्यालय
भारतीय खान ब्यूरो	नागपुर
तेल एवं प्राकृतिक गैस आयोग	देहरादून
खनिज अन्वेषण निगम लिमि.	नागपुर
राष्ट्रीय खनिज विकास निगम	हैदराबाद
जियोलॉजिकल सर्वे ऑफ इंडिया	कोलकाता

12 ऊर्जा संसाधन

परम्परागत / अनवीकरणीय ऊर्जा संसाधन
- पुनः प्रयोग नहीं
- सीमित उपलब्धता

→ कोयला, पेट्रोलियम, प्राकृतिक गैस, ताप विद्युत, परमाणु ऊर्जा, शैल गैस

गैर-परम्परागत / नवीकरणीय ऊर्जा संसाधन
- बार-बार प्रयोग
- असीमित उपलब्धता

→ बायोगैस, सौर ऊर्जा, भू-तापीय ऊर्जा, ज्वारीय ऊर्जा, जल विद्युत

परम्परागत / अनवीकरणीय ऊर्जा

→ संस्थापित क्षमता – 251176.91 MW (56.3%) (जून 2025)

- **कोयला** → जीवाश्म ईंधन (काला हीरा)
  → तापीय ईंधन में सर्वाधिक प्रयोग

प्रकार
- → एन्थ्रेसाइट (कार्बन – 80-90%) – जम्मू-कश्मीर
- → बिटुमिनस (60-80% कार्बन) – मध्य प्रदेश, ओडिशा, छत्तीसगढ़, झारखण्ड
- → लिग्नाइट (40-60% कार्बन) – तमिलनाडु, असम, पश्चिम बंगाल, कश्मीर
- → पीट कोयला (40% से कम कार्बन) – निम्न श्रेणी

उत्पादक क्षेत्र

गोण्डवाना क्षेत्र :
- भारत का 98% कोयला उत्पादन
  - बिटुमिनस कोयला
  - झारखण्ड-पश्चिम बंगाल कोयला पट्टी (झारिया) (रानीगंज)

टर्शियरी कोयला क्षेत्र
- असम, मेघालय, अरुणाचल प्रदेश, नागालैंड क्षेत्र
- शीर्ष (3) भंडारक राज्य : झारखण्ड, ओडिशा, छत्तीसगढ़
- शीर्ष (3) उत्पादक राज्य : छत्तीसगढ़, ओडिशा, मध्य प्रदेश

- **पेट्रोलियम / कच्चा तेल** → काला सोना (दुर्लभता एवं उपयोगिता)

→ उत्पादक क्षेत्र – मुम्बई हाई, अंकलेश्वर (गुजरात), डिग्बोई (असम) आदि

→ शीर्ष उत्पादक – राजस्थान, गुजरात, असम

→ तेल शोधन कारखाना
- सार्वजनिक क्षेत्र – गुवाहाटी, बरौनी, कोयली, हल्दिया, मथुरा, डिग्बोई आदि।
- संयुक्त क्षेत्र – बीना (भारत ओमान रिफाइनरी लि.), भटिण्डा
- निजी क्षेत्र – जामनगर, सेज जामनगर, वादीनार
- भारत का पहला तेल भंडार असम के डिगबाई में।

नोट :– प्रथम कच्चातेल पाइपलाइन (नहरकटिया-नूनमाटी-बरौनी पाइपलाइन)

• प्राकृतिक गैस

→ स्वच्छ ऊर्जा संसाधन, पेट्रोलियम क्षेत्र में विद्यमान

→ क्षेत्र → कृष्णा गोदावरी नदी बेसिन (विशाल भंडार)
 • खम्भात की खाड़ी क्षेत्र

→ शीर्ष उत्पादक : असम, आन्ध्र प्रदेश, गुजरात

नोट: – हजीरा - विजयपुर - जगदीशपुर (HVJ) पाइपलाइन
 – भारत की पहली क्रॉस - कंट्री प्राकृतिक गैस पाइपलाइन।

• नाभिकीय / परमाणु ऊर्जा

→ अणुशक्ति वाले खनिज — यूरेनियम, थोरियम (मेटल ऑफ होप), मोनोजाइट (केरल), बेरेलियम, आदि।

→ भारत में परमाणु ऊर्जा के जनक – डॉ होमी जहाँगीर भाभा

→ स्थापित उत्पादन क्षमता – 8180 MW (1.8 %)

• शैल गैस
→ अवसादी चट्टानों के मध्य।
→ प्राकृतिक गैस का एक रूप
→ दामोदर बेसिन, बंगाल बेसिन,
→ विंध्य बेसिन में प्रचुरता।

• तापविद्युत

→ देश के कुल विद्युत का लगभग 60-65 % उत्पादन

→ कोयला आधारित ताप विद्युत (सर्वाधिक)

→ स्थापित क्षमता – 242996.91 MW (जून 2024) (54.5 %)

→ शीर्ष तापीय शक्ति क्षमता वाले राज्य – महाराष्ट्र, गुजरात, उत्तर प्रदेश

भारत के परमाणु विद्युत गृह

विद्युत गृह	राज्य
तारापुर परमाणु विद्युत गृह	महाराष्ट्र
रावतभाटा परमाणु विद्युत गृह	राजस्थान
कलपक्कम परमाणु विद्युत गृह	तमिलनाडु
काकरापार परमाणु विद्युत गृह	गुजरात
नरौरा परमाणु विद्युत गृह	उत्तर प्रदेश
कैगा परमाणु विद्युत गृह	कर्नाटक
कुडनकुलम परमाणु विद्युत गृह	तमिलनाडु

नोट :– कोटवाडा (Kovvada) न्यूक्लियर पावर परियोजना - आन्ध्र प्रदेश (प्रस्तावित)

गैर-परम्परागत / नवीकरणीय ऊर्जा

→ संस्थापित क्षमता – 195012.81 MW (43.7 %) (अप्रैल 2025)

• सौर ऊर्जा

→ प्रदूषण मुक्त अक्षयशील ऊर्जा

→ मुख्य स्त्रोत – सूर्य

→ शीर्ष संस्थापित क्षमता वाले राज्य – राजस्थान > गुजरात > कर्नाटक > तमिलनाडु
 ↳ (एक आदर्श प्रदेश)

→ सबसे बड़ा सौर शक्ति संयंत्र – कामुती (Kamuthi), तमिलनाडु

→ सबसे बड़ा सोलर पार्क – भाड़ला सोलर पार्क (राजस्थान)

→ भारत विश्व का चौथा सौर ऊर्जा उत्पादक देश।

• ज्वारीय ऊर्जा (Tidal Energy)

→ तट रेखा के सहारे 40000 मेगावॉट विद्युत उत्पादन की संभावना।

→ खम्भात की खाड़ी, कच्छ की खाड़ी, हुगली की एस्च्युरी (सुंदरवन क्षेत्र) उपयुक्त क्षेत्र।

• पवन ऊर्जा (Wind Energy)

→ स्थापित क्षमता में भारत विश्व का चौथा देश।

→ शीर्ष संस्थापित क्षमता वाले राज्य – गुजरात > तमिलनाडु > कर्नाटक

→ एशिया की पहली पवन ऊर्जा परियोजना – मांडवी, कच्छ (गुजरात)

→ सबसे बड़ा पवन फार्म – समूह मुप्पनडल (तमिलनाडु)

• बायोमास ऊर्जा (Biomass Energy)

→ पशुओं के गोबर, मानव-मल, नगरीय अपशिष्ट फसलों के अवशेष आदि प्रमुख स्त्रोत।

→ इथेनॉल, मिथेनॉल तरल ईंधन प्राप्त।

→ रतनजोत (जेट्रोफा), बायोडीजल के स्रोत।

→ शीर्ष उत्पादक – महाराष्ट्र, उत्तर प्रदेश, कर्नाटक।

भू-तापीय ऊर्जा, जल विद्युत एवं हाइड्रोजन ऊर्जा के लिए QR कोड स्कैन करें

13 उद्योग

लौह इस्पात उद्योग

- प्रथम कारखाना – 1874, कुल्टी (पं. बंगाल)
- टाटा आयरन एवं स्टील कंपनी – 1907, साकची (जमशेदपुर)
  संस्थापक - जमशेद जी टाटा
- भारतीय लौह इस्पात कंपनी (IISCO) – 1918, हीरापुर (बर्नपुर) (पं. बंगाल)
- मैसूर आयरन एंड स्टील वर्क्स – 1923, भद्रावती (कर्नाटक)
  अन्य नाम - विश्वेश्वरैया आयरन एंड स्टील कं. लिमि
- स्टील कार्पोरेशन ऑफ इंडिया – 1937, बर्नपुर (पं. बंगाल)
- भिलाई इस्पात संयंत्र – 1955, भिलाई (छत्तीसगढ़)
  ↳ (द्वितीय पंचवर्षीय योजना में) सहयोग - तत्कालीन सोवियत संघ (रूस) द्वारा
- हिन्दुस्तान स्टील लिमिटेड राउरकेला – 1959 ई., राउरकेला (ओडिशा)
  ↳ (द्वितीय पंचवर्षीय योजना में) सहयोग – जर्मनी द्वारा
- हिन्दुस्तान स्टील लिमिटेड दुर्गापुर – 1956 ई., दुर्गापुर (पं. बंगाल)
  ↳ (द्वितीय पंचवर्षीय योजना में) सहयोग – ब्रिटेन द्वारा
- बोकारो स्टील प्लान्ट – 1964, बोकारो (झारखण्ड)
  ↳ (तृतीय पंचवर्षीय योजना में) सहयोग – तत्कालीन सोवियत संघ (रूस) द्वारा

स्टील अथॉरिटी ऑफ इंडिया (SAIL) – 24 जनवरी, 1973

लौह अयस्क उत्पादन → चीन (प्रथम)
→ भारत (चतुर्थ)

एल्युमीनियम उद्योग

↓
उत्पादन में भारत 8वां

प्रमुख कारखाना – 1937 ई., जे. के. नगर (पं. बंगाल)

प्रमुख केन्द्र	
मुरी	झारखण्ड
अल्वाय	केरल
वेलूर	पं. बंगाल
हीराकुड	ओडिशा

प्रमुख एल्युमीनियम कंपनी

कंपनी	केन्द्र	सहायक देश
नाल्को	दामनजोड़ी (ओड़िशा)	फ्रांस
बाल्को	कोरबा (छ.ग.)	सोवियत संघ
माल्को	चेन्नई, मेट्टूर, सलेम	इटली
हिण्डाल्को	रेणुकूट (उ.प्र.)	यू. एस. ए.
वेदांता	झारसुगुड़ा	जर्मनी
इंडाल्को	जे.के नगर, मुरी, अल्वाय	कनाडा

सूतीवस्त्र उद्योग

- भारत का कॉटनोपोलिस एवं मानचेस्टर - मुंबई
- उत्तर भारत का मैनचेस्टर – कानपुर
- दक्षिण भारत का मैनचेस्टर – कोयम्बटूर
- पूर्व का बोस्टन – अहमदाबाद

पहली मिल – 1818 ई., फोर्ट ग्लोस्टर (पं. बंगाल)
↳ असफल

पहला सफल सूती कारखाना → 1854 ई.
→ कवास जी डावर

जूट उद्योग

- प्रथम कारखाना – 1855, रिसरा (पं. बंगाल)
- भारतीय जूट निगम की स्थापना – 1971 ई.
- अंतर्राष्ट्रीय जूट संगठन – 1984 (मुख्यालय – ढाका)
- प्रमुख केन्द्र – टीटागढ़, रिसरा (पं. बंगाल), मानपु (गोरखपुर, उ.प्र.), सहरसा, दरभंगा, कटिहार (बिहार)

सीमेण्ट उद्योग

विश्व में प्रथम कारखाना – 1824, पोर्टलैण्ड (ब्रिटेन)

भारत में प्रथम कारखाना – 1904, मद्रास (असफल)

इण्डियन सीमेण्ट कंपनी लिमि.
→ स्थापना – 1914 ई.
→ स्थान – पोरबंदर (गुजरात)

प्रमुख केन्द्र
सतना, कटनी, दुर्ग, अकमहरा, सिंदरी, मिर्जापुर, चुर्क आदि।

चीनी उद्योग

प्रथम मिल – 1904 ई. (बिहार)

प्रमुख केन्द्र – देवरिया, गोरखपुर, फैजाबाद, बिजनौर, मेरठ (उ.प्र.), मोतिहारी, मढ़ौरा (बिहार), जगाधारी, रोहतक (हरियाणा), मदुरै, कोयम्बटूर (तमिलनाडु)

कागज़ उद्योग

प्रथम सफल कारखाना – 1879 लखनऊ

अखबारी कागज कारखाना – नेपानगर (म.प्र.) (सरकारी कारखाना)

नोट छपाई कागज कारखाना – नर्मदापुरम (म.प्र.)

प्रमुख केन्द्र – टीटागढ़ (प. बंगाल), राजमहेन्द्रवरम (आ.प्र.), सिरपुर, कागजनगर (तेलंगाना), मेरठ, सहारनपुर (उ.प्र.)

मोटरगाड़ी उद्योग

अन्य नाम → विकास उद्योग

प्रमुख इकाईयां
→ हिंदुस्तान मोटर – कोलकाता
→ प्रीमियर ऑटोमोबाइल्स लि. – मुंबई
→ अशोक लीलैण्ड – चेन्नई
→ महिन्द्रा एण्ड महिन्द्रा – पुणे
→ मारुति उद्योग लि. – गुरुग्राम
→ सनराइज इंडस्ट्रीज – बेंगलुरु

रासायनिक उर्वरक उद्योग

पहला कारखाना (फास्फेट उर्वरक) – 1986, रानीपेट (तमिलनाडु)

अमोनियम सल्फेट का पहला कारखाना – 1947, अल्वाय (केरल)

भारतीय उर्वरक निगम – 1951
→ इसके तहत एशिया का सबसे बड़ा उर्वरक संयंत्र सिंदरी (झारखण्ड) में स्थापित।

प्रति हेक्टेयर उर्वरक खपत – 1. पंजाब, 2. आ.प्र., 3. हरियाणा

गैस आधारित यूरिया- अमोनिया संयंत्र – हजीरा (गुजरात)

शाहजहाँपुर एवं जगदीशपुर कारखाना – गैस आधारित

कोक आधारित उर्वरक इकाइयाँ
→ तालचर (ओडिशा)
→ रामागुण्डम (आ.प्र.)
→ कोरबा (छ.ग.)

जलयान निर्माण उद्योग

प्रथम कारखाना – 1941 → सिंधिया स्टीम नेविगेशन कंपनी द्वारा विशाखापट्टनम

गार्डेनरीच वर्कशॉप लि. – कोलकाता (प. बंगाल)

मझगाँव डाक लि. – मुंबई (महाराष्ट्र)

वायुयान निर्माण उद्योग

प्रथम कारखाना – 1940, बेंगलुरु
→ हिंदुस्तान एयरक्राफ्ट कंपनी नाम से
→ वर्तमान नाम – हिंदुस्तान एयरोनॉटिक्स लि. (HAL)

शीशा उद्योग

प्रमुख केन्द्र → सिन्देसर खुर्द, रामपुरा अगुचा, जावर, (राजस्थान), अग्निगुण्डाला (आन्ध्र प्रदेश)

रेल उपकरण उद्योग

- रेल इंजन निर्माण का सबसे पुराना कारखाना – चितरंजन (पं. बंगाल)
- डीजल इंजन निर्माण कारखाना – वाराणसी
- रेल कोच निर्माण कारखाना – पेराम्बूर (1952) स्थापना – 26 जनवरी 1950
- इंटीग्रल कोच फैक्ट्री – कपूरथला (पंजाब)
- डीजल इंजन कारखाना – मढ़ौरा (बिहार)
- विद्युत इंजन कारखाना – मधेपुरा (बिहार)

ऊनी वस्त्र उद्योग

- → प्रथम मिल – 1876, कानपुर
- → महत्वपूर्ण केन्द्र – लुधियाना, जालंधर, धारीवाला, अमृतसर (पंजाब), बेंगलुरु, मैसूर (कर्नाटक), श्रीनगर (जम्मू-कश्मीर), मिर्जापुर, आगरा, मुजफ्फरनगर (उ.प्र.)

रेशम उद्योग

↓ भारत, चीन के बाद विश्व का द्वितीय रेशम उत्पादक देश (18%)

- → केन्द्रीय रेशम अनुसंधान प्रशिक्षण संस्थान – मैसूर एवं ब्रह्मपुर
- → केन्द्रीय इरी रेशम अनुसंधान – मेंदीपाथर (मेघालय)
- → केन्द्रीय टसर अनुसंधान प्रशिक्षण – राँची (झारखण्ड)

भारी इंजीनियरिंग उद्योग

भारी इंजीनियरिंग निगम लि. → 1958 → राँची

OTHER FACT :-

- आईटी उद्योग – बेंगलुरु
- ऑटोमोबाइल उद्योग – चेन्नई (डेट्रॉयट ऑफ इंडिया)

14 परिवहन एवं संचार

सड़क परिवहन

- भारत का सड़क परिवहन –
- भारत, अमेरिका के बाद विश्व की दूसरी सबसे बड़ी सड़क प्रणाली वाला देश।

सड़कों का वर्गीकरण →
- NH (राष्ट्रीय राजमार्ग)
- SH (राज्य राजमार्ग)
- DR (जिला सड़कें)
- VR (ग्राम सड़क)

राष्ट्रीय राजमार्ग (N.H)
↓
निर्माण, प्रबंधन एवं रखरखाव भारत सरकार द्वारा

कुल ल. – 1,46,1,45 किमी. (2023)
- → सड़कों की कुल लंबाई का 2.19%
- → सड़क परिवहन का 40% यातायात

भारत के सर्वाधिक लम्बे राष्ट्रीय राजमार्ग			
क्रम	राष्ट्रीय राजमार्ग	ल. (किमी.)	कहाँ से कहां तक
1.	NH-44 (सबसे बड़ा)	3,745	श्रीनगर से कन्याकुमारी
2	NH-27	3,507	पोरबंदर से सिलचर
3	NH-48	2,807	दिल्ली से चेन्नई
4	NH-52	2,317	संगरूर से अकोला
5	NH-30	2,040	सितारगंज से इब्राहिमपट्टनम

- सबसे छोटा NH → NH-327 B (पं. बंगाल) (लं. – 1.20 Km)
- शीर्ष 3 NH वाले राज्य → महाराष्ट्र (18459 किमी.), उ.प्र. (12270 किमी.), राजस्थान (10786 Km)

PWD की स्थापना – लॉर्ड डलहौजी के समय

- स्वर्णिम चतुर्भुज योजना →
  - चार महानगरों – दिल्ली, मुंबई, चेन्नई तथा कोलकाता को जोड़ना।
  - लंबाई – 5846 किमी.

↓
प्रारंभ – अटल बिहारी वाजपेयी द्वारा

- उत्तर - दक्षिण गलियारा — श्रीनगर से कन्याकुमारी → लंबाई - 7522 Km
- पूर्व - पश्चिम गलियारा — सिलचर से पोरबंदर → दोनों गलियारे एक-दूसरे को झाँसी में प्रतिच्छेद।
- भारतमाला परियोजना — शुरुआत - 25 अक्टूबर 2017
  उद्देश्य - आर्थिक कॉरिडोर का विकास

राज्य राजमार्ग (SH)

(निर्माण, प्रबंधन व रखरखाव राज्य सरकार द्वारा)

- **कुल लंबाई** - 1,79,535 (कुल सड़क लंबाई का 3%) (नवंबर 2025 तक)
- **राज्य राजमार्गों की लंबाई वाले शीर्ष राज्य** -
  1. महाराष्ट्र (32005 Km)
  2. कर्नाटक (19473 Km)
  3. गुजरात (16746 Km)
- **प्रधानमंत्री ग्राम सड़क योजना का उद्देश्य** - 500 आबादी वाले सभी गाँवो को बारहमासी सड़कों से जोड़ना।
- **सीमावर्ती सड़कों का निर्माण एवं प्रबंधन** - सीमा सड़क विकास बोर्ड द्वारा

सीमा सड़क संगठन — 1960 ई.
उद्देश्य - सीमावर्ती क्षेत्रों में सड़कों के निर्माण को बढ़ावा देना।

NOTE :- लगभग 85% यातायात एवं माल ढुलाई का 30% काम सड़क द्वारा।

रेल परिवहन

- भारतीय रेल एशिया की दूसरी सबसे बड़ी तथा विश्व की चौथी सबसे बड़ी नेटवर्क प्रणाली है। (1-USA, 2-चीन, 3-रूस)
- भारत में रेल व्यवस्था की शुरुआत → अप्रैल, 1853 (लार्ड डलहौजी के समय) → मुंबई से थाणे के बीच (34 Km)
- भारतीय रेलवे बोर्ड का गठन - 1905 ई.
- रेल का राष्ट्रीयकरण — 1950 ई.
- वर्ष-2017 से रेल बजट का केन्द्रीय बजट में विलय।
- भारतीय रेलवे 19 मंडल/जोन एवं 73 डिवीजनों में विभाजित।

भारत के रेलमंडल एवं उनके मुख्यालय

मंडल	मुख्यालय	मंडल	मुख्यालय	मंडल	मुख्यालय
उत्तर रेलवे	नई दिल्ली	द.प रेलवे	हुबली	पूर्व-मध्य रेलवे	हाजीपुर
दक्षिण रेलवे	चेन्नई	पूर्वी तटीय रेलवे	भुवनेश्वर	पश्चिम मध्य रेलवे	जबलपुर
मध्य रेलवे	मुंबई सेण्ट्रल	पश्चिम रेलवे	चर्च गेट (मुंबई)	उत्तर-पश्चिम रेलवे	जयपुर
द.पूर्व रेलवे	कोलकाता	पूर्व रेलवे	कोलकाता	द.पू.मध्य रेलवे	बिलासपुर
उ.पू. सीमांत रेलवे	मालेगाँव	द.मध्य रेलवे	सिकन्दराबाद	कोलकाता मेट्रो रेल	कोलकाता
उत्तर-मध्य रेलवे	इलाहाबाद	पूर्वोत्तर रेलवे	गोरखपुर	दक्षिण तटीय रेलवे	विशाखापट्टनम
				कोंकण रेलवे	नवी मुम्बई

- सबसे लम्बी दूरी वाली रेलगाड़ी – विवेक एक्सप्रेस (डिब्रूगढ़ से कन्याकुमारी) ↳ 4286 किमी.
- सर्वाधिक तीव्र गति से चलने वाली ट्रेन – वंदे भारत (180 Km/h)
  ↳ विश्व में – मैग्लेव ट्रेन (जापान 603 Km/h)
- विश्व का सबसे लम्बा रेलमार्ग – ट्रांस साइबेरियन रेलमार्ग (लेनिनग्राड से व्लाडीवोस्टक) → 9332 Km
- विद्युत से चलने वाली प्रथम रेल – डेक्कन क्वीन (बंबई एवं पूणे के मध्य – 1903 में)

भारत एवं पाकिस्तान के मध्य रेल संचालन ←
- समझौता एक्सप्रेस – लाहौर – अटारी के मध्य
- थार एक्सप्रेस – मुनाबाव (बाड़मेर) – खोखरापार (सिंध) के मध्य

मैत्री एक्सप्रेस – 14 अप्रैल, 2008
चितपुर – ढाका के मध्य

कोंकण रेलवे – रोहा (महाराष्ट्र) – मडगाँव (गोवा) के मध्य
- → लंबाई – 741 Km
- → परिचालन आरंभ – 26 जनवरी, 1998
- → लाभान्वित राज्य – महाराष्ट्र, गोवा, कर्नाटक एवं केरल

कोलकाता मेट्रो रेल
- → योजना निर्माण – 1972 ई.
- → योजना की शुरुआत – 1975 ई.
- → शुरुआत – 24 अक्टूबर, 1984
- → मार्ग – दमदम से टालीगंज तक (16.45 किमी.)

- **यूनेस्को विरासत सूची में शामिल 4 भारतीय रेलमार्ग**

दार्जिलिंग हिमालयन रेलवे : उपनाम : टॉय ट्रेन
नीलगिरी माउंटेन रेलवे : उपनाम : ब्लू माउंटेन
कालका शिमला रेलवे : उपनाम : टॉय ट्रेन
छत्रपति शिवाजी टर्मिनल रेलवे स्टेशन

- **IRCTC द्वारा देश की पहली निजी ट्रेन तेजस का संचालन**
  - → अक्टूबर, 2019
  - → लखनऊ – नई दिल्ली रूट

नोट : सिक्किम में रेल नेटवर्क नहीं ↳ जटिल भौगोलिक परिस्थिति

- **रेल सुरक्षा के लिए बनी समितियाँ** – शाहनवाज समिति (1954), कुंजरू समिति (1962), वांचू समिति (1968), सीकरी समिति (1978), खन्ना समिति (1998), विवेक देबराय समिति (जून 2015)

वायु परिवहन

- शुरुआत – 1911, इलाहाबाद से नैनी के बीच
- 1933 – इंडियन नेशनल एयरवेज कंपनी की स्थापना
- 1953 में वैज्ञानिक कंपनियों का राष्ट्रीयकरण करके उन्हें दो नवनिर्मित निगमों

के अधीन किया गया – 1. इंडियन एयरलाइंस 2. एयर इंडिया

1. इंडियन एयरलाइंस → देश के आंतरिक भागों एवं समीपवर्ती देशों हेतु सेवा

2. एयर इंडिया → विदेशों में सेवा प्रदाता

- 24 अगस्त, 2007 – एयर इंडिया + इंडियन एयरलाइंस का विलय → नेशनल एविएशन कंपनी ऑफ इंडिया लिमिटेड (NACIL) की स्थापना → ब्रांड नेम – एयर इंडिया
  - ↳ स्वामित्व – टाटा समूह
- भारत में कुल अंतर्राष्ट्रीय हवाई अड्डे – 34

देश के प्रमुख अंतर्राष्ट्रीय हवाई अड्डे

→ इंदिरा गाँधी अंतर्राष्ट्रीय हवाई अड्डा – नई दिल्ली
→ छत्रपति शिवाजी हवाई अड्डा – मुंबई
→ चौधरी चरण सिंह अंतर्राष्ट्रीय हवाई अड्डा – लखनऊ
→ श्री गुरु रामदास जी अंतर्राष्ट्रीय हवाई अड्डा – अमृतसर
→ राजीव गाँधी अंतर्राष्ट्रीय हवाई अड्डा – हैदराबाद
→ वीर सावरकर अंतर्राष्ट्रीय हवाई अड्डा – पोर्ट ब्लेयर
→ लाल बहादुर शास्त्री अंतर्राष्ट्रीय हवाई अड्डा – वाराणसी
→ बाबा साहेब अंबेडकर अंतर्राष्ट्रीय हवाई अड्डा – नागपुर
→ सरदार वल्लभभाई पटेल अंतर्राष्ट्रीय हवाई अड्डा – अहमदाबाद

नोट : कुशोर बकुला रिम्पोचे हवाई अड्डा (लेह) भारत का सर्वाधिक ऊँचाई पर स्थित हवाई अड्डा।
बेलगाम हवाई अड्डा – कर्नाटक

जल परिवहन

- केन्द्रीय अन्तर्देशीय जलमार्ग प्राधिकरण – 1987 → मुख्यालय – कोलकाता
- अंतर्देशीय जलमार्ग की अनुमानित लंबाई – 14,500 Km
- राष्ट्रीय जलमार्ग की संख्या – 111
- प्रयागराज से हल्दिया – राष्ट्रीय जलमार्ग संख्या – 1 (घोषणा – 22 अक्टूबर 1986)
- नौगम्य अंतर्देशीय जलमार्ग – 14500 Km लंबाई

राष्ट्रीय जलमार्ग	
जलमार्ग	**कहाँ से कहाँ तक**
N·W-1	इलाहाबाद से हल्दिया (1620 Km)
N·W-2	सादिया से धुबरी (891 Km)
N·W-3	कोल्लम से कोट्टापुरम (205 Km)
N·W-4	काकीनाड़ा से मरक्कामय (1095 Km)
N·W-5	तलचर से धमरा (623 Km) (महानदी और ब्राह्मणी नदी के बीच)
N·W-6	लखीमपुर से भांगा (121 किमी.) (प्रस्तावित)

बंदरगाह

बड़े बंदरगाह का नियंत्रण केन्द्र सरकार तथा छोटे का राज्य सरकार द्वारा

छोटे बंदरगाह समवर्ती सूची मे शामिल

नोट :- भारत द्वारा ईरान मे चाबहर बंदरगाह का निर्माण

- देश का सबसे बड़ा बंदरगाह – मुंबई (सबसे व्यस्त)
- देश का सर्वश्रेष्ठ प्राकृतिक बंदरगाह – विशाखापट्टनम (सबसे गहरा बंदरगाह, डॉल्फिन नोज चट्टान के पीछे)
  - मूबंद बंदरगाह
- कांडला बंदरगाह (गुजरात) – ज्वारीय (मुक्त व्यापार क्षेत्र)
  - अन्य नाम – दीनदयालपत्तन
- एन्नौर (कामराज) बंदरगाह – पहला निगमीकृत
  - सहायता – एशियाई विकास बैंक द्वारा
  - निर्माण – फरवरी, 2001
  - पूर्ण परिचालन – दिसंबर, 2002
- चेन्नई बंदरगाह स्थापना – कृत्रिम बंदरगाह, मुंबई के बाद दूसरा सबसे बड़ा बंदरगाह
- न्यू मंगलौर बंदरगाह – कर्नाटक
- मोरमुगाओ – प्राकृतिक बंदरगाह, जुआरी नदी के ज्वारनदमुख पर स्थित।
- दहेज (गुजरात) – रसायन बंदरगाह
- हजीरा (गुजरात)
- कोलकाता पोर्ट ट्रस्ट (परिवर्तित नाम- श्यामा प्रसाद मुखर्जी पोर्ट ट्रस्ट) – नदीय बंदरगाह
- न्हावाशेवा (JNPT) बंदरगाह – सबसे बड़ा कृत्रिम बंदरगाह, सबसे बड़ा कंटेनर पोर्ट, सबसे व्यस्त बंदरगाह
- कोच्चि – प्राकृतिक बंदरगाह – (लैगून पर स्थित)
  - स्थापना – 1972 ई.
- मुजिरिस बंदरगाह – मालाबार तट

सागरमाला परियोजना – प्रारंभ-2017 (PM अटल बिहारी वाजपेयी द्वारा)
- अनुमोदन (2015 ई.)
- परिकल्पना (2003 ई. में)

संचार

- संदेश, सूचना, विचार एवं समाचार का परिसंचरण।
- परंपरागत संचार साधन – डाक-तार सेवा, रेडियो, समाचार-पत्र आदि।
- आधुनिक संचार साधन – टेलीफोन, फैक्स, ई-मेल आदि।

डाक-तार सेवा
- प्रारंभ – 1837
- इंडियन पोस्टल आर्डर – 1935
- पिनकोड – 1972
- स्पीड पोस्ट सेवा – 1986
- ई- पोस्ट सेवा – 2004

टेलीविजन
- सेवा प्रारंभ – 1959 ई
- DTH प्रसारण का प्रारंभ – 16 दिसंबर, 2004

रेडियो
- प्रसारण – 1923, रेडियो क्लब ऑफ बाम्बे द्वारा
- 1957 में आल इंडिया रेडियो का नाम चेंज – आकाशवाणी

भारत के प्रमुख जनसंचार उपक्रम

- BSNL का गठन – 1 अक्टूबर 2000
- MTNL की स्थापना – 1 अप्रैल 1986
  - दिल्ली, मुंबई में संचार सेवाओं का प्रबंधन व नियंत्रण
- VSNL (विदेश संचार निगम लिमिटेड) – अंतर्राष्ट्रीय दूर संचार सेवा का दायित्व।
- भारतीय टेलीफोन उद्योग लिमिटेड – 1948, बेंगलुरु
- टेलीकम्युनिकेशन्स कन्सलटेण्ट्स इंडिया लिमिटेड (TCIL)
  - स्थापना – 1978 ई.

भारत नेट परियोजना

- वर्ष-2012 में नेशनल ऑप्टिकल फाइबर नेटवर्क (NOFN) नामक परियोजना प्रारंभ। बाद में नाम परिवर्तित भारत नेट परियोजना।
- लक्ष्य – सभी गांवो को ऑप्टिकल फाइबर के माध्यम से उच्च गति ब्राडबैंड कनेक्शन से जोड़ना।

15 जनसंख्या एवं नगरीकरण

जनगणना — प्रत्येक दस वर्षों में की गई आधिकारिक गणना

- दायित्व — संघ सरकार (संविधान की धारा-246)
- सूची — संघ सूची
- प्रमुख अधिकारी — महापंजीयक एवं जनगणना आयुक्त
- 2011 की गणना — भारत की 15 वीं (स्वतंत्र भारत की 7 वीं गणना)
- भारत में जनगणना की शुरुआत — 1872, अनियमित (लार्ड मेयो)
- नियमित जनगणना की शुरुआत — 1881, (लार्ड रिपन)

जनगणना : एक नजर, 2011

कुल जनसंख्या (2011)	1210854977
पुरुष संख्या	6237 लाख (51.47%)
महिला संख्या	5864 लाख (48.53%)
0-6 आयु वर्ग की संख्या	164478150 (13.6%)
लिंगानुपात	943
जनसंख्या घनत्व	382
साक्षरता दर	74.04%
दशकीय वृद्धि दर	17.7%

- 2011 की जनगणना के अनुसार नागालैंड की जनसंख्या वृद्धि दर (0.58%) सबसे कम।

जनसंख्या : वितरण

जनसंख्या की दृष्टि से शीर्ष पाँच राज्य (जनगणना 2011)

राज्य	जनसंख्या (करोड़ में)
उत्तर प्रदेश	19.98 (16.51%)
महाराष्ट्र	11.23 (9.28%)
बिहार	10.40 (8.60%)
पश्चिम बंगाल	9.12 (7.54%)
अविभाजित आंध्र प्रदेश	8.45 (6.99%)

न्यूनतम जनसंख्या वाले पाँच राज्य (जनगणना 2011)

राज्य	जनसंख्या (करोड़ में)
सिक्किम	0.61 (0.05%)
मिजोरम	1.09 (0.09%)
अरुणाचल प्रदेश	1.38 (0.11%)
गोवा	1.45 (0.12%)
नागालैण्ड	1.97 (0.16%)

जनसंख्या घनत्व

शीर्ष जनघनत्व वाले पाँच राज्य

राज्य	जनघनत्व/वर्ग किमी
बिहार	1106
पश्चिम बंगाल	1028
केरल	860
उत्तर प्रदेश	829
हरियाणा	573

न्यूनतम जनघनत्व वाले पाँच राज्य

राज्य	जनघनत्व/वर्ग किमी
अरुणाचल प्रदेश	17
मिजोरम	52
सिक्किम	86
नागालैण्ड	119

लिंगानुपात

शीर्ष पाँच लिंगानुपात वाले राज्य	
राज्य	लिंगानुपात
केरल	1084
तमिलनाडु	996
आंध्र प्रदेश	993
छत्तीसगढ़	991
मेघालय	989

न्यूनतम लिंगानुपात वाले राज्य	
राज्य	लिंगानुपात
हरियाणा	879
जम्मू-कश्मीर	889
सिक्किम	890
पंजाब	895
उत्तर प्रदेश	912

साक्षरता

- भारत की 2011 की जनगणना के अनुसार साक्षरता दर - 74.04 %, पुरुष साक्षरता दर - 82.14 % और महिला साक्षरता दर - 65.46 %।
- सर्वाधिक साक्षरता वाले राज्य (घटते क्रम में) केरल (94%) > मिजोरम (91.33%) > गोवा (88.7%)
- सर्वाधिक साक्षरता वाले केन्द्रशासित प्रदेश (घटते क्रम में) - लक्षद्वीप (91.85%) > दमन और दीव (87.10%) > अण्डमान एवं निकोबार (86.63%)
- न्यूनतम साक्षरता वाले राज्य (बढ़ते क्रम में) - बिहार (61.80%) < अरुणाचल प्रदेश (65.40%) < राजस्थान (66.10%)
- न्यूनतम साक्षरता वाले केन्द्रशासित प्रदेश (बढ़ते क्रम में) - दादरा एवं नगर हवेली (76.20%) < पुदुचेरी (85.80%) < चण्डीगढ़ (86.05%)
- मध्य प्रदेश के अलीराजपुर जिले की साक्षरता सबसे कम है - महिला (31.0%) एवं पुरुष (43.6%)

अनुसूचित जनजाति

संख्या → 104.3 (मिलियन)

प्रतिशत → 8.6 %

अनुसूचित जनजाति की कुल जनसंख्या के आधार पर शीर्ष 5 राज्य मध्य प्रदेश, महाराष्ट्र, ओडिशा, राजस्थान और गुजरात। प्रतिशतता के आधार पर शीर्ष 5 अनुसूचित जनसंख्या वाले राज्य - मिजोरम (94.44%), नागालैण्ड (86.46%), मेघालय (86.15%), अरुणाचल प्रदेश (68.79%), तथा मणिपुर (35.14%)

अनुसूचित जाति

→ संख्या - 20.14 करोड़

→ प्रतिशत - 16.6 %

प्रतिशतता के अनुसार सर्वाधिक अनुसूचित जातियों वाले राज्य	
राज्य	प्रतिशत
पंजाब	31.9%
हिमाचल प्रदेश	25.2%
पश्चिम बंगाल	23.5%
उत्तर प्रदेश	20.7%
हरियाणा	20.2%

प्रतिशतता के अनुसार सबसे कम अनुसूचित जातियों वाले राज्य	
राज्य	प्रतिशत
मिजोरम	0.11
मेघालय	0.68
गोवा	1.74
मणिपुर	3.78
सिक्किम	4.63

भारत में नगरीकरण, 2011 के अनुसार

शीर्ष 5 नगरीय जनसंख्या वाले राज्य / के.शा.प्र.		
रैंक	राज्य / के.शा.प्र	जनसंख्या
प्रथम	महाराष्ट्र	5,08,18,259
द्वितीय	उत्तर प्रदेश	4,44,95,063
तृतीय	तमिलनाडु	3,49,17,440
चतुर्थ	पं बंगाल	2,90,93,002
पंचम	आन्ध्र प्रदेश	2,82,19,075

निम्नतम 5 नगरीय जनसंख्या वाले राज्य / के.शा.प्र.		
रैंक	राज्य / के.शा.प्र	जनसंख्या
प्रथम	लक्षद्वीप	50,332
द्वितीय	अंडमान / निकोबार	1,43,488
तृतीय	सिक्किम	1,53,578
चतुर्थ	दादरा / नगर हवेली	1,60,595
पंचम	दमन और दीव	1,82,851

शीर्ष 5 शहरी जनसंख्या % वाले राज्य		
रैंक	राज्य	नगरीकरण % में
प्रथम	गोवा	62.2
द्वितीय	मिजोरम	51.1
तृतीय	तमिलनाडु	48.4
चतुर्थ	केरल	47.7
पंचम	महाराष्ट्र	45.2

शीर्ष 4 शहरी जनसंख्या % वाले राज्य		
रैंक	संघीय क्षेत्र	नगरीकरण % में
प्रथम	दिल्ली	97.5
द्वितीय	चंडीगढ़	97.3
तृतीय	लक्षद्वीप	78.1
चतुर्थ	दमन और दीव	75.2

स्त्रोत :- जनगणना : 2011 के अंतिम आँकड़े

धर्म- आधारित जनगणना 2011								
धर्म	जनसंख्या (करोड़)	जनसंख्या	वृद्धि (%) (2001-2011)	कुल लिंगानुपात	ग्रामीण लिंगानुपात	नगरीय लिंगानुपात	साक्षरता	कार्य में भागीदारी
हिन्दू	96.63	79.80	16.8	939	946	921	73.3 %	40.4 %
मुस्लिम	17.22	14.23	24.6	951	957	941	68.5 %	31.3 %
सिख	2.08	1.72	8.4	903	905	898	75.4 %	37.7 %
ईसाई	2.78	2.30	15.5	1023	1008	1046	84.5 %	39.7 %
जैन	0.45	0.37	5.4	954	935	959	94.9 %	32.9 %
बौद्ध	0.84	0.70	6.1	965	960	973	81.3 %	40.6 %
अन्य धर्म	0.79	0.66	–	1008	1009	1006	–	40.6 %
धर्म (अवर्गीकृत)	–	0.24	–	959	947	975	–	–

16 भारत की प्रजातियाँ एवं जनजातियाँ

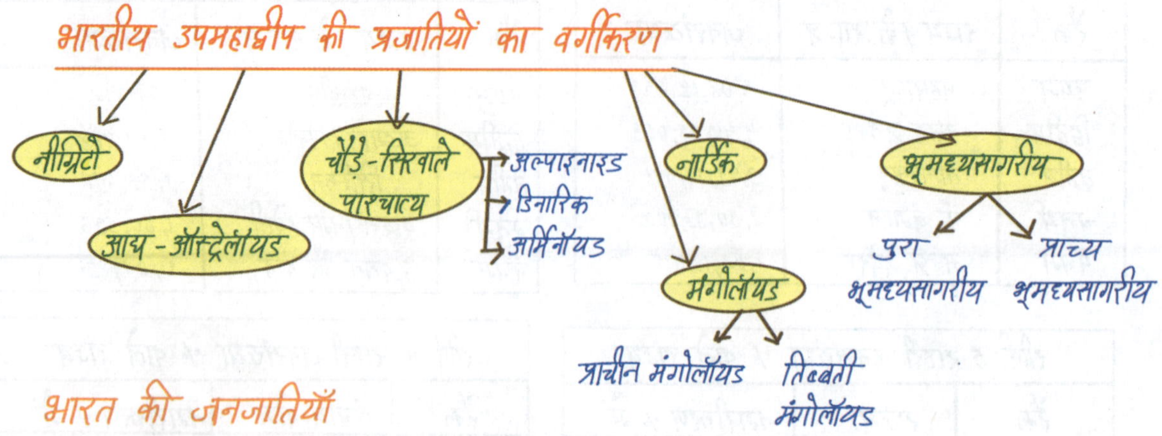

भारत की जनजातियाँ

- भारत में लगभग 550 प्रकार की जनजाति
- कुल जनसंख्या की लगभग 8.6 % जनजाति
- सर्वाधिक जनजाति (जनसंख्या प्रतिशत) वाला राज्य — मिजोरम (94.4 %)
- सर्वाधिक जनजाति जनसंख्या प्रतिशत वाला केन्द्र शासित प्रदेश — लक्षद्वीप (94.8 %)
- कुल जनजातीय संख्या की दृष्टि राज्य

  घटते क्रम में — मध्य प्रदेश > महाराष्ट्र > ओड़िशा > राजस्थान
- भारत की सबसे अधिक जनसंख्या वाली जनजाति भील इसके बाद गोण्ड।

भारत की प्रमुख जनजातियाँ

राज्य	जनजातियाँ	राज्य	जनजातियाँ
हिमाचल प्रदेश	गद्दी, गुज्जर, किन्नर आदि।	अरुणाचल प्रदेश	अपातानी, मिशमी, डफला, मिरी, आका, सिंगफो, खामती आदि।
जम्मू-कश्मीर	गद्दी, बकरवाल आदि।	असम	चकमा, मिकिर, कचारी, बोरो आदि।
राजस्थान	भील, मीणा, कथोड़िया, गरासिया आदि	मेघालय	गारो, खासी, जयन्तिया, हमार आदि।
आन्ध्र प्रदेश	चेंचू, यनाड़ी, कुरुम्बा, खोण्ड, बगजज, कोया, वगोटा आदि।	नागालैण्ड	अंगामी नागा, सितेंग, सेमा नागा, कोन्याक नागा, लोथा नागा आदि।
केरल	इरुला, कुरुम्बा, कडार, पुलियान आदि।	मणिपुर	कुकी, मुघ आदि
तमिलनाडु	टोडा, कोटा, कुरुम्बा, बड़ागा आदि।	त्रिपुरा	चकमा, गारो, कुकी आदि।
अण्डमान एवं निकोबार	ग्रेट अण्डमानी, निकोबारी, ओंगे, जारवा, शोम्पेन, सेंटेनलीज आदि।	मिजोरम	मिजो, लाखेर, पावो, लुशाई आदि।
पश्चिम बंगाल	असुर, भूमिज, बिरहोर, लोधा, लेपचा, महाली, मालपहाड़िया, पोलिया आदि।	ओडिशा	जुआंग, सवारा, खरिया, खोण्ड, कान्ध, माडिया आदि।
झारखण्ड	सन्थाल, पहाड़िया, मुण्डा, हो, बिरहोर, ओरॉव, खरिया, तमरिया आदि	मध्य प्रदेश	भील, लमबाड़ी, बंजारा, गोंड, मुरिया, अबूझमारिया आदि।
उत्तराखण्ड	थारु, भोटिया, जौनसारी, बोक्सा, राजी, खासा, भुइयाँ, खरवाड़, माँझी, कोल आदि।	छत्तीसगढ़	बैगा, खैरवार, गोंड, कमार, बिंझवार आदि।

अन्य प्रमुख तथ्यों के लिए QR कोड स्कैन करें

17 भारत के राज्य/केन्द्रशासित प्रदेश

- भारत में 28 राज्य एवं 8 केन्द्रशासित प्रदेश।

सबसे बड़ा राज्य / केन्द्रशासित प्रदेश

राज्य
- राजस्थान (क्षेत्रफल)
  ↳ 3,42,239 वर्ग किमी
- उत्तर प्रदेश (जनसंख्या)
  ↳ 19.98 करोड़ (2011)

केन्द्र शासित प्रदेश
- लद्दाख (क्षेत्रफल)
  ↳ 59146 वर्ग किमी
- दिल्ली (जनसंख्या)
  ↳ 2.53 करोड़ (2011)

सबसे छोटा राज्य / केन्द्रशासित प्रदेश

- गोवा (क्षेत्रफल)
  ↳ 3702 वर्ग किमी.
- सिक्किम (जनसंख्या)
  ↳ 6.10 लाख
- लक्षद्वीप (क्षेत्रफल)
  ↳ 32 वर्ग किमी.
- लक्षद्वीप (जनसंख्या)
  ↳ 64473

भारत के तटीय राज्य / केन्द्रशासित प्रदेश

- राज्य (9) :- गुजरात, आन्ध्र प्रदेश (दूसरी-974 किमी.) महाराष्ट्र, गोवा, कर्नाटक, केरल, तमिलनाडु, ओडिशा, पं. बंगाल।
  (सबसे लंबी तट रेखा - 2,340 किमी)
- केन्द्र शासित प्रदेश (4) :- अंडमान-निकोबार द्वीप समूह, लक्षद्वीप, पुडुचेरी, दादरा एवं नगर हवेली और दमन एवं दीव (सर्वाधिक -3,083 किमी)

प्रमुख तट द्वीप

- चांदीपुर तट (ओडिशा)
- लम्बा समुद्र तट - मरीना तट (तमिलनाडु)
- वर्कला, चौवारा, चवाक्कड़ नतीका तट (केरल)
- हैवलॉक द्वीप - अंडमान निकोबार द्वीप समूह ↳ (पर्यटन)
- पम्बन द्वीप - तमिलनाडु
- साल्सेट द्वीप - महाराष्ट्र
- अमीनी द्वीप एवं कन्नोर द्वीप के मध्य - 11° चैनल

भारत के शीर्ष 5 जिले (भौगोलिक क्षेत्रफल

- कच्छ (गुजरात) - 45652 वर्ग किमी
- लेह (लद्दाख) - 45110 वर्ग किमी.
- जैसलमेर (राजस्थान) - 38401 वर्ग किमी.
- बीकानेर (") - 30248 वर्ग किमी.
- बाड़मेर (बाडमेड) - 28387 वर्ग किमी.

देश / राज्यों से सम्बद्ध महत्वपूर्ण तथ्य

- सर्वाधिक ऊँचाई पर स्थित पर्वतीय स्थल - लेह (लद्दाख)
- सबसे पहले सूर्योदय - अरुणाचल प्रदेश
- काठियावाड़ प्रायद्वीप - गुजरात
- दरिंगबाड़ी पहाड़ी - ओडिशा
- डिब्रूगढ़ (असम) एवं बासीघाट (अरुणाचल प्रदेश) को जोड़ने वाला पुल - बोगीबील पुल
- माझा, दोआब और मालवा क्षेत्र - पंजाब
- हैदराबाद एवं कोचि का जुड़वा नगर (क्रमशः) - सिकन्दराबाद एवं एर्नाकुलम
- सरक्रीक - ज्वारीय मुहाना / प्राकृतिक सीमा ↳ (भारत - पाक) के मध्य

भारत के गठित नवीनतम राज्य / केन्द्र शासित प्रदेश

- तेलंगाना - 2 जून 2014
- जम्मू - कश्मीर - 31 अक्टूबर 2019
- लद्दाख - 31 अक्टूबर 2019

01 पर्यावरण

• परि + आवरण → पर्यावरण (चारों ओर से घिरा हुआ आवरण)

संघटक

- जैविक - जीव, जन्तु, पौधे, सूक्ष्मजीव
- अजैविक - स्थल, वायु, जल आदि
- ऊर्जा - सौर ऊर्जा, भू-तापीय ऊर्जा आदि

पर्यावरण के प्रकार

प्राकृतिक ⟷ मानव निर्मित

- प्राकृतिक ↳ जल, वायु, मृदा आदि
- मानव निर्मित ↳ कृषि, औद्योगिक नगर आदि

पर्यावरण क्षति → पर्यावरण में असंतुलन

- कारण - खनन, औद्योगीकरण, शहरीकरण, आधुनिक कृषि आदि।

पर्यावरण संरक्षण

- पर्यावरण (संरक्षण) अधिनियम, 1986
  ↳ जैनेटिक इंजीनियरिंग अनुमोदन समिति का गठन
- राष्ट्रीय हरित न्यायाधिकरण, 2010 (सांविधिक संस्था
  ↳ पर्यावरण से संबंधित मामलों का तीव्र गति से निपटारा
- केंद्रीय प्रदूषण नियंत्रण बोर्ड (1974)

एजेंडा-21

- रियो पृथ्वी शिखर सम्मेलन (1992 ई.)
- पारिस्थितिक विनाश एवं आर्थिक असमानता को कम करना।

प्रमुख दिवस एवं तिथियाँ

- विश्व वन्यजीव दिवस - 3 मार्च
- विश्व वानिकी दिवस - 21 मार्च
- विश्व पृथ्वी दिवस - 22 अप्रैल
- विश्व पर्यावरण दिवस - 5 जून
- अंतर्राष्ट्रीय बाघ दिवस - 29 जुलाई
- विश्व पर्यावास दिवस - अक्टूबर माह का पहला सोमवार
- विश्व ओजोन दिवस - 16 सितंबर

पर्यावरणीय संगठन / संस्थान / प्रोग्राम

- राष्ट्रीय पर्यावरण अभियांत्रिकी अनुसंधान संस्थान (NEERI), 1958
  ↳ मुख्यालय - नागपुर (महाराष्ट्र)
- ग्रीनपीस इंटरनेशनल, 1971
  ↳ मुख्यालय - एम्स्टर्डम (नीदरलैंड)
- संयुक्त राष्ट्र पर्यावरण कार्यक्रम (UNEP), 1972
  ↳ मुख्यालय - नैरोबी (नीदरलैंड)
- विश्व मौसम विज्ञान संगठन (WMO), 1950
  ↳ मुख्यालय - जेनेवा (स्विट्जरलैंड)

प्रमुख पर्यावरणीय आंदोलन

- चिपको आंदोलन (1973)
  → क्षेत्र - उत्तराखण्ड
  → नेता - सुंदरलाल बहुगुणा एवं चंडी प्रसाद भट्ट
  → गौरा देवी
- साइलेंट वैली आंदोलन (1973)
  → क्षेत्र - केरल
  → नेतृत्व - पर्यावरणविद, वैज्ञानिक और स्थानीय लोग
- आप्पिको आंदोलन, 1983
  → क्षेत्र - कर्नाटक
  → नेता - पांडुरंग हेगड़े
- नर्मदा बचाओ आंदोलन 1985
  → नेता - मेधा पाटकर
- मैती आंदोलन, 1994
  → क्षेत्र - चमोली (उत्तराखण्ड)
  → नेता - कल्याण सिंह रावत

महत्वपूर्ण तथ्य

- इकोमार्क (1991) - पर्यावरण अनुकूल सामग्री से निर्मित
- प्रमुख पुरस्कार → इंदिरा गाँधी पर्यावरण पुरस्कार, 1987
  ↳ राजीव गाँधी पर्यावरण संरक्षण पुरस्कार, 2012 (राजस्थान) आदि।

02 पारिस्थितिकी तंत्र/पारितंत्र

- पर्यावरण एवं जीव समुदाय के पारस्परिक सम्बन्धों का अध्ययन।

प्रथम प्रयोग → पारिस्थितिकी → अर्नेस्ट हेकेल (1866 ई.)
प्रथम प्रयोग → पारिस्थितिकी तंत्र → ए. जी. टान्सले (1935 ई.)

पारितंत्र के घटक

जैविक घटक → (उत्पादक, उपभोक्ता, अपघटक, विघटनकारी)
- उपभोक्ता: प्राथमिक उपभोक्ता, द्वितीयक उपभोक्ता, तृतीयक उपभोक्ता
- अपघटक → (जीवाणु एवं कवक)

अजैविक घटक → (कार्बनिक, अकार्बनिक, जलवायविक)

पारितंत्र के प्रकार

- **स्थलीय पारितंत्र** → वनीय पारितंत्र, घास स्थलीय, मरुस्थलीय पारितंत्र।
  - वनीय पारितंत्र → (सर्वाधिक बायोमास)
- **जलीय पारितंत्र** → सागरीय (स्थायी), नदी / झील, आर्द्रभूमि।

खाद्य श्रृंखला

- एक जीव से दूसरे जीव में
- निम्न पोषण स्तर से उच्च पोषण स्तर में

} ऊर्जा का स्थानांतरण (10%) – लिण्डमैन का नियम
  → एक दिशा में प्रवाह

- मानव प्राथमिक एवं द्वितीयक उपभोक्ता।
- खाद्य श्रृंखला के प्रकार → 1. चराई (ग्रेजिंग) खाद्य श्रृंखला
  → 2. अपघटक खाद्य श्रृंखला

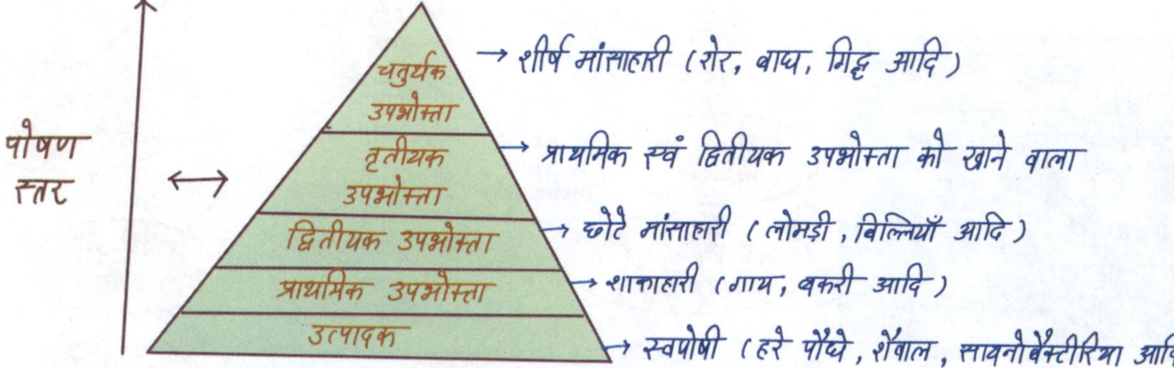

- **खाद्य जाल** → पारितंत्र में एक-दूसरे से संयोजित खाद्य श्रृंखलाओं का नेटवर्क।
- **जैव आवर्धन** → खाद्य श्रृंखला में उच्च पोषण स्तर में विषैले पदार्थों का अत्यधिक संकेन्द्रण।
  (Ex- DDT, BHC, 2-4D, पारा आदि)

पारिस्थितिकी पिरामिड

संकल्पना – चार्ल्स एल्टन (1927 ई.)

- प्राथमिक उत्पादक एवं उपभोक्ताओं की संख्या, जीवभार तथा संचित ऊर्जा के सम्बंधों का पिरामिड चित्रण।

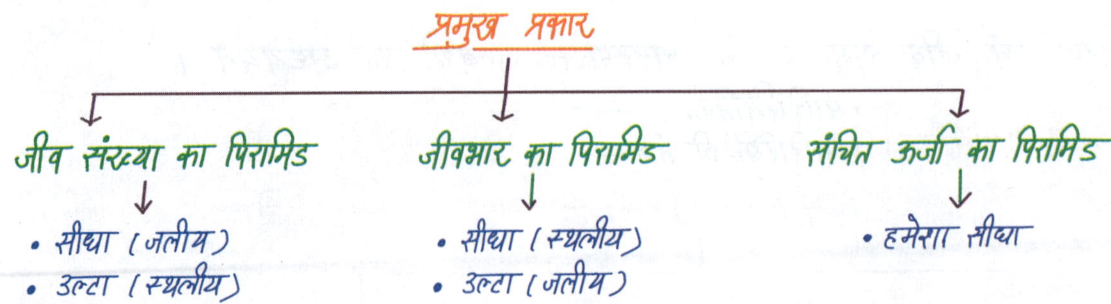

पारिस्थितिकी निकेत (Ecological Niche)

→ जोसेफ ग्रिनेल (1917), चार्ल्स एल्टन (1927) एवं जी. ई. हचिंसन (1957)

- जीवों / वनस्पतियों के विविध प्रजातियों का स्थानीय निवास क्षेत्र। यह जीव की संरचनात्मक एवं कार्यात्मक भूमिका दर्शाता है।

पारिस्थितिकी असंतुलन

- किसी विशेष जीव की प्रजाति का घटना या बढ़ना, समायोजन शक्ति का कमजोर पड़ना।
  (Ex- वनोन्मूलन, चक्रवात, सूखा)

> नोट : सर्वाधिक उत्पादकता → स्थलीय पारितंत्र → उष्णकटिबंधीय वर्षा वन
> → जलीय पारितंत्र → ज्वारनद - मुख (Estuaries)

जैव भू - रसायन चक्र

- पारिस्थितिकी तंत्र में विभिन्न घटकों से होकर पोषक तत्वों का गुजरना।
- **गैसीय चक्र** – नाइट्रोजन चक्र, कार्बन चक्र, ऑक्सीजन चक्र, जल चक्र
- **अवसाद चक्र** – फॉस्फोरस चक्र, सल्फर चक्र

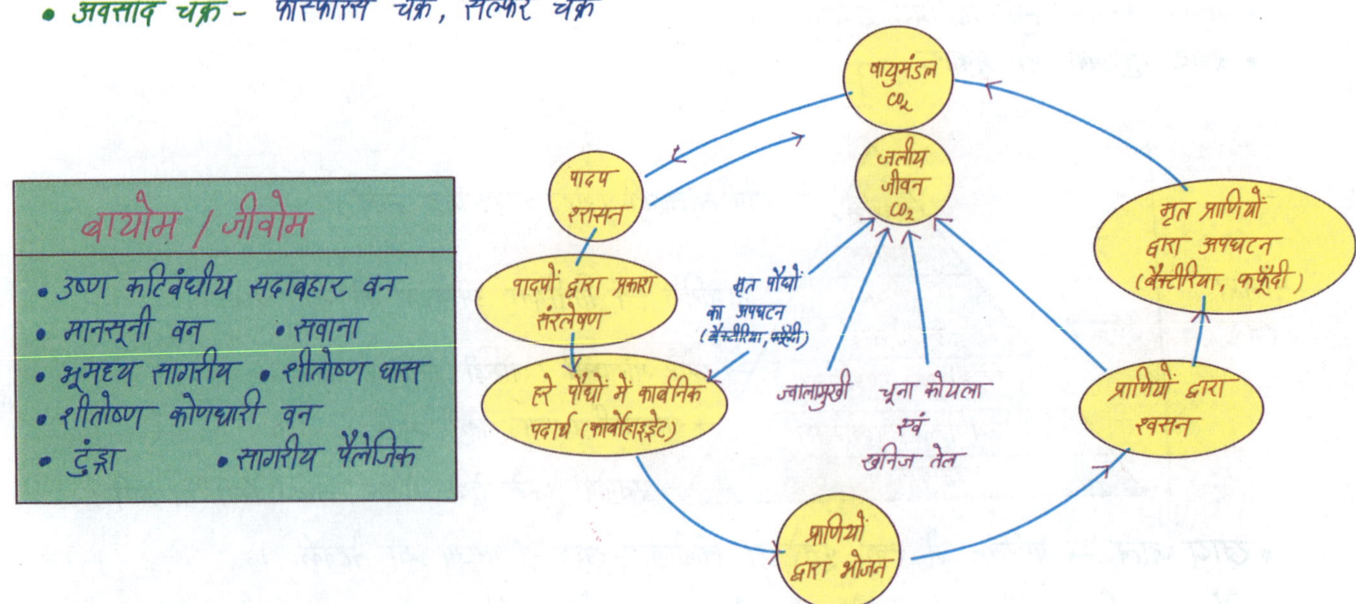

03 जैव विविधता

जैव विविधता

- जीवों एवं वनस्पतियों की प्रजातियों की अधिकता।

प्रकार / स्तर

- आनुवंशिक विविधता
  - ↳ (जीव में परिवर्तन)
- प्रजातीय विविधता
  - ↳ (जातियों में विविधता)
- समुदाय विविधता
  - ↳ (समुदाय के बीच विविधता)

मापन

- अल्फा (α) विविधता
  - ↳ (संख्या विविधता)
- बीटा (β) विविधता
  - ↳ (संरचनात्मक विविधता)
- गामा (γ) विविधता
  - ↳ (अंतः सम्बन्धों की विविधता)

हिस्टेकर द्वारा प्रस्तुत

जैव विविधता हॉट स्पॉट (तप्त स्थल)

- जैव विविधता की अधिकता
- ह्रास की खतरा अधिकता

} संकल्पना → नॉर्मन मायर्स (1988 ई.)

भारत के हॉट-स्पॉट

1. पश्चिमी घाट, श्रीलंका क्षेत्र
2. पूर्वी हिमालय क्षेत्र
3. इंडो बर्मा क्षेत्र
4. सुण्डालैंड, निकोबार द्वीप समूह

नोट : सर्वाधिक जैव विविधता – उष्ण कटिबंधीय वर्षा वन, प्रवाल भित्तियाँ, आर्द्रभूमि, उष्ण कटिबंधीय सागरीय क्षेत्र।
- भूमध्य रेखा से ध्रुवों की ओर – जैव विविधता में कमी
- सबसे बड़ी प्रवाल भित्ति – ग्रेट बैरियर रीफ (ऑस्ट्रेलिया) → समुद्र के वर्षा वन

जैव विविधता का संरक्षण

- स्व-स्थाने (In-situ) : राष्ट्रीय उद्यान, वन्यजीव अभयारण्य, पवित्र उपवन, झीलें आदि।
- बाह्य-स्थाने (Ex-situ) : जैविक उद्यान, चिड़िया घर, DNA बैंक, संरक्षण स्थल, बीज बैंक आदि।

रेड डाटा बुक / संकटापन्न जातियाँ

↳ संकटापन्न जीवों की सूची।

- अंतर्राष्ट्रीय प्रकृति संरक्षण संघ (IUCN), 1948 → प्रकाशन (लाल सूची)
  - पौधों की – 1978 से
  - जीवों की – 1988 से

→ मुख्यालय – ग्लैण्ड (स्विट्जरलैंड)
→ दुर्लभ जातियों एवं प्रकृति तथा प्राकृतिक संपदाओं का संरक्षण।

- **संकटापन्न प्रजातियों की श्रेणी**

→ विलुप्त → अति संकटाग्रस्त → संकटग्रस्त
→ असुरक्षित → संकट-निकट आदि।

- **संकटापन्न जीव**

एशियाई चीता, गुलाबी सिर वाली बतख, भारतीय चीता, गिद्ध, सुनहरे लंगूर, ग्रेट इंडियन बस्टर्ड आदि।

रामसर स्थल के अध्ययन के लिए QR कोड स्कैन करें

आर्द्रभूमि का संरक्षण / रामसर सम्मेलन

- आर्द्र या दलदली भूमि संरक्षण
- रामसर सम्मेलन – 2 फरवरी, 1971 (ईरान-रामसर)
  - ↳ आर्द्रभूमि दिवस मनाने का निर्णय
- भारत वर्ष 1982 में आर्द्रभूमि कन्वेंशन में शामिल।
- भारत में रामसर स्थलों की सं. – 94
  - सबसे बड़ा – सुन्दरवन (प. बंगाल)
  - सबसे छोटा – रेणुका (हिमाचल प्रदेश)
  - ↳ सर्वाधिक (तमिलनाडु – 20)

04 वन्यजीव संरक्षण

जैवमंडल रिजर्व/आरक्षित क्षेत्र

- यूनेस्को के मानव एवं जैव मंडल कार्यक्रम के अंतर्गत प्रारंभ (1971)
- पारितंत्र एवं इसके आनुवंशिक पदार्थों का संरक्षण।

भारत के जैवमंडल रिजर्व

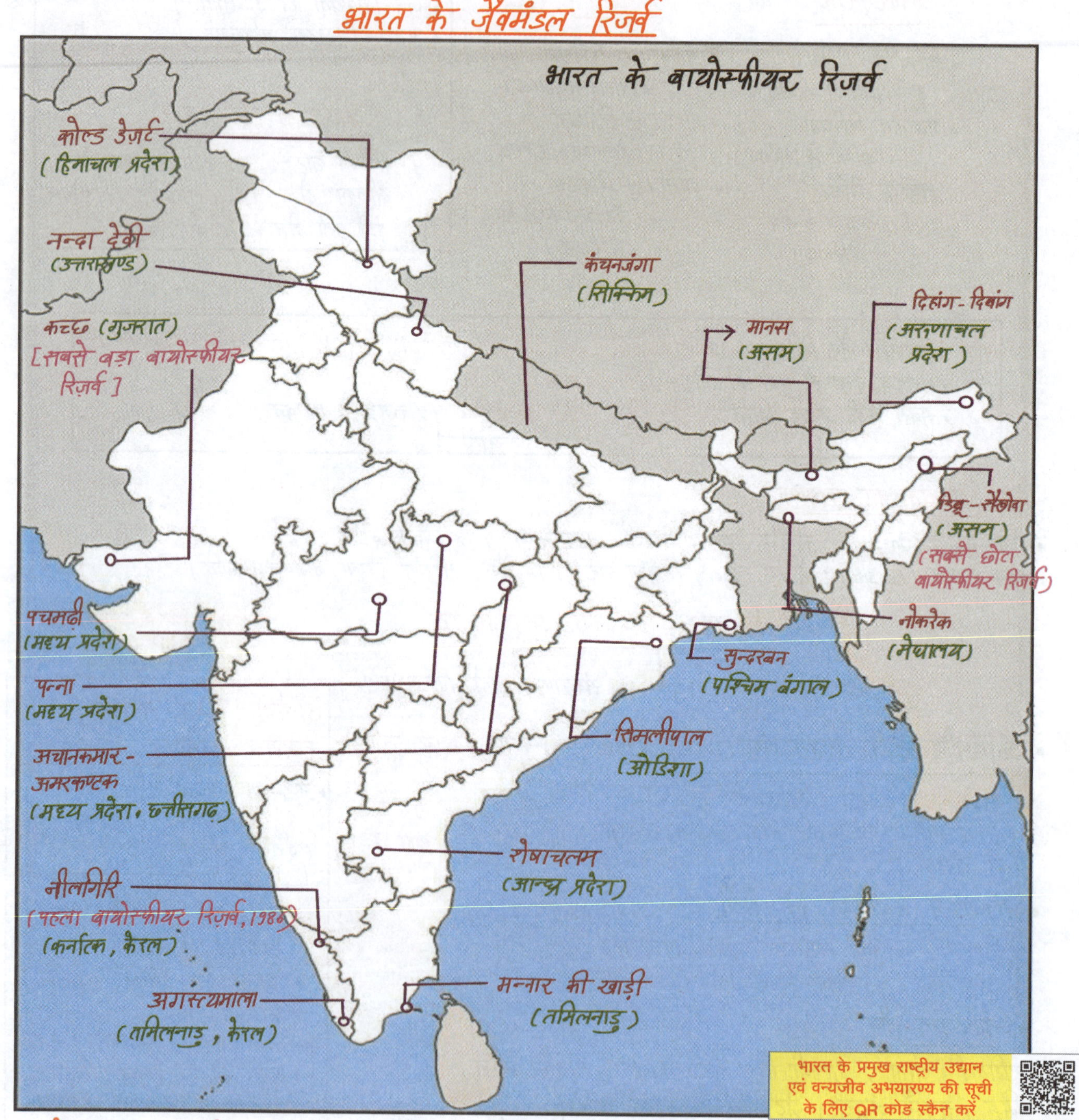

भारत के प्रमुख राष्ट्रीय उद्यान एवं वन्यजीव अभयारण्य की सूची के लिए QR कोड स्कैन करें

नोट : नागरहोल राष्ट्रीय उद्यान – नीलगिरि बायोस्फीयर का भाग

महत्वपूर्ण तथ्य

- एशियाई काले भालू और हिमतेंदुआ
  ↳ नंदा देवी एवं फूलों की घाटी राष्ट्रीय उद्यान
- एस्चुरीन क्रोकोडाइल संरक्षण
  ↳ भितरकणिका वन्यजीव अभयारण्य (ओडिशा)
- प्रथम राष्ट्रीय उद्यान (1936 ई.)
  ↳ हेली राष्ट्रीय उद्यान (जिम कार्बेट) → 1947 से 1955 ई. तक कुछ समय के लिए इसका नाम बदलकर रामगंगा राष्ट्रीय उद्यान किया गया था।
  ↓
  1957 में इसका नाम जिम कार्बेट रखा गया

बाघ गणना

- बाघों की कुल संख्या – 3682
- कुल बाघ रिजर्व – 58
- सर्वाधिक जनसंख्या – मध्य प्रदेश (785 बाघ) > कर्नाटक (563 बाघ) > उत्तराखण्ड (560 बाघ)
  ↳ टाइगर स्टेट

अन्तर्राष्ट्रीय बाघ दिवस 29 जुलाई

वन्यजीव संरक्षण परियोजनाएँ

परियोजनाएँ	वर्ष
हंगुल परियोजना	1970
गिर परियोजना	1972
बाघ परियोजना (प्रोजेक्ट टाइगर)	1973
ऑलिव रिडले कछुआ परियोजना	1975
घड़ियाल प्रजनन परियोजना	1975
मणिपुर थामिन परियोजना	1977
गैण्डा परियोजना	1987
हाथी परियोजना	1992
लाल पाण्डा परियोजना	1994
समुद्री कछुआ परियोजना	1999
हिम तेन्दुआ परियोजना	2009
ग्रेट इण्डियन बस्टर्ड परियोजना	2013

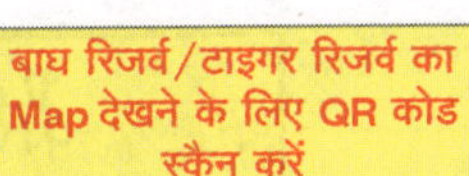

05 जलवायु परिवर्तन

• मौसमी दशाओं के पैटर्न में ऐतिहासिक परिवर्तन।

कारण

प्राकृतिक कारण

(सौर कलंक, ज्वालामुखी विस्फोट, वायुमंडल के गैसीय संयोजन में परिवर्तन आदि।)

मानव निर्मित कारण

औद्योगीकरण, वन विनाश, जीवाश्म ईंधन का अपूर्ण दहन, शहरीकरण, वर्तमान कृषि पद्धति आदि।

जलवायु परिवर्तन प्रभाव कम करने के उपाय

- कार्बन टैक्स लगाना
- कार्बन पृथक्करण
- कार्बन कुण्ड
- कार्बन चिह्न
- पृथ्वी काल को बढ़ावा देना
- कार्बन ऑफसेट
- कार्बन क्रेडिट आदि।

हरितगृह प्रभाव

- एक प्राकृतिक घटना
- वायुमंडल का निचला भाग गर्म होना (CO_2 का संकेन्द्रण)

• ग्रीनहाउस गैस

→ कार्बन डाई-ऑक्साइड (CO_2)
→ ओजोन (O_3)
→ क्लोरो-फ्लोरो कार्बन (CFCs)
→ जलवाष्प

- नाइट्रस ऑक्साइड (NO_2)
- कार्बन मोनो ऑक्साइड (CO)
- सल्फर डाई ऑक्साइड (SO_2)
- मीथेन (CH_4) → (धान के खेत, दलदली क्षेत्र)

वैश्विक तापन (ग्लोबल वार्मिंग)

→ पृथ्वी के तापमान में लगातार बढ़ोतरी

प्रभाव :-

- ग्लेशियर का पिघलना
- जैव-विविधता पर प्रभाव
- जलवायु पर प्रभाव
- समुद्र जल स्तर बढ़ना
- मानव स्वास्थ्य पर प्रभाव
- वनस्पति जगत पर प्रभाव आदि।

नोट : वैश्विक (भूमंडलीय) ताप में वृद्धि → प्रकाश संश्लेषण की दर में कमी।

ओजोन परत क्षरण एवं संरक्षण

ओजोन परत
- पृथ्वी की सतह से 50 किमी की ऊँचाई तक (समताप मंडल) में स्थित
- 15 से 35 किमी. की ऊँचाई के बीच सर्वाधिक सकेन्द्रण।
- पराबैंगनी किरणों से जीवों की रक्षा।
- डॉबसन ईकाई द्वारा मापन

प्रभाव –
- मानव स्वास्थ्य
- खाद्य उत्पादन
- जलीय पारितंत्र
- त्वचा कैंसर आदि।

कारण –
- क्लोरो-फ्लोरो कार्बन
- हैलोन्स
- नाइट्रस ऑक्साइड
- ट्राई क्लोरो एथिलीन हैलोजोन्स

नोट :- ओजोन छिद्र (अंटार्कटिका) — 1985 ई.

- **ओजोन परत संरक्षण**
  - → मॉण्ट्रियल प्रोटोकॉल (1987 ई.)
  - → ओजोन संरक्षण दिवस (16 सितंबर)

जलवायु परिवर्तन संबंधी मिशन / योजनाएँ

- राष्ट्रीय सौर मिशन (2010)
- ऊर्जा दक्षता संवर्धन हेतु राष्ट्रीय मिशन (2008)
- जलवायु परिवर्तन पर रणनीतिक ज्ञान हेतु राष्ट्रीय मिशन (2010)
- राष्ट्रीय ग्रीन इंडिया मिशन (2014)
- राष्ट्रीय सतत कृषि विकास मिशन (2010)
- सतत आवास पर राष्ट्रीय मिशन (2010)
- राष्ट्रीय जल मिशन (2011)
- राष्ट्रीय हिमालयी पारिस्थितिकी संवर्द्धन मिशन (2014)

जलवायु परिवर्तन से सम्बन्धित सम्मेलन

Conference	Year	Details
• केटोविस सम्मेलन (COP-24)	2018	• पेरिस जलवायु समझौते को 2020 में लागू करना
• मैड्रिड सम्मेलन (COP-25)	2019	• ग्रीन हाउस उत्सर्जन कम करने पर विचार।
• ग्लासगो सम्मेलन (COP-26)	2021	• वैश्विक तापन को 1.5°C से अधिक नहीं बढ़ने देना।
• शर्म अलशेख (COP-27)	2022	• ग्रीन हाउस गैस में कमी लाना।
• आबूधाबी (COP-28)	2023	• वार्षिक 100 अरब की फंडिंग शर्तों को बनाए रखना।
• बाकू (COP-29)	2024	• कार्बन बाज़ार समझौता, मिथेन को कम करना आदि।

नोट : अंतर्राष्ट्रीय मानव पर्यावरण सम्मेलन 1972
↳ संयुक्त राष्ट्र पर्यावरण कार्यक्रम की स्थापना।

जलवायु परिवर्तन से संबंधित सम्मेलन देखने के लिए QR कोड स्कैन करें

06 पर्यावरणीय प्रदूषण

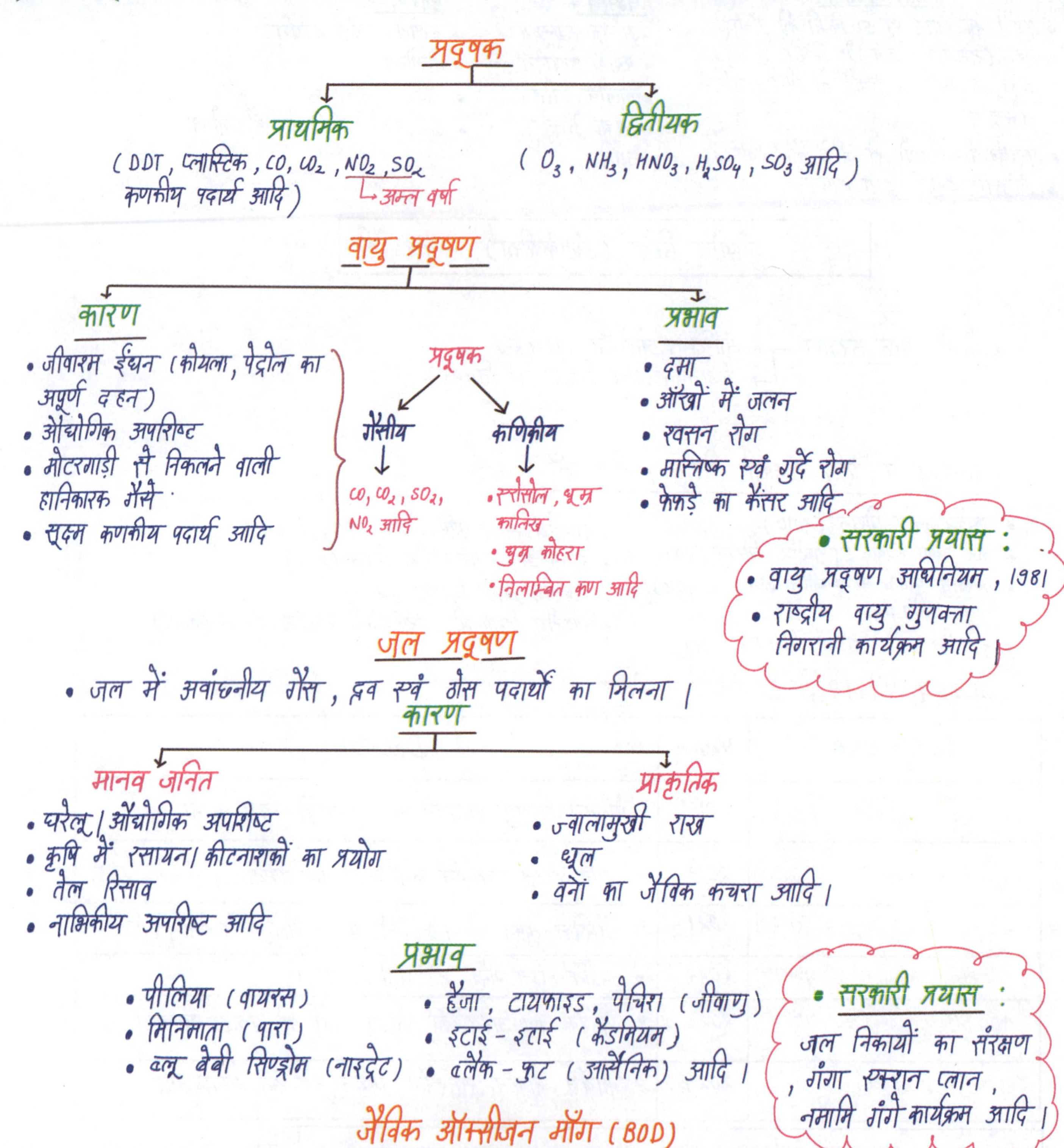

• सूक्ष्मजीवों द्वारा अपघटन के लिए आवश्यक ऑक्सीजन की मात्रा।
• जलाशयों में जीवाणुओं एवं कवकों की संख्या में वृद्धि।

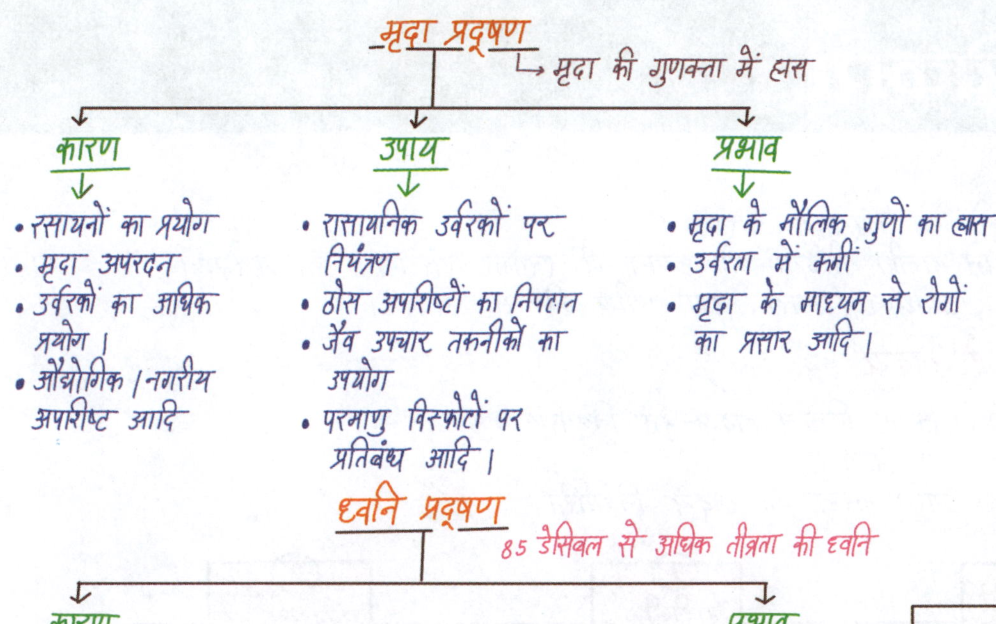

ध्वनि प्रदूषण

85 डेसिबल से अधिक तीव्रता की ध्वनि

कारण

प्राकृतिक

- बादलों का गरजना
- भूकम्प की ध्वनि
- बिजली का गरजना आदि।

मानवीय

- औद्योगिक इकाइयाँ
- वाहनों की आवाज़
- मनोरंजन साधनों (लाउडस्पीकर, रेडियो) आदि का उपयोग।

प्रभाव

- उच्च रक्त चाप का होना
- माइग्रेन
- पेट का अल्सर
- चिड़चिड़ापन
- अनिद्रा आदि।

ध्वनि के स्तर का मापन		
आस-पास के शोर के स्तर (डेसीबल में)		
क्षेत्र/परिक्षेत्र का प्रवर्ग	दिन का समय	रात का समय
• औद्योगिक क्षेत्र	75	70
• वाणिज्यिक क्षेत्र	65	55
• आवासीय क्षेत्र	55	45
• शांत परिक्षेत्र	50	40

ध्वनि प्रदूषण नियंत्रण के उपाय

- शोर अवरोधक पदार्थों का प्रयोग
- वृक्षारोपण (संचार मार्ग पर नियंत्रण)
- लाउड स्पीकर, हार्न आदि पर नियंत्रण
- ध्वनि अवशोषक
- नगर नियोजन का प्रबंध
- जागरूकता एवं शिक्षा आदि।

रेडियोधर्मी प्रदूषण

- रेडियो सक्रिय पदार्थों (यूरेनियम, थोरियम, प्लूटोनियम आदि) के विकिरण से प्रदूषण।

प्रदूषण के स्रोत

प्राकृतिक

सोलर, कॉस्मिक, लौकिक
↳ (चट्टान, मिट्टी आदि)

मानव निर्मित

- नाभिकीय परीक्षण
- नाभिकीय रिएक्टर
- नाभिकीय हथियार
- यूरेनियम खनन आदि।

प्रभाव

- X किरणों का उत्परिवर्तन, ट्यूमर, कैंसर रोग।
- DNA, RNA तथा प्रोटीन की संरचना प्रभावित।
- अस्थि कैंसर (स्ट्रॉन्शियम-59), लाल रुधिराणु (RBCs) (आयोडीन-131) आदि।

ठोस अपशिष्ट प्रदूषण

स्रोत

- शहरी/ग्रामीण/घरेलू/औद्योगिक अपशिष्ट
- नाभिकीय संयंत्र अपशिष्ट/जैविक अपशिष्ट

निस्तारण की विधि

- लैण्डफिल, कम्पोस्टिंग, वर्मीकल्चर
- पायरोलिसिस आदि अपशिष्ट

- ई-कचरा (अपशिष्ट) – टी.वी., फ्रीज, कंप्यूटर, मोबाइल आदि के अपशिष्ट।
- इन्सीनरेटर्स – कूड़े को जलाने की नवीनतम प्रक्रिया।

07 सतत् विकास

- प्राकृतिक संसाधनों का न्यूनतम क्षरण।
- भविष्य की (आने वाली) पीढ़ियों को ध्यान में रखकर संसाधनों का प्रयोग।
- सामाजिक विकास, आर्थिक विकास, पर्यावरणीय विकास आदि।

सतत् विकास के लक्ष्य

वर्ष 2015 में 17 सतत् विकास लक्ष्य का निर्धारण
1 जनवरी 2016 से प्रभावी
वर्ष 2030 तक प्राप्त करने का लक्ष्य निर्धारित

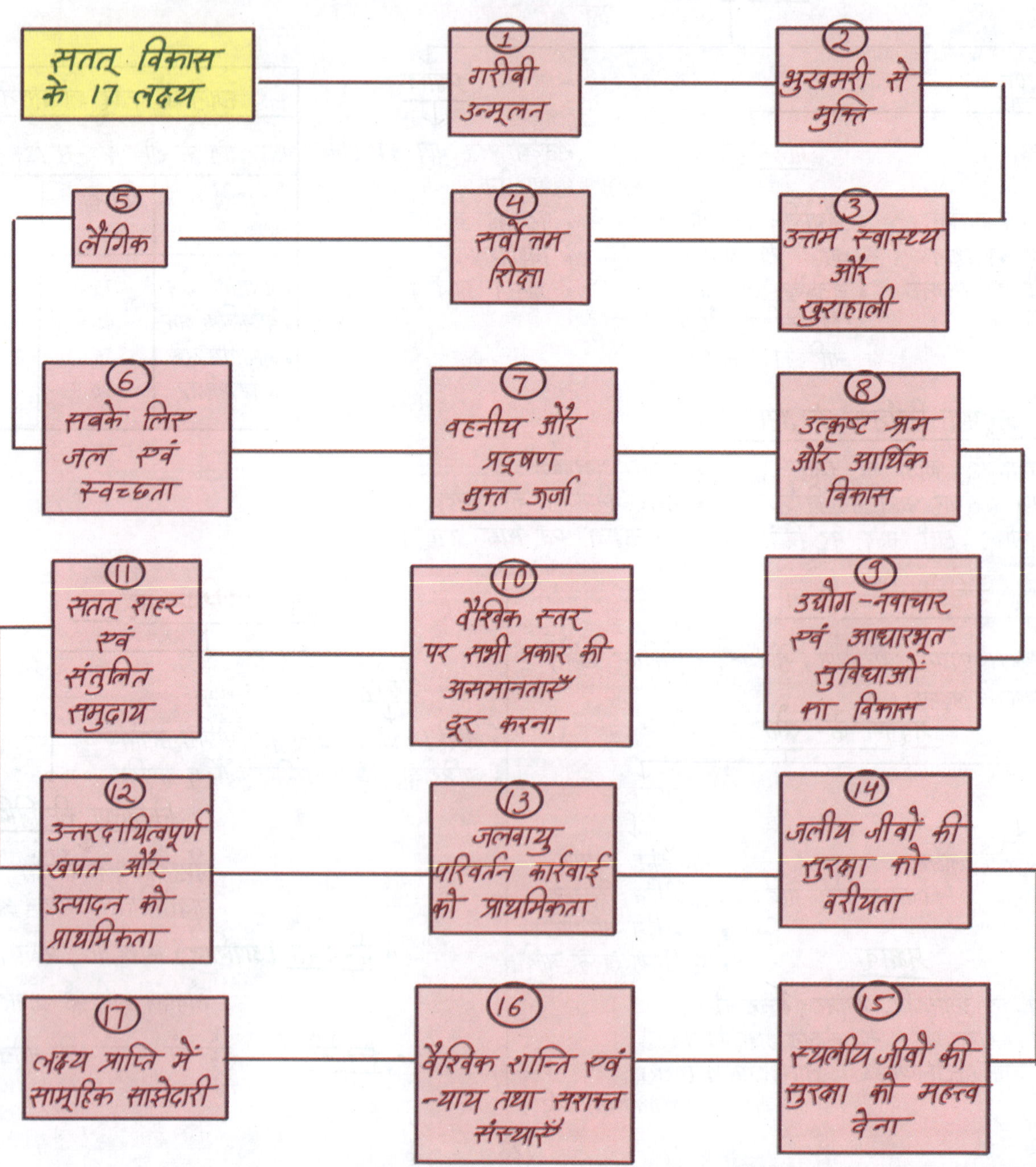